Organiser son mariage

pour

les nuls

Organiser son mariage pour les nuls

Peggy Mignot-Paillet

Wedding planner

Peggy Frey

Journaliste « tendance » au Figaro

FIRST ÉDITIONS

Organiser son mariage pour les Nuls

Éditions First, un département d'Édi8
92, avenue de France
75013 Paris – France
Tél. : 01 44 16 09 00
Fax : 01 44 16 09 01
Courriel : firstinfo@efirst.com
Site Internet : www.pourlesnuls.fr

ISBN : 978-2-7540-8932-6
Dépôt légal : septembre 2016
Imprimé en France

Correction : Christine Cameau
Illustrations de partie : Marc Chalvin
Illustrations techniques : Deletraz
Couverture et maquette intérieure : Catherine Kédémos

À propos des auteurs

Diplômée en marketing et communication, **Peggy Mignot-Paillet** commence sa carrière en travaillant dans des sociétés telles qu'IBM et France Telecom. En 2001, elle est directrice marketing, mais a envie de monter sa société. À l'occasion de son propre mariage, elle réalise qu'il n'existe alors en France aucune agence uniquement consacrée à l'organisation de tels événements. Pourtant, aux États-Unis comme en Grande-Bretagne, le créneau est porteur et très ancré dans les mœurs depuis plus de 50 ans. Enthousiasmée par ce concept, elle décide de fonder Mirabilis (« merveilleux » en latin), son agence de *wedding planner*. L'agence devient alors précurseur en France dans ce domaine. Depuis, l'idée a fait son chemin, car on recense aujourd'hui plus d'une centaine d'agences de ce type en France. Depuis 2004, Peggy Mignot-Paillet, en plus de son métier de *wedding planner*, propose des sessions de formation pour devenir organisateur de mariages ; plus de 250 personnes ont déjà participé à ses ateliers. Elle est aussi l'auteur d'un guide paru sous le titre *Mon mariage* aux éditions First. Son travail de *wedding planner* et ses ouvrages ont été plébiscités par les médias.

Journaliste pour Madame Figaro, **Peggy Frey** passe son temps à flairer et à décortiquer les tendances mode, beauté et société de A à Z. Le mariage ? Elle ne connaît que lui depuis qu'elle a dit « oui » à SON Mister Big en 2004. Bons plans, pièges à éviter, conseils avisés… Elle apporte à ce guide son expertise de « fille qui est passée par là » et espère bien vous faciliter grandement la tâche !

Sommaire

Introduction

Vous avez décidé de vous marier, félicitations ! Vous avez décidé d'acheter ce livre, congratulations ! ! L'euphorie des fiançailles est passée, place aux hostilités ! Ce qui peut représenter une source de joie et d'excitation à la vue du moindre dragée pour certaines peut être une corvée, voire le pire cauchemar pour d'autres. Toutefois, vous êtes impatiente de commencer ces préparatifs car, comme 100 % des couples, vous souhaitez un mariage parfait, que ce soit en petit comité ou en grande pompe, que vous ayez 20 ans ou 60 ans, que vous soyez classique ou gothique. Peu importe votre situation, cet ouvrage est là pour vous aider dans toutes les grandes lignes de l'organisation !

À propos de ce livre

Recherche de lieu, traiteur, location de matériel, fleurs, robe de mariée, DJ, orchestre, cortège... Une multitude de prestations seront à gérer en amont de ce grand jour, le stress et l'appréhension font aussi partie des préparatifs, mais au-delà de cela, c'est une période magique et unique qui s'ouvre à vous, un trésor dont vous vous remémorerez chaque minute avec joie.

Ce livre est conçu pour éliminer anxiété et stress, et la novice que vous êtes sera préparée et digne des plus grands *wedding planner* – ou organisateur de mariage, nous vous en parlerons. Il a été conçu pour vous guider étape par étape, pour que plus aucun prestataire n'ait de secret pour vous. Vous y trouverez une diversité de conseils dans lesquels piocher pour savoir par où commencer, comment choisir, les bonnes adresses, les erreurs à éviter, des témoignages.

On se marie plus tard qu'avant. Indépendants financièrement, les couples ont envie de sortir des sentiers battus et d'organiser un mariage à leur image.

Le mariage étant aussi une histoire de gros sous, les 300 000 couples qui décident de s'unir chaque année représentent un marché de 3 milliards d'euros (hors listes de mariages, voyages de noces et PACS – pacte civil de solidarité), et cela malgré la baisse du nombre de mariages enregistré depuis dix ans.

Parce que le budget moyen d'un mariage représente 12 000 euros avec une tendance à la hausse, une partie de cet ouvrage sera consacrée à la tenue de votre budget.

Comment ce livre est organisé

Ce guide est composé de sept parties. Les cinq premières couvrent, chronologiquement, une étape de ce grand événement qu'est le mariage. La sixième partie vous propose des alternatives pour se marier autrement et la septième partie est la traditionnelle Partie des Dix de la collection « Pour les Nuls ».

Première partie : Le grand saut !

Cette partie présente les prémices de l'organisation, de l'annonce de la bonne nouvelle à l'entourage au choix de la date, du lieu, des témoins en passant par l'angoisse de la check-list, et surtout du budget. Le compte à rebours commence !

C'est le temps des premières questions : voulez-vous un petit ou un grand mariage ? Comment l'envisagez-vous ? Il faut établir la liste des invités, choisir les faire-part, mais aussi prendre un petit cours de droit et se renseigner sur ce qu'est un contrat de mariage. Se pose aussi la question des fiançailles : perpétrez-vous la tradition ou non ? Mais d'abord, en quoi consiste-t-elle, cette tradition ?

Deuxième partie : Look Academy

Bienvenue dans la *Look Academy* ! Dans un mariage, les tenues vestimentaires tiennent évidemment une place importante. Une grande partie concernera bien sûr la robe de mariée : comment bien la choisir, définir son style, comment ne pas se laisser influencer par sa mère ou sa sœur. Mais il ne faut pas oublier la tenue du marié – jaquette ou costume ? –, des enfants d'honneur, de maman et de belle-maman ainsi que tous les accessoires, la coiffure et le maquillage.

Et parce qu'une mariée veut toujours perdre quelques kilos avant le jour J, quelques conseils de diététique et quelques exercices de gym feront aussi partie de ce chapitre.

Troisième partie : La cérémonie

La troisième partie traite l'un des éléments les plus importants du mariage, à savoir l'organisation et le déroulement de la cérémonie, les démarches administratives pour la mairie (obligatoire), la préparation religieuse, pour un mariage chrétien, mais aussi dans le cas d'un mariage juif ou musulman.

Quatrième partie : La réception : *Time to celebrate* !

Les festivités commencent ! Nous entrons maintenant dans le concret d'un point de vue organisationnel : comment sélectionner ses prestataires ? Les questions à poser, les bons conseils, les astuces éco et les pièges à éviter. Pour ceux et celles qui veulent un mariage différent, nous vous aiderons à apporter votre touche personnelle.

Une fois le lieu de la réception trouvé, il reste encore fort à faire ! Que va-t-on manger ? Comment choisir son traiteur ? Mais, surtout, comment établir un plan de table sans se casser la tête ? Et la décoration dans tout ça ? Il ne faudrait pas non plus oublier l'animation ni la musique pour que tout le monde passe un excellent moment !

Cinquième partie : Cadeaux et souvenirs

Voilà, les festivités sont terminées… mais halte à la déprime ! Il vous reste quelques petites choses bien agréables : les innombrables cadeaux de votre liste de mariage, les superbes photos et vidéos réalisées par le photographe que vous aviez soigneusement choisi et des tonnes de souvenirs en tête… Et vous avez encore à organiser votre lune de miel ! Dans cette partie, nous évoquerons le choix du voyage de noces (*green*, *trekking*, humanitaire et, bien sûr, comme 80 % des couples : le soleil !). Il vous faut également penser aux remerciements et aux démarches administratives. Rien de tel pour échapper au *wedding blues* !

Sixième partie : Se marier autrement

Nous parlerons ici de la nouvelle tendance qu'est la cérémonie laïque, une cérémonie de plus en plus plébiscitée par certains couples. Nous vous donnons de nombreux tuyaux pour vous aider à la concevoir et à la personnaliser.

Nous vous parlerons aussi des couples partis se marier à l'étranger et encore de la solution de faire appel à un *wedding planner* : une tendance qui monte en France.

Septième partie : La Partie des Dix

Vous trouverez dans cette partie : les dix conseils d'une *wedding planner* et le rétroplanning des dix derniers mois.

Les icônes utilisées dans ce livre

Le saviez-vous ? - Combien de mariages sont célébrés en France chaque année ? D'où vient l'origine des fiançailles ? Quelle est la symbolique des pierres précieuses pour la bague ? Combien de témoins chaque marié doit-il choisir ? Vous trouverez sous cette icône les réponses à toutes vos questions, les anecdotes et traditions du mariage pour tout savoir sur le sujet !

N'oubliez pas ! - Cette icône vous indique le bon réflexe à avoir en toute occasion, les choses auxquelles penser absolument, les petits détails qui vous faciliteront l'organisation de votre mariage.

Attention ! - Le mariage et sa préparation peuvent être semés d'embûches... Cette icône vous signale les pièges à éviter à chaque étape. Ne la négligez pas, elle peut vous permettre de vous sortir de beaucoup de situations épineuses !

Bon à savoir - Vous trouverez sous cette icône tout ce qu'il faut savoir pour passer l'épreuve du mariage avec mention : les bons conseils d'amis, les bons plans du Net et, surtout, les systèmes D et astuces éco pour faire de son mariage le plus beau jour de sa vie sans se ruiner !

Témoignages - Rien ne vaut le vécu en matière de préparation de mariage. Cette icône vous invite à lire les paroles de mariés pour mieux faire vos propres choix.

Do ! - Cette icône vous signale les choses à faire absolument, les démarches obligatoires, les façons de gagner du temps et de vous simplifier la vie !

Don't ! - Cette icône vous met en garde contre ce qu'il ne faut jamais faire, ou ce qui ne serait pas très bien perçu, ce qui pourrait vous nuire par la suite quand il s'agit de mariage !

Bons plans - Un mariage à moindre coût ? Une salle 30 % moins chère ? Des faire-part du tonnerre ? Cette icône vous indique tous les bons plans pour ne pas vous ruiner !

Par où commencer ?

On vous dira, logiquement : par le début ! Il y a d'abord la demande, puis les fiançailles (ou pas), puis le choix du contrat de mariage, les démarches administratives et religieuses, l'organisation... *Organiser son mariage pour les Nuls* suit cette chronologie étape par étape. Mais, bien sûr, vous pouvez passer d'un thème à un autre, selon que vous vous interrogez sur le type de cérémonie, l'envoi des faire-part, l'établissement du plan de table ou la couleur de votre robe ! Le sommaire détaillé vous permettra de trouver rapidement l'information que vous cherchez. De plus, les icônes qui jalonnent le texte vous indiquent les conseils, les témoignages, les bons plans sur le Net ou encore les pièges à éviter.

1

Le grand saut !

DANS CETTE PARTIE . . .

Que vous ayez des envies de mariage intime ou au contraire de noces grandioses, nous allons vous présenter les prémices de l'organisation : comment annoncer la bonne nouvelle à votre entourage et comment choisir la date et le lieu de la réception.

Dans cette partie, vous ferez aussi un peu de droit pour choisir au mieux votre contrat de mariage, et un peu d'économie, grâce à une check-list des choses à penser et à des conseils pour budgéter votre mariage en toute tranquillité.

Mais aussi la grande question : fiançailles ou pas fiançailles ?

Chapitre 1

Retrouvez vos esprits : commençons par le commencement

DANS CE CHAPITRE :

- **Comment faire sa demande dans les règles de l'art**
- **Annoncer la bonne nouvelle à l'entourage**
- **Trouver le lieu de la réception**

Mesdemoiselles, il est évident que si vous avez ce merveilleux guide entre les mains, c'est que vous êtes officiellement, ou tout du moins officieusement, « fiancées ».

Comment ça, vous n'avez pas eu la demande de vos rêves ? Une superbe déclaration avec les formes ? C'est effectivement un instant qui ne s'oublie pas et qui mérite que l'on s'y attarde.

C'est le moment de mettre cet ouvrage entre les mains de votre fiancé !

Chérie, veux-tu m'épouser ?

Messieurs, choisissez le bon moment, et pas à la fin d'un repas de famille bien arrosé ; la demande en mariage devant le regard torve de votre beau-père, c'est dépassé, les femmes détestent cela.

La demande en mariage est aujourd'hui un échange, le partage du sentiment qu'il est temps de construire ensemble une famille, un avenir commun. Elle peut être faite lors d'un moment romantique, au détour d'une conversation anodine : « Chérie, me ferais-tu l'honneur de devenir ma femme ? / Poulette, veux-tu m'épouser ? / Louloute, je t'aime si fort, épouse-moi. » On évite tout de même le « Tu ne crois pas qu'on pourrait se marier l'an prochain ?... » Enfin, chacun son style, ce qui compte, c'est surtout la réponse, un grand OUI.

Message personnel à l'attention du futur marié : si toutefois votre demande n'était pas encore faite, voici quelques tuyaux pour la faire dans les règles de l'art.

Le parcours du combattant commence...

Avant d'être considéré comme un futur marié, il vous faudra franchir deux étapes avec succès :

- **Primo :** que votre compagne dise « oui » ;
- **Deuzio :** que son père vous accorde sa main, si vous voulez rester traditionnel.

Vous voilà prévenu.

Étape n° 1 : Votre chérie et vous

Un petit chiffre qui en dit long : selon Michael Webb (spécialiste américain des questions sur l'amour), 80 % des femmes avouent avoir été déçues par leur demande en mariage. Il ne s'agit pas ici de vous décourager, mais bien au contraire de vous regonfler à bloc ! Ne perdez pas de vue que votre dulcinée attend ce moment depuis des siècles. Pas question de bâcler cet instant de bonheur même si vous vous connaissez l'un et l'autre comme votre poche et que le mariage est, pour vous, une évidence, voire la suite logique des événements. Si vous suivez à la lettre ces quelques conseils, vous ne devrez pas la décevoir...

Les secrets d'une demande réussie :

- **Préparez votre coup :** vous serez très certainement ému et n'aurez pas les idées très claires. Prenez donc le temps de réfléchir en amont à votre petit discours. Choisissez les bons mots, quitte à les griffonner sur un papier ou à vous entraîner devant un miroir. Cela vous évitera de bafouiller le jour J.

» **Livrez-vous :** ce que votre promise attend de vous ? Une vraie déclaration, des mots tendres et, surtout, que vous lui expliquiez pourquoi elle est spéciale à vos yeux. Pourquoi c'est avec elle et personne d'autre que vous voulez vous engager. Pas besoin de partir dans de grandes phrases compliquées… Faites simple mais efficace : dites tout simplement ce que vous ressentez.

» **Soyez romantique :** il ne s'agit pas non plus de tomber dans la niaiserie, mais tout simplement de laisser parler votre cœur. C'est le moment ou jamais de vous laisser aller et de remiser votre côté macho… Profitez-en.

» **Soyez original :** c'est un peu la cerise sur le gâteau… Les femmes aiment être surprises. Creusez-vous, sortez le grand jeu. Choisissez de faire votre demande dans un lieu qui vous est cher ou, au contraire, surprenez-la, dans un moment du quotidien où elle s'y attend le moins.

» **Agenouillez-vous :** mais non, ce n'est pas ringard ! Au contraire, c'est romantique, mignon, chou, craquant… Laissez tomber votre carapace et soyez fleur bleue pour une fois, c'est pour la bonne cause.

Et que diriez-vous de noter vos bonnes idées avant de les oublier ?

……………………………………………………………………………………………

……………………………………………………………………………………………

……………………………………………………………………………………………

……………………………………………………………………………………………

……………………………………………………………………………………………

……………………………………………………………………………………………

……………………………………………………………………………………………

Les systèmes D

Vous êtes en panne d'inspiration ? Pas de panique, ces petits filons pourront peut-être vous tirer d'affaire.

- **Le Web :** ah, s'il n'existait pas, il faudrait l'inventer... Tapez dans les moteurs de recherche « déclarations d'amour » ou « demandes en mariage ». Ciblez particulièrement les forums dédiés au mariage où les femmes racontent leur demande et la manière dont elles l'ont vécue.
- **Les sociétés en conseils :** ça se fait de plus en plus, des entreprises se spécialisent dans ce créneau et vous aident à mettre sur pied les demandes les plus folles. C'est, entre autres, le cas de ApoteoSurprise (`www.apoteosurprise.com`) (voir l'encadré ci-contre).
- **Les grands classiques du cinéma romantique :** on aurait presque tendance à les oublier, et pourtant, ils restent une excellente source d'inspiration... Faites donc un tour dans une vidéothèque. Au top des cinq longs-métrages les plus romantiques : *Orgueil et préjugés, Love Story, Love Actually, Coup de foudre à Notting Hill, Pretty Woman.*

SCÉNARIOS DINGUES POUR AMOUR FOU

Pour ceux qui veulent faire les choses en grand, des professionnels ont imaginé pour vous des demandes en mariage des plus originales, car 80 % des femmes se disent avoir été déçues par la forme qu'a prise leur demande. Les hommes ratent souvent leur coup en matière de déclaration d'amour ou de demande en mariage. Il faut savoir viser juste, faire sa petite enquête auprès des amies pour conquérir le cœur de sa bien-aimée. Eh oui, messieurs, à l'ère de la liberté des sexes, sachez qu'une jeune femme reste toujours une princesse et attend depuis sa plus tendre enfance que son prince charmant lui fasse sa demande en mariage de la manière la plus romantique ou surprenante qu'il soit.

Surprendre, étonner, décrocher la Lune pour sa chérie ? La société ApoteoSurprise, par exemple, accompagne les prétendants timides ou en mal d'inspiration. Nicolas Garreau, son fondateur, a travaillé en collaboration avec des psychosociologues pour élaborer une trentaine de scénarios parisiens, en tenant compte de la « bulle d'émotion » qui entoure les amoureux, depuis la colombe porteuse de messages jusqu'au camion publicitaire affichant « Lola je t'aime » en passant par le message géant avec photo projeté au pied de la tour Eiffel. On peut encore choisir l'option mille roses rouges qui tombent en pluie sur un yacht privé voguant sous le pont des Arts. Au hit-parade du spectaculaire, on hésite encore : un Stade de France qui nous serait totalement réservé et où, sous les clameurs virtuelles de 80 000 supporters en folie, la déclaration d'amour avec demande en mariage s'affiche sur un grand écran, ou une patrouille aérienne dessinant un cœur géant spécialement pour nous, tandis que l'on dîne dans un manoir à quelques encablures de Paris. *So romantic*...

Attention, il n'est pas du tout recommandé de :

- **Faire votre demande légèrement, voire franchement éméché.** La situation demande un minimum de sérieux et de tenue. Il s'agit d'un engagement important... Et puis, votre chérie risquerait de ne pas vous prendre au sérieux.
- **Faire votre demande en public.** Lors d'un dîner entre amis, par exemple. Du romantisme, on vous dit ! Votre déclaration, et surtout la réponse de la principale intéressée, ne regarde que vous.

Étape n° 2 : votre belle-famille et vous

Elle a dit « oui » ! Le plus gros du boulot est fait. Si votre future belle-famille est à cheval sur les traditions, il est maintenant de bon ton de demander officiellement la main de votre promise à votre beau-père. Voici deux-trois trucs à savoir afin de ne pas échouer si près du but :

- **Ce qui se fait :** décrocher son téléphone et dire à son beau-père qu'on aimerait bien le voir en tête à tête. Une fois le rendez-vous pris, à vous de jouer ! Dites-vous une chose : il s'apprête à vous confier le trésor de sa vie : sa fifille. Mettez donc les formes, rassurez-le et partagez avec lui les sentiments que vous avez pour sa fille. Finissez ce joli petit discours par la formule traditionnelle : « Acceptez-vous de me donner la main de votre fille ? »
- **Ce qui ne se fait pas :** faire cette demande officielle par téléphone, par e-mail ou par texto. Les beaux-pères d'aujourd'hui ont beau être à la page, cette demande requiert tout de même un minimum de panache et de savoir-vivre !
- **Ce qui se faisait :** autrefois, le futur marié ou son père demandait la main de sa promise à son beau-père muni de gants blancs en cuir ou en toile joliment baptisés « gants beurre frais », clin d'œil à la couleur du beurre. Aujourd'hui, ces derniers sont plus qu'optionnels. Toutefois, si votre belle-famille est de l'ancienne école, il est conseillé de jouer le jeu à fond. Certains loueurs de jaquettes en vendent.

L'annonce à l'entourage

Maintenant que la demande a été faite, il vous faut l'annoncer à votre entourage.

Papa, maman…

Tout d'abord, on prévient les parents. Pour eux, privilégiez le face-à-face ; pour les autres, un petit coup de fil peut suffire, mais c'est aussi l'occasion de réunir vos meilleurs amis autour d'un bon petit repas pour leur annoncer la bonne nouvelle.

Dites, chef...

Contrairement à la grossesse, aucune loi ne vous oblige à annoncer la bonne nouvelle à votre patron. Toutefois, si vous voulez profiter de vos jours de congé (quatre jours, voire plus selon la convention collective), il vaut mieux lui dire. Dans ce cas, vous devez fournir à votre employeur un certificat de mariage pour pouvoir en bénéficier ; sachez que le *congé mariage* est un congé rémunéré, ouvert sans conditions d'ancienneté.

AU TRAVAIL : QUELS CONGÉS ?

Le nombre de jours de congé accordés par la loi au salarié qui se marie est de quatre. Toutefois, certaines conventions collectives prévoient des absences d'une durée plus longue que celle prévue par la loi, donc n'hésitez pas à la consulter.

Ces jours de congé sont intégralement rémunérés par l'employeur. Par ailleurs, ils sont considérés comme du temps de travail effectif pour le calcul des congés payés et de l'ancienneté.

N'importe quel salarié peut bénéficier de ces jours de congé et ce, quels que soient son ancienneté et l'effectif de l'entreprise. Pour cela, le salarié a l'obligation de fournir à l'employeur un document attestant de la réalité de l'événement, comme un certificat de mariage.

À quel moment le congé doit-il être pris ?

La loi n'indique pas à quel moment le congé doit être posé. Toutefois, la jurisprudence affirme que ces jours doivent être pris dans un délai raisonnable par rapport à l'événement considéré (Cass. soc., 16-12-998). Ainsi, le congé peut être pris la veille ou encore le lendemain du jour de l'événement.

Toutefois, si le salarié est absent de l'entreprise le jour où l'événement se produit, il n'a pas la possibilité de prendre ces jours de congé à son retour dans l'entreprise. Par exemple, si le salarié est en congés payés au moment de son mariage, il ne peut prétendre aux quatre jours de congés légaux. En pratique, il suffit donc au salarié de poser ces congés payés juste avant ou juste après.

(Référence juridique : article L226-1 du Code du travail)

Et pour l'annoncer aux collègues, vous pouvez en inviter certains si vous avez de grandes affinités, organiser un petit apéritif au bureau afin de fêter l'événement pour les autres, mais cela n'est pas une obligation, faites-le seulement si cela vous fait plaisir.

N'annoncez pas votre mariage sans avoir la véritable date, sinon cela restera trop vague pour vos interlocuteurs.

QUEL EST LE MEILLEUR MOMENT POUR SE MARIER ?

Évidemment, le beau temps attire les faveurs des futurs mariés. Comme 90 % des couples, vous risquez de choisir une date entre juin et septembre. Si c'est le cas, commencez vos recherches pratiquement un an à l'avance car les lieux sont réservés très tôt.

Où se marier ?

Ça y est, c'est certain, vous allez vous marier ! Mais où ? C'est encore un vaste sujet de discussion et l'une des interrogations les plus difficiles à résoudre avant le jour J.

Le choix du lieu de réception n'est absolument pas anodin et nécessite le temps de la réflexion, auquel se rajoute celui de la réservation. Autrement dit, lorsque l'on commence à planifier un mariage, la recherche du lieu de réception est LE POINT N° 1 ! Il n'est pas facile de trouver une salle de réception, la plupart d'entre elles étant réservées très longtemps à l'avance : des mois, voire un an ou deux avant le mariage pour les endroits offrant les meilleurs rapports qualité/prix, surtout si vous souhaitez vous unir entre juin et septembre.

À la recherche du lieu idéal

Si vous vous y prenez au dernier moment dans la recherche de votre lieu de réception, il ne vous restera plus qu'à procéder par élimination.

Sachez que vous aurez davantage de choix en décembre, car c'est le mois pendant lequel on se marie le moins en France ! Sachez aussi que si vous vous mariez hors saison (d'octobre à avril) et un jour de semaine, vous pourrez bénéficier d'une réduction conséquente (parfois jusqu'à 30 %).

Aujourd'hui, tout type de lieu est ouvert à la location et peut être le théâtre de votre mariage : château, maison de maître, moulin, corps de ferme, mais aussi péniche, musée, loft et même une plage... tout se loue ! Vous pouvez également organiser la réception dans votre maison de famille si vous en avez une, chez des amis ou bien au restaurant si vous n'êtes pas trop nombreux. La formule varie en fonction de votre mariage, qu'il ait lieu en ville ou à la campagne, du nombre d'invités et surtout de votre budget.

Demandez-vous surtout :

- **Dans quelle région voulons-nous nous marier ?**
- **À quelle période de l'année ?**
- **Dans quel cadre ?**
- **De quel budget disposons-nous ?**
- **Quel sera le nombre de nos invités ?**
- **Quel lieu sera facilement accessible à tout le monde ?**

Une fois que vous avez répondu à toutes ces questions, vous y verrez beaucoup plus clair et vous constaterez également que votre choix est déjà nettement plus restreint !

Tout d'abord, n'oubliez pas qu'au moins un des conjoints doit être originaire de la ville où se déroule la célébration civile (voir chapitre 12).

Pensez qu'il est beaucoup plus pratique de choisir un lieu de réception qui ne soit pas trop éloigné du domicile de vos invités. Si toutefois ce n'était pas le cas, il vous faudrait prévoir de diffuser à vos proches une liste d'hôtels à proximité avec toutes les infos pratiques (téléphones, plan, prix...) pour leur faciliter la réservation. Prévoyez alors une gamme d'hôtels répartis par ordre croissant, de l'hôtel une étoile bon marché jusqu'au trois ou quatre étoiles pour coller à tous les budgets.

Il est donc crucial dans votre organisation de cibler au plus tôt vos choix et de commencer vos recherches sans délai.

N'oubliez pas non plus que la salle de réception doit s'accorder au style de la fête qui va s'y dérouler. Quelques exemples :

- **Pour les romantiques :** un château, un manoir, une abbaye, un hôtel particulier, un palace...
- **Pour un esprit bucolique :** une auberge, un vignoble, une guinguette, une grange, une ferme, une péniche, un vignoble...
- **Pour un esprit urbain :** un hôtel, un musée, une galerie d'art, un loft, une bibliothèque...
- **Pour un esprit bobo (bourgeois bohème) :** un cirque, un cabaret, une cave, une plage...

Il faut surtout penser au style et à l'ambiance que vous souhaitez donner à votre mariage. Pensez à votre thème et faites en sorte que le lieu ait un lien avec ce dernier. Si vous souhaitez plutôt une réception champêtre, pensez à un moulin ; pour une fête féerique, un château sera plus adapté...

Au niveau pratique, gardez en tête que, dans les salles de réception insolites, certaines contraintes inattendues peuvent vous causer bien des désagréments qu'il vaut mieux éviter.

Autre aspect important quant au choix du lieu : sa facilité d'accès depuis l'église ou la mairie. N'oubliez pas de joindre un plan avec vos faire-part et indiquez un numéro de portable (témoins ou parents) que vos invités pourront utiliser s'ils sont perdus.

Listez les endroits possibles en fonction de vos envies, puis organisez vos recherches avec les différents outils que vous pouvez trouver, comme :

- **Les guides « papier »** (par exemple, le *Guide des salles de réception*) ;
- **Les PagesJaunes** ;
- **Les guides sur Internet**, comme `www.1001salles.com` ;
- **Les moteurs de recherche sur le Web :** tapez par exemple « lieu de réception mariage Yvelines » et une liste de lieux vous sera proposée ;
- **Le bouche-à-oreille :** faites-vous conseiller par des amis ;
- **Les salons du mariage :** n'hésitez pas à y faire un tour, ils accueillent de nombreux stands de salles de réception ;
- **Le syndicat d'initiative** ou l'office de tourisme de la commune où vous avez choisi de faire la fête.

Pensez aussi à la résidence que des amis d'enfance, à la place de la famille, pourraient vous « prêter » pour ce jour exceptionnel. Enfin, listez les différents lieux qui restent dans la course... et rendez-vous sur place, à deux, l'œil aiguisé et le sourcil froncé. C'est encore la meilleure façon de se faire une idée ! En effet, il est très important de prendre rendez-vous pour voir un endroit de vos propres yeux. Une photo peut être trompeuse...

À la rencontre du lieu idéal

Nous ne saurions que trop vous conseiller de prendre rendez-vous pour la visite des lieux. Ne vous pointez pas comme une fleur sans prévenir, sous peine de trouver les portes fermées ou de vous faire mal recevoir si le lieu est déjà dans des préparatifs de mariage, surtout si vous venez un samedi.

En le contactant à l'avance, vous êtes sûr que le propriétaire vous consacrera du temps et vous offrira une visite complète des lieux.

Fiez-vous à votre première impression : dès le premier rendez-vous, vous devez sentir si le feeling passe avec les responsables du lieu. Un simple manque d'amabilité, des rendez-vous annulés, une certaine rigidité dans les aménagements que vous envisagez... Passez votre chemin, ils ne méritent pas d'être le cadre de votre grand jour !

Prenez vos jambes à votre cou si trop de prestataires sont imposés (traiteur + DJ + décorateur...). En effet, vous ne pourriez pas personnaliser votre réception autant que vous auriez pu le faire en rencontrant différents intervenants.

Pendant le repérage, ne vous laissez pas aveugler seulement par la beauté du lieu, ou son côté « tendance ». Passez tous les détails pratiques au peigne fin. Certains éléments en apparence secondaires peuvent avoir une importance capitale le jour de la réception. Un escalier en colimaçon est un obstacle pour les personnes âgées et les très jeunes enfants. Si vous choisissez comme lieu un bateau, pensez aux invités « phobiques » qui peuvent être indisposés même s'il s'agit d'une péniche amarrée à quai. Il ne faut jamais oublier que la fête est destinée à tous, sans distinction d'âge. Veillez également à l'acoustique de la salle que vous souhaitez louer et qui peut créer un brouhaha sonore gênant pendant la fête. N'oubliez pas non plus de vérifier les équipements disponibles en cuisine (cuisinières, frigos, éviers...).

Pour bien préparer votre visite des lieux et la rencontre avec le propriétaire, il vous faudra aborder une série de questions essentielles :

Nom du lieu :
Nom du propriétaire :
Date prévue du mariage :
Votre mariage est-il le seul célébré et fêté ce jour-là ?
La salle est-elle adaptée au nombre de vos invités ?
Quelles sont les dimensions de la salle ? (Si possible, demandez un plan avec les mesures, celui-ci vous aidera ensuite à faire votre plan de table, voir chapitre 15).

Si votre mariage a lieu en dehors de l'été : la salle est-elle chauffée ?
Y a-t-il des toilettes en quantité suffisante et proches de la salle principale ? Comment sont-elles ? Sont-elles accessibles pour des personnes à mobilité réduite ?
L'endroit est-il accessible pour les handicapés ?
Les invités seront-ils tous dans la même salle ou répartis dans plusieurs salles ?
Y a-t-il un endroit prévu pour danser et de taille suffisante ?
La salle est-elle équipée d'un office pour le traiteur ?
Le prix de la location comprend-il les tables et les chaises nécessaires ?
À quelle heure s'achève la location ? À combien se monte le coût de l'heure supplémentaire ?
Y a-t-il un limiteur de décibels ?
L'emplacement pour le stationnement des véhicules est-il pratique et suffisamment grand ?
Faudra-t-il prévoir une personne pour surveiller les véhicules ?
En cas de pluie ou d'intempéries, où organiser le vin d'honneur ? Y a-t-il une solution de repli, une salle couverte si vous avez opté pour une réception à l'extérieur ?
Des prestataires sont-ils imposés (traiteur, DJ, décorateur…) ?
Si vous souhaitez impérativement un feu d'artifice, n'oubliez pas de demander si ceux-ci sont autorisés.
De quelles facilités disposent les mariés (pièce pour se changer, chambre pour les enfants en bas âge, baby-sitter…) ?

Y a-t-il un vestiaire gardé ? Sinon, existe-t-il une pièce aménageable en vestiaire sécurisé pour les appareils photo, les caméras, les sacs à main, etc. ?
Comment sont orientés et « filtrés » vos invités (important si le lieu est ouvert à d'autres réceptions le même jour) ?
Pour la sono, l'installation électrique est-elle aux normes et suffisante ?
Peut-on ouvrir les fenêtres ? (Cette question est importante si plusieurs réceptions se déroulent sur le même lieu en même temps : la musique d'une fête pouvant empiéter sur celle d'une autre).
Peut-on prévoir sa propre décoration dans la salle ?
Y a-t-il un droit de bouchon (voir encadré ci-contre) si vous apportez vos propres boissons ? De combien ?
Quand pouvez-vous disposer du lieu pour y installer votre décoration ? Quand devez-vous le libérer ?
Faut-il s'occuper ou non de la remise en état de la salle ?
Que couvre l'assurance de la salle ? Devons-nous contracter une assurance particulière ?
Y a-t-il un endroit privilégié dans le jardin où réaliser les photos « officielles » ?
Les piscines, cours d'eau, étangs ou mares environnantes sont-ils sans danger pour les enfants ?
Y a-t-il possibilité de loger sur le lieu même et pour combien de personnes ? Y a-t-il des hôtels proches, dans le cas où certains invités préfèrent rester sur place ? Y a-t-il une chambre nuptiale pour les mariés ?
Est-il possible de disposer du lieu le lendemain pour organiser un retour de noces (brunch ou autre, voir chapitre 14) ?
Les bougies sont-elles autorisées (attention, de plus en plus de lieux les interdisent) ?

QU'EST-CE QUE LE DROIT DE BOUCHON ?

Afin de faire des économies, ou parce que vous souhaitez un vin en particulier, vous pouvez apporter votre propre vin et/ou champagne. En effet, même en faisant appel à des producteurs de renom, il est possible que cela vous revienne moins cher d'apporter vos propres bouteilles.

Sachez que, normalement, les traiteurs n'acceptent plus le droit de bouchon, cette pratique est principalement exercée par les restaurants ou les lieux de réception avec restauration intégrée. En contrepartie de cette autorisation, le restaurateur perçoit, pour rémunérer le service – ouverture des bouteilles, service au cours du repas – ainsi que pour l'utilisation et le lavage des verres et le manque à gagner, une somme forfaitaire par « bouchon », c'est-à-dire qui s'applique sur chaque bouteille apportée ou consommée, d'où l'expression de « droit de bouchon ».

Faites le calcul afin de savoir si cela reste plus rentable pour vous d'apporter votre vin, même avec le droit de bouchon par bouteille.

Il n'y a aucune réglementation concernant le droit de bouchon, les restaurateurs sont libres de pratiquer le tarif de leur choix, néanmoins sachez que ce forfait est parfois négociable, il n'est pas rare de voir certains restaurateurs le baisser.

Tapage nocturne ? Les salles qui se trouvent en agglomération s'engagent à faire respecter le silence après 2 heures du matin. Pensez-y si vous envisagez de faire la fiesta jusqu'au bout de la nuit !

Et si vous ne trouvez pas le lieu magique correspondant aux critères de vos rêves, ne vous mettez pas dans tous vos états ! Pensez qu'un lieu bien décoré peut aussi très bien faire l'affaire.

Si vous optez pour une réception en plein air, n'oubliez pas que les conditions météo seront déterminantes et qu'il vous faudra impérativement penser à louer une tente de réception pour vous prémunir d'une averse.

Si vous n'avez pas la chance de posséder une propriété pouvant accueillir tous vos convives, vous pourrez toujours chercher dans votre entourage un ami généreux qui accepterait de vous prêter pendant une journée sa maison de famille. Nous vous conseillons, dans ce cas, de lui suggérer l'idée avec habileté et très longtemps à l'avance.

N'hésitez pas à vous orienter vers un lieu de réception en campagne qui offre de nombreux avantages et notamment une grande souplesse : en général, la salle est louée tout le week-end et vous pourrez ainsi prévoir un déjeuner le lendemain de la nuit de noces, ce qui a tendance à se faire de plus en plus et qui sera très apprécié par vos invités... surtout ceux qui résident loin du lieu de réception.

Pour éviter que vos invités ne se perdent, vous pouvez également prévoir des hôtes/hôtesses pour guider les invités depuis la mairie ou l'église jusqu'à la salle de réception. Ou alors, plus simplement, insérer un plan au recto de vos cartes d'invitation, ou encore placer quelques panneaux d'indication sur l'itinéraire, à des endroits stratégiques.

Le lieu vous plaît ? Mettez une option

Si vous avez déniché le lieu parfait, mettez tout de suite une option dessus. Celle-ci est généralement valable dix jours avant la confirmation. Cela vous laissera le temps de visiter d'autres lieux pour être sûr de votre choix.

LA RESPONSABILITÉ CIVILE ORGANISATEUR (RCO)

Si vous louez un lieu de réception, nous vous recommandons de vous rapprocher de votre assureur afin de voir avec lui s'il est nécessaire de recourir à une assurance « responsabilité civile organisateur ».

Dommages matériels compris dans la RCO :

Vous avez loué un lieu et devenez de ce fait « occupant temporaire ».

(SUITE)

Si vous étiez occupant permanent, l'assurance RCO ne jouerait pas pour les dommages matériels causés dans la salle, car on considérerait qu'il s'agit de votre salle et non de celle d'un tiers. Il faudrait vous couvrir *via* une assurance multirisque (incendie, dégâts des eaux...). Le dommage matériel le plus important est l'incendie de la salle. Une garantie de 1 à 1,5 million d'euros est suffisante, car la plupart des salles « renoncent à tout recours contre vous et votre assureur en cas d'incendie et d'explosion de la salle ». L'exploitant préfère en effet payer une légère surprime à son assureur pour être garanti sans avoir à se retourner contre la police d'assurance de son locataire.

En contrepartie, le loueur précise que le locataire renonce à tout recours contre le loueur pour tout dommage affectant ses matériels, même si la responsabilité de la salle est engagée (l'assurance tous risques matériels permettra de couvrir ce risque).

Si votre soirée doit se dérouler sous chapiteau, vérifiez que votre contrat couvre également les chapiteaux et leurs installations ; un grand nombre de polices d'assurance excluant les bâtiments qui ne sont pas « construits et couverts en dur » (exemple de jargon d'assurance !).

La garantie dommages matériels concerne aussi les biens meubles (fauteuils de la salle ou matériels de sono apportés par l'assuré par exemple). Cette garantie est souvent une sous-limitation de la garantie principale de l'ordre de 200 000 à 1 million d'euros pour couvrir les biens confiés ou loués. Votre contrat RCO doit couvrir les biens loués (exclusion habituelle dans de nombreux contrats) et le risque de vandalisme. Vous devez rendre la salle dans l'état où vous la trouvez. Un état des lieux avec un responsable de la salle avant et après s'impose.

Au titre des dommages matériels, vous pouvez également avoir besoin d'une responsabilité civile dépositaire (garantie vestiaire). Cette garantie est accordée si le vestiaire est gardienné en permanence et s'il y a remise d'une contremarque au client. Pour ces garanties dommages matériels, vous devrez accepter des franchises. La franchise est ce qui reste à votre charge en cas de sinistre.

Quel type de réception ?

Quelle place prévoir ?

N'invitez pas plus de monde que vous n'avez de place, demandez un plan détaillé des salles avec leur superficie, certains propriétaires ont tendance à surestimer le nombre de convives maximum, car ils ne comptent pas la piste de danse ou les buffets.

Voici quelques repères :

» **Pour une réception debout**, comptez 1 mètre carré pour deux personnes, donc, si vous disposez de 100 mètres carrés, vous pourrez mettre 200 personnes debout sans qu'elles soient trop serrées.

» **Pour un dîner assis**, comptez 1 mètre carré par personne. Ainsi, si vous disposez de 100 mètres carrés, vous pourrez asseoir 100 personnes, mais il faudra pousser tables et chaises pour la piste de danse. Prévoyez aussi un espace minimum à table par personne d'environ 60 centimètres.

» **Pour un buffet**, ne sous-estimez pas sa grandeur : comptez deux buffets de 4 mètres pour 100 personnes, sur une largeur de 80 centimètres environ. Le nombre de buffet et la longueur sont importants pour éviter la bousculade.

N'oubliez pas de prévoir de la place derrière le buffet pour le service (environ 80 centimètres).

» **Pour la soirée dansante**, comptez 1 mètre carré pour deux personnes. Sachant que tout le monde se retrouve rarement en même temps sur la piste, un maximum de 30 mètres carrés (avec l'espace DJ) pour 100 personnes sera nettement suffisant.

Concernant la disposition des tables, veillez à ce que les invités ne soient pas trop éloignés les uns des autres, l'ambiance risquerait de manquer de chaleur. De la même façon, s'ils sont trop serrés, ils se sentiront mal à l'aise. Autant que faire se peut, préférez les tables rondes, généralement plus conviviales, vos invités pourront plus facilement parler entre eux. En ce qui concerne le diamètre des tables, prévoyez 150 centimètres pour 8 à 9 invités et 180 centimètres pour 10 à 11 personnes. Pour le plan de table, reportez-vous au chapitre 15.

N'oubliez pas les bouts de choux ! Certains auront envie de jouer, de regarder des dessins animés, et d'autres souhaiteront s'assoupir quelques heures... Demandez au propriétaire si un espace leur est réservé et prévoyez un coin enfants, un espace où les bébés et les enfants en bas âge pourront dormir en étant surveillés et encadrés par une ou plusieurs baby-sitter.

N'oubliez pas non plus d'organiser un vestiaire pour les invités !

Le contrat

Quelle est la différence entre arrhes et acompte ? Voici un petit rappel qui vous servira longtemps et en toutes occasions !

Les arrhes représentent un pourcentage de la somme totale de la location, à régler au moment de la réservation. En cas d'annulation, vous perdrez ce premier versement mais n'aurez pas à payer le solde.

Un acompte représente un premier versement (un pourcentage) à valoir sur l'achat et signifie qu'il s'agit d'un engagement ferme. En cas d'annulation, la partie lésée conservera la somme déjà versée et pourra même réclamer des indemnités pour le préjudice subi.

Mais qu'est-ce qu'ils ont, tous ? Gérer les conflits avec les parents, votre fiancé, beau-papa et belle-maman

Comment éviter de se fâcher avec ses parents pour la vie

Quand on n'a pas encore 18 ans, on s'imagine vivre plus tard une vie d'adulte sans avoir le moindre compte à rendre à ses parents.

La réalité est souvent loin. Très loin même. Et c'est comme cela qu'on se retrouve à 30 ans passés et déjà senior dans sa profession à avoir encore la trouille au ventre de vexer papa-maman sur le choix de la pièce montée ou encore se sentir malheureuse comme les pierres car maman n'en a rien à faire de votre coiffure de mariage. Ben oui, quoi qu'il se passe, on restera toujours fifille ou fifils à son papa ou à sa maman.

Les parents désintéressés

À l'annonce de vos fiançailles, vous aviez imaginé votre mère s'écriant de joie et pleurant toutes les larmes de son corps et votre père prendre Roméo entre quatre yeux et lui dire sur un ton à la de Niro : « Roméo tu as intérêt à bien prendre soin d'elle sinon tu auras affaire à moi, petit, parole d'homme. » ?

Au lieu de cela, votre mère a accueilli la nouvelle d'un bref « Bien bien bien. Hou là ! vous sentez pas un truc bizarre ? Je crois que ma blanquette est en train de brûler. » Quant à papa, il n'a rien trouvé de mieux à dire que : « Dis donc, juillet, ça ne nous arrange pas, avec maman on avait prévu de partir 15 jours en cure à la Bourboule... » Puis le voilà qui monte le son de la TV pour regarder *Vivement dimanche*.

Là, vous avez envie de pleurer... MAIS QUELLE BANDE D'INGRATS ! Vous aviez l'impression qu'il était plus excité le jour où le caniche de la maison a eu sa portée de trois chiots !

Surtout, restez calme. On respire ! Certes, quand vous étiez petite, la Terre s'arrêtait de tourner pour eux au moindre de vos bobos. Ils vous ont élevée, aimée, aider à accomplir vos rêves : maintenant, tout ce qui peut concerner vos amours, votre quotidien ne regarde que vous. Ce ne sont pas forcément des parents désintéressés, ce sont des êtres humains qui aujourd'hui ont envie de vivre leur propre vie. Ce n'est pas pour cela que vous ne pourrez plus compter sur eux.

Les parents économes

Vous avez à peine prononcé le mot « mariage » que votre mère lance à votre père : « Papa, va falloir casser le livret A. »

Vos parents mettent de l'argent de côté pour cet heureux événement depuis votre naissance, sauf que cela n'a pas duré longtemps. Au départ, votre maman devait déposer chaque année son treizième mois, sauf que, pour elle, le treizième mois n'a jamais existé, elle est toujours restée sur 12. Au final, sur le livret A, il ne reste pas grand-chose, quelques sous par-ci par-là et les 589 euros que votre grand-mère avait déposés pour vos 18 ans ! Mais vos parents se font un point d'honneur à payer votre mariage de princesse.

Sauf qu'ils n'en ont pas les moyens... Mais vous si ! De fait, vous allez vous retrouver avec votre fiancé à devoir rendre des comptes sur tout et parfois vous sentir obligée de sacrifier la jolie salle de château que vous auriez pu vous payer à l'aise au bénéfice du petit moulin paie-pas-de-mine, car plus en adéquation avec le budget de papa-maman.

Sans les vexer, proposez-leur, plutôt que de tout payer, de rajouter au bout ce qui peut vous manquer pour vous offrir votre mariage de princesse, ou encore de prendre à leur frais juste les vins ou le champagne.

Les parents GO (Gonflants Organisateurs)

Du jour où vous leur avez annoncé la bonne nouvelle, ils ne vous ont plus lâchée.

Maman à J – 365 : « J'ai fait ma liste ! J'ai prévenu tout le monde ! Réveille-toi, il faut envoyer les faire-part » ou encore : « T'as pensé à réserver le coiffeur ? Et ta robe, il va falloir te bouger, ma chérie ! Il ne reste que 11 mois et demi. »

Quant à votre père, il vous a plombé d'avance toute l'année à venir en vous dressant un planning pour les 52 week-ends qu'il vous reste jusqu'au jour J : semaine 23 visite des lieux section C à section D ; semaine 24 dégustation traiteur A et B ; semaine 26 interview DJ A, B et C. Pas question de penser une seule seconde y échapper, puisqu'ils vous accompagneront partout !

Vous l'aurez compris, aucune place à l'improvisation et à la spontanéité.

Dans un cas de figure comme celui-ci, il n'existe qu'une seule solution : rassemblez votre courage et frappez un grand coup sur la table en exprimant haut et fort que si leur aide est la bienvenue, vous souhaitez tout de même superviser vos préparatifs.

Je ne reconnais pas mon fiancé !

Souvenez-vous, c'est votre mariage que vous organisez et non pas seulement la « fête du siècle » ; n'oubliez pas que l'avis de votre fiancé passe avant ce que vos parents peuvent penser. Si vous l'oubliez, vous allez vous retrouver à organiser votre mariage avec papa et maman sans vous soucier de ce que votre fiancé peut penser. Mauvais départ pour une vie de couple, non ? Sous prétexte qu'un homme s'occupe moins des menus détails qu'une femme, il peut donner le sentiment de s'en désintéresser, mais ne croyez pas cela, il est juste un peu dépassé par les événements. Lorsqu'il vous a demandé votre main, il avait déjà sûrement réfléchi à de multiples projets à deux, maison, enfants, voyage... jusqu'à peut-être votre retraite paisible au fin fond du Lubéron. Tandis que, vous, au mot « mariage », vous avez pensé « Wahoooooo – robe de mariée – chaussure de princesse – Canon de Pachelbel pour mon entrée à l'église – petite fille d'honneur en rose pâle – et Valérie va en crever de jalousie de voir à quel point son mariage était minable a côté du mien ! » (si si, ça vous l'avez pensé, j'en suis sûre !!).

Les préparatifs de mariage ne sont pas forcément vécus de la même manière chez les hommes et chez les femmes. Inexistants ou au contraire trop impliqués, cela ne va jamais ! Rassurez-vous, vous n'êtes pas la seule... Petit tour d'horizon des différents spécimens en fonction de leur tempérament...

L'inquiet invisible

Pour celui-là, le seul fait de vous avoir demandé votre main lui a consommé les trois quarts de son énergie ! Sachez qu'il réserve le dernier quart pour prononcer le fameux « oui » le jour J.

Le reste lui semble sortir de la quatrième dimension : pas la peine de lui parler de la couleur des faire-part, ou de celle des fleurs de l'église, sous peine de voir ses grands yeux s'affoler.

Prenez-le en douceur, et gérez une partie des préparatifs vous-même : ne vous inquiétez pas, il va y venir tout doucement : pour lui, le mariage est avant tout la promesse d'un amour pour la vie et d'une fidélité éternelle et cela le stresse suffisamment comme ça, car n'oubliez pas que son rêve à lui, c'était plutôt un mariage entre deux témoins et sans chichis. Alors, laissez-lui le temps de s'y faire !

» **Les avantages du fiancé inquiet :** réfléchi et posé, s'il vous a demandé de l'épouser, c'est qu'il est sûr de lui, il ne l'a pas fait afin de répondre à vos incessantes demandes de mariage. Vous pourrez toujours compter sur lui, il vous épaulera toute sa vie.

» **Vous aurez envie de l'étrangler lorsque :** il sera d'humeur grincheuse si vous l'encombrez de nombreux détails sur la décoration ou le plan de table. Il sera aussi capable de vous dire : « Vivement le jour J que tout cela soit fini ! »

Le contrôleur de gestion

Avec lui, pas de place à l'imprévu ni aux faux frais. Véritable bête noire des prestataires, il va comparer chaque devis à l'euro près et tenter de négocier le prix de chaque petit-four.

Le jour où vous irez chercher les dragées, il va exiger de faire peser chaque ballotin sur place au risque de vous taper la plus belle honte de votre vie.

Maniaque des tableaux sous Excel, il ne décollera pas le nez de son ordinateur jusqu'au jour J : il vous répétera qu'il n'est pas radin, juste vigilant, que le mariage est une énorme usine commerciale et qu'il entend bien se faire respecter !

» **Les avantages du fiancé contrôleur de gestion :** vous aurez tout au juste prix, pas de mauvaise surprise avec les factures. Avec lui, aucun risque de faire un emprunt sur 15 ans pour payer votre mariage, chaque centime dépensé sera le fruit de vos longs mois d'économies.

» **Vous aurez envie de l'étrangler lorsque :** par souci d'économie alors que vous n'êtes pas une grande manuelle, il vous fera confectionner les 130 faire-part et les 32 centres de table. Quand votre photographe vous lâchera à la dernière minute, Roméo et lui n'ayant pas réussi à s'entendre sur le tarif de la photo supplémentaire.

Le fêtard !

Pour celui-ci, le mariage est surtout l'opportunité de faire une énorme fête avec ses copains. Il ne s'impliquera pas dans les détails de la cérémonie ni de la décoration. En revanche, vous pouvez lui faire confiance pour la musique, l'animation et le champagne. Toutefois, ayez-le à l'œil : si votre fiancé est fan de musique électro, faites-lui comprendre qu'un mariage n'est pas une rave party !

» **Les avantages d'un Roméo fêtard :** bonne ambiance assurée ! Il s'occupera des moindres détails concernant la mise en scène de votre mariage, il trouvera aussi les animations les plus folles afin de faire de cette journée un moment inoubliable.

» **Vous aurez envie de l'étrangler lorsque :** au moment de la séance photo, il improvise une chasse au trésor avec ses potes dans le château. Passé minuit, il passera plus de temps derrière les platines à côté d'un DJ désespéré prêt à laisser son tablier !

L'amoureux transi

Véritable béni-oui-oui, il ne vous donnera jamais son avis. Lui, ce qui l'importe, c'est ce que vous voulez. Il n'a jamais d'avis, à part celui de se ranger au vôtre. Pas contrariant pour deux sous, il vous suivra quoi qu'il advienne, le bonheur de sa princesse, c'est tout ce qu'il veut !

» **Les avantages de l'amoureux transi :** il se mettra en quatre pour vous, il s'impliquera dans toutes les tâches manuelles, même si ce n'est son truc.

» **Vous aurez envie de l'étrangler lorsque :** vous vous rendrez compte que vous portez votre mariage seule à bout de bras, qu'il n'a d'avis sur rien et que son leitmotiv est « On fait comme tu veux, ma chérie ! »

Le businessman

Votre fiancé est un *work addict*, portable greffé à l'oreille même le week-end, impossible d'avoir une conversation de plus de 5 minutes sans entendre le « tilitilitili » de son téléphone.

Faute de temps de son côté, vous gérez seule une grande partie des préparatifs, mais cela ne l'empêche pas d'être très exigeant. Une partie de ses invités seront des relations d'affaires ou des anciens élèves de sa promotion, alors tout doit être parfait.

» **Les avantages du businessman :** au niveau du budget, vous aurez carte blanche ! Vous pourrez vous marier dans un château de princesse, prendre le meilleur traiteur et engager le décorateur le plus tendance !

» **Vous aurez envie de l'étrangler lorsque :** il annulera pour la quatrième fois le rendez-vous pour le déjeuner test chez le traiteur pour cause de réunion de dernière minute. À trois semaines du mariage, il demandera à son père et à son témoin de répéter devant lui le discours qu'ils ont prévu pour le jour J, et ceci pour s'assurer qu'il n'y aura pas un mot de déplacé et éviter de choquer la table 12 avec ses huit clients japonais.

J'enterre ma vie de célibataire

Passage obligé de chaque futur marié, vos amis organisent pour vous une soirée ou un week-end qui vous mettra à l'honneur.

Toutefois, si vous détestez la coutume qui vous oblige à vous déguiser et à accoster des inconnus dans la rue, d'autres options s'offrent à vous et suggérez à vos ami(e)s que :

1. **Le tutu à 30 ans passés ce n'est pas vraiment heureux ;**
2. **Faire la bise à 300 inconnus, en période de grippe, ce n'est pas recommandé !**

Quelques idées de soirées sympathiques à glisser dans le creux de l'oreille des organisatrices :

Pour elle

- **Le hammam :** prête pour un voyage au pays des mille et une nuits ? Massage et thé à la menthe. Ou, variante, le SPA : les filles se font chouchouter telle Shéhérazade dans une ambiance « gossip girl ».
- **La soirée pyjama,** l'une de vos amies l'organise chez elle ou chez vous. Ambiance régression : au menu pizzas, salades, gâteaux au chocolat, bonbons et fraises Tagada (attention tout de même à l'indigestion, tant pis pour les kilos, on fera attention le lendemain). On danse et on chante à tue-tête les tubes de nos 15 ans. Suivie d'une soirée rétrospective de vos meilleurs et pires moments... Pour conclure que, oui, décidément vous êtes toutes amies pour la vie ! Le but : rire, pleurer et ricaner bêtement.
- **Soirée *chippendale* !** Vous avez craqué devant les muscles de Greg le millionnaire ? Alors, sachez que chippendales et stripteaseurs peuvent vous offrir un spectacle chaud bouillant (en tout bien tout honneur, bien sûr !). Du muscle, du muscle et encore du muscle version brun ténébreux ou blond californien, il y en a pour tous les goûts... À domicile – version soirée privée – ou dans un club, vous allez vous régaler.
- **Cours de danse :** pole dance, flammenco, valse... Il y en a pour tous les goûts (et toutes les bourses !). Un cours collectif est un très bon moment à passer entre amies.

Pour lui

- ***Table dance* :** avouons-le nous : les *tables dance* – ou disons-le plus communément : les boîtes à strip-tease – sont l'attraction préférée de ces messieurs. Nous recommandons toutefois de préférer les établissements de renommée et d'éviter les quartiers « chauds » des grandes villes où vous risquez de vous faire arnaquer sérieusement. De plus, si vous savez que cela risque de blesser votre fiancée, faites passer le message à vos amis, et demandez-leur de vous choisir une autre activité. Cela ne vaut vraiment pas la peine de vous fâcher avec l'élue de votre cœur.

» **Bars à thème :** amenez-le dans un bar de glace par exemple, mais aussi au casino, en discothèque, ...

Pour elle / pour lui

» **Un week-end organisé** dans une maison de campagne, ou encore un week-end à Londres ou à Barcelone. Normalement, vous ne déboursez rien lors de votre enterrement de vie de jeunes gens, mais là il faut voir avec les moyens de chacun.

» **Ce soir, c'est moi la star !** Un concept « soirée de star » : berline avec chauffeur, gardes du corps, accueil VIP dans les établissements sélects et, pour ponctuer la soirée, un lot d'animations : paparazzi, fans qui se jettent à votre cou à la descente de la voiture.

» **Vous aimez les sensations fortes ?** Au départ, prisé par le garçon mais de plus en plus plébiscité par les filles : le week-end sport extrême. Quelques idées : saut à l'élastique, paint-ball (attention ! à ne pas faire à moins d'un mois de votre mariage à cause des bleus que peuvent provoquer les billes en plastique), baptême de l'air, Accrobranche®...

» **La chasse au trésor !** Vous pouvez organiser une véritable chasse au trésor, avec des énigmes à résoudre en groupe ! Si vous manquez de temps pour l'organiser vous-même, laissez faire des professionnels. Ces passionnés ont des concepts de chasse en trésor prédéfinis, ou alors ils peuvent réaliser sur mesure cet événement sur le lieu et selon le thème de votre choix !

ORIGINE DE L'ENTERREMENT DE VIE DE CÉLIBATAIRE

D'abord réservé à la gente masculine, l'enterrement de vie de célibataire remonte, semble-t-il, au XVIIIe siècle.

À l'époque, la cérémonie consistait essentiellement en un repas entre amis dans l'auberge du village (ou du village voisin si l'on craignait d'être reconnu après des débordements). C'était le dîner d'adieu : beuverie, vaisselle cassée, tapage nocturne.

Il était aussi bien vu que le jeune homme aille « jeter sa gourme » avant les épousailles. Ses copains se chargeaient de présenter au fiancé tout ému une dame de circonstance. Le père en faisait une question de virilité. La fête de l'enterrement de vie de garçon était donc gardée secrète et les femmes, qui n'en étaient pas informées, n'y participaient jamais.

À cette version un peu frustre s'ajoutait aussi parfois une charge symbolique, qui donne son sens à l'expression « enterrement de vie de garçon ». En effet, pour « tuer » en lui l'homme qui avait commis des erreurs, pour faire table rase du passé, le futur marié était au centre d'un « sacrifice rituel ». Il simulait la mort tandis que ses amis chantaient la messe des défunts en traînant un cercueil dans les rues. Ce cercueil était parfois même enterré (vide, rassurez-vous) ou jeté à l'eau dans une ambiance de service funèbre...

De son côté, la jeune fille, jusqu'au XXe siècle, s'en tient à une collation entre amies. Au domicile de ses parents, la future mariée prend congé de ses proches dans une version beaucoup plus soft du repas d'adieu.

Au fil du temps, des jeux s'organisent autour du thème du mariage. Et ce n'est que dans les années 1970, avec l'évolution de la condition féminine, que l'enterrement de vie de jeune fille prend la tendance qu'on lui connaît aujourd'hui. C'est ainsi que, de nos jours, garçons et filles se retrouvent parfois en fin de soirée pour fêter ensemble l'engagement des futurs mariés. Et l'égalité des sexes de prendre sa part belle dans l'histoire. Cela dit, on murmure que les filles seraient plus originales et fantasques que les garçons quant à l'organisation de l'enterrement de vie de célibataire...

TOUR DU MONDE DE L'ENTERREMENT DE VIE DE JEUNE FILLE

Qu'il soit traditionnel ou déjanté, en famille ou entre amis, la variété est de mise. Petit tour du monde de ce rituel prénuptial qui réserve bien des surprises.

• En Inde

Première escale en Inde : ici, une ribambelle de codes familiaux et religieux imprègnent la cérémonie, aux antipodes de l'enterrement de vie de jeune fille à la française. L'heure de la fête est fixée par de savants astrologues et s'étale sur les trois jours qui précèdent le mariage, sans interruption aucune. Puis tambours, flûtes, cymbales et autres chants mélodieux rythment le parcours des femmes et des fillettes, qui courent de temple en temple, parées de saris et de voiles aux couleurs chatoyantes afin d'attirer la bénédiction divine sur les (très) jeunes époux.

• Au Canada

Le rituel du « *shower* » s'inscrit au rang d'institution nationale. Le but de cette pratique d'origine américaine est d'exprimer sa solidarité féminine envers la future mariée, à la veille du mariage qui est perçu comme un véritable changement de statut social. Amies, proches parentes et collègues de travail organisent donc toutes ensemble un *shower*, en guise d'adieu à leur amie. La future mariée arrive la dernière et découvre les cadeaux qui vont venir compléter son trousseau. La soirée peut porter sur différents thèmes : tasses à thé, bibelots, linge de maison...

• En Suisse

Loin de cette sobriété toute puritaine des Canadiens, les Suisses conçoivent sans pudibonderie l'enterrement de vie de jeune fille comme une fête où tout est permis. Après tout, n'est-ce pas la dernière occasion de se défouler en célibataire ? La fête a donc lieu, entre Suissesses exclusivement, la veille au soir du mariage, peu importe les mines déconfites du lendemain. La tradition helvétique veut que chaque invitée apporte une vieille assiette qui sera ensuite jetée par terre. Le vacarme de la vaisselle brisée a pour but de faire fuir les mauvais esprits qui pourraient éventuellement troubler ce bonheur naissant. Sans compter que le verre brisé porte chance...

• En Angleterre

Clore ce tour du monde des extravagances de l'enterrement de vie de jeune fille sans évoquer les « *hen nights* » anglaises – littéralement « nuit des poules » (devinez qui est visé) – serait sacrilège. Au programme des festivités nocturnes d'outre-Manche : déguisements plus que sexy et fiestas orgiaques jusqu'au lendemain matin.

(SUITE)

N'en déplaise à la famille royale, l'enterrement de vie de jeune fille, en Angleterre comme partout dans le monde, a encore de beaux jours devant lui.
(Source : *Le Guide du routard*)

L'organisation de l'enterrement de vie de célibataire

Traditionnellement, c'est à son témoin (si c'est une fille) et aux meilleures amies de la mariée de lui organiser une soirée surprise pour l'enterrement de sa vie de jeune fille. Petit ou grand comité, au choix, mais la règle d'or est simple : filles d'un côté, garçons de l'autre !

Quand organiser l'enterrement de vie de jeune fille/garçon ?

N'organisez pas l'EVJF/EVG la veille du mariage, prévoyez plutôt de le faire la semaine précédente, ce qui laissera le temps à la future mariée ou au futur marié de se remettre de cette soirée mouvementée et d'avoir un teint frais et reposé le jour de son mariage.

L'enterrement de vie de jeune fille/garçon doit rester une surprise pour les fiancés, mais les organisateurs doivent se renseigner discrètement sur les emplois du temps des promis pour le soir ou la journée prévu(e). Un proche peut être dans la confidence pour une meilleure organisation.

CHECK LIST CHAPITRE 1 :
RETROUVEZ VOS ESPRITS : COMMENÇONS PAR LE COMMENCEMENT

Vous êtes déjà complètement perdue ? Pas de panique ! Cette *check-list* va vous aider à y voir un peu plus clair.

- ☐ **1.** **Je trouve la date du mariage : saison, mois, jour, tout doit être soigneusement réfléchi. Je prévois au moins un an à l'avance si je souhaite me marier entre mai et septembre.**
- ☐ **2.** **Je n'oublie pas mon employeur ! Je pense à mes quatre jours de congés légaux.**
- ☐ **3.** **Le lieu du mariage : je n'attends pas trop longtemps, les réservations se font très tôt.**
- ☐ **4.** **La mairie : le lieu de passage obligatoire pour tout mariage célébré en France. Je me renseigne rapidement (voir le chapitre 12).**
- ☐ **5.** **Le budget : l'un des points les plus importants. Je prévois une marge de manœuvre pour les imprévus.**
- ☐ **6.** **Les invités : évidemment, connaître le nombre de convives (ou en avoir au moins une bonne estimation) est essentiel dans la recherche du lieu de réception et dans la prévision du budget.**
- ☐ **7.** **Je colle des timbres thématiques « Mariage » : c'est plus joli que Marianne, non ?**
- ☐ **8.** **Je n'oublie pas de me renseigner sur mon assurance si je loue un lieu de réception : je pense à la responsabilité civile organisateur (RCO).**
- ☐ **9.** **Enterrement de vie de jeune fille/de garçon : c'est un événement fort sympathique mais il va de soi que ce n'est pas une obligation !**
- ☐ **10.** **Je pense à tout noter sur un carnet unique : les dates auxquelles j'ai pensé, pour quelle(s) raison(s) certaines ont été rayées de la liste, idem pour les lieux de réception, ...**
- ☐ **11.** **Et le plus important : je me détends ! La préparation d'un mariage n'est jamais aisée mais il est nécessaire que je connaisse mes priorités.**

Chapitre 2

Faire-part !

DANS CE CHAPITRE :

- **Faire-part et cartons d'invitation : ce que veut la tradition**
- **Où les trouver ?**
- **Réaliser soi-même ses invitations**

Le compte à rebours a commencé ! Vous avez dit « oui », fixé la date, annoncé la bonne nouvelle et vous venez enfin de trouver le lieu idéal, reste à envoyer les invitations officielles. Ce chapitre vous invite à suivre toutes les étapes de la fabrication des faire-part, les conseils pour les faire faire ou pour les réaliser soi-même et des astuces pour les personnaliser.

Étape n° 1 : Dresser la liste des invités

Établir la liste des invités à la cérémonie, au vin d'honneur et à la réception est souvent une tâche assez laborieuse. N'hésitez pas à soumettre votre liste à votre entourage pour éviter tout oubli fâcheux.

Comment procéder ?

Établissez un quota. Élément indispensable pour se lancer dans la recherche de la salle, le nombre des invités doit, dès le début des préparatifs, être estimé de manière sérieuse. C'est lui qui déterminera le coût total des festivités. Pour ne pas dépasser votre budget (voir chapitre 3), fixez au départ un nombre d'invités plus ou moins modulable pour chacune des deux familles et pour vos amis.

Le faire-part sert à communiquer aux invités les informations essentielles concernant le jour J. Il mentionne : le nom des époux, le lieu, la date et l'heure de la (des) cérémonie(s). Dans un premier temps, choisissez votre modèle de faire-part. Vous rédigerez le texte ensuite, en fonction de l'espace à votre disposition.

Un seul faire-part est envoyé par famille et par couple. L'annonce du mariage se fait environ dans les deux mois précédant la cérémonie. Si votre mariage se déroule en juillet ou en août, vous pouvez prévoir d'envoyer vos faire-part un peu plus à l'avance afin que vos invités puissent mieux planifier leurs vacances et leur venue à votre mariage.

Étape n° 2 : Réaliser les faire-part

Ce que veut la tradition

Traditionnellement, le faire-part est composé de quatre pages, deux doubles feuillets séparés et pliés en deux, sur un papier vélin de couleur ivoire, avec un texte écrit en lettres anglaises noires et une impression simple ou en relief.

Chaque famille annonce le mariage sur son propre feuillet, puis les deux feuillets composant le faire-part sont glissés l'un dans l'autre et sont envoyés ensemble.

Généralement, ce sont les grands-parents et les parents de la mariée et du marié qui annoncent le mariage de leurs petits-enfants et enfants. Cependant, il arrive de plus en plus souvent que ce soient les mariés eux-mêmes qui annoncent leur mariage.

L'ordre d'apparition sur le faire-part est généralement le suivant : grands-parents maternels, grands-parents paternels et parents. Et ce, de la manière suivante :

Monsieur et Madame
(suivi du prénom de Monsieur et du nom de famille)
(par exemple : Monsieur et Madame Michel Dubois)

Si les parents de l'un des futurs époux sont divorcés, chaque parent annonce le mariage sans mentionner le nom du nouveau conjoint éventuel ; la mère divorcée du futur époux ou de la future épouse pourra alors utiliser son nom de jeune fille si elle n'est pas remariée.

De même, une femme veuve porte le prénom de son époux (par exemple : Madame Jean Leblanc). Si c'est le cas, apparaîtront également : les titres et les décorations des mariés et des parents ainsi que le nom du prêtre qui célèbre la messe (s'il est un ami ou un parent de la famille).

Monsieur et Madame Michel Dubois — Monsieur et Madame Victor Leblanc

ont la joie de vous faire part du mariage
de leurs enfants

Apolline et Valentin

qui sera célébré
le samedi 25 juin 2011, à 16 heures,
en l'église Saint-Martin-d'Olivet.

À l'issue de la cérémonie, un cocktail sera servi
au château de La Ferté-Saint-Aubin.
Réponse souhaitée avant le 25 mai 2011

52, rue des Platanes
45100 Orléans

30, avenue du Roule
92200 Neuilly-sur-Seine

FIGURE 2.1 : Exemple de faire-part traditionnel.

Apolline et Valentin

sont heureux de vous faire part de leur mariage
qui sera célébré
le samedi 25 juin 2011, à 16 heures
en l'église Saint-Martin-d'Olivet

À l'issue de la cérémonie, les familles
auront le plaisir de vous accueillir
pour un vin d'honneur servi
au château de La Ferté-Saint-Aubin.

Réponse souhaitée avant le 25 mai 2011

Apolline Dubois et Valentin Leblanc
5, allée du Tertre
5160 Olivet

FIGURE 2.2 : Exemple de faire-part où ce sont les mariés qui invitent.

En ce qui concerne la facture, il incombe traditionnellement à la famille de la mariée de choisir et de payer les faire-part.

Quelle quantité ? Prévoyez 10 % de faire-part en plus, on oublie toujours un cousin ou une grande tante.

Le carton d'invitation

Afin d'annoncer le vin d'honneur et la réception, une carte d'invitation est jointe au faire-part. Elle se glisse généralement à l'intérieur du faire-part. Plusieurs cartes d'invitation peuvent être nécessaires si les personnes conviées au vin d'honneur et à la réception ne sont pas les mêmes. De même, vous pourrez faire imprimer une nouvelle série de cartes d'invitation pour les seuls invités à la soirée, et qui ne sont pas conviés au dîner. À noter que vous pouvez mentionner le vin d'honneur sur le faire-part si toute l'assemblée y est conviée. Évitez toutefois de trop surcharger l'annonce. N'oubliez pas non plus la mention « Réponse souhaitée avant... » à faire figurer sur les faire-part ou sur les cartes d'invitation afin de préparer au mieux la réception avec votre traiteur ou votre restaurant.

Madame Michel Dubois
Madame Victor Leblanc

auront le plaisir de vous recevoir pour un dîner
qui aura lieu au château de La Ferté-Saint-Aubin
à partir de 20h 30.

Réponse souhaitée avant le 25 mai 2011.

Apolline, Valentin
et leurs parents

espèrent vous compter parmi leurs invités
lors du dîner qui sera servi à partir de 20 heures
au château de La Ferté-Saint-Aubin.

Réponse souhaitée avant le 25 mai 2011.

FIGURE 2.3 : Exemples de carton d'invitation.

Très pratique pour les invités, le plan d'accès et la liste des hôtels des environs peuvent figurer au dos de la carte d'invitation ou sur un feuillet à part.

Créer un « save the date »

La date du mariage a été fixée, vous voulez vous assurer que tout le monde sera bien là le jour J, utilisez cette coutume américaine nommée « *save the date* », que l'on pourrait traduire en français par « réservez cette date ». Le *save the date* est très pratique si vous vous mariez pendant les vacances scolaires, ou lors d'un long week-end avec un pont, cela permettra aux invités de prendre leurs dispositions bien en avance.

Si vous le pouvez financièrement, vous pouvez faire imprimer de petits cartons à cet effet, mais, si le budget est plus restreint, un petit e-mail suffira.

Apolline et Valentin se marient

Réservez votre week-end du 25 juin 2011

Le faire-part et détails du mariage vous seront envoyés ultérieurement.

FIGURE 2.4 : Exemple d'e-mail d'invitation.

Les invités tardent à vous répondre ?

Pas d'affolement : pour certains, leur présence est tellement évidente qu'ils ne prennent pas la peine de vous répondre !

Afin de faciliter les réponses, vous pouvez créer une adresse e-mail destinée au mariage, utiliser votre adresse e-mail habituelle ou bien encore, si votre budget le permet, créer un carton-réponse avec votre adresse imprimée au verso, sans oublier l'emplacement du timbre.

Recto

M.................................... et Mme...................................

Viendront ☐

Ne viendront pas ☐

à votre mariage célébré le 25 juin 2011

Verso

Apolline Dubois et Valentin Leblanc
5, allée du Tertre
45160 Olivet

FIGURE 2.5 : Exemple de carton-réponse.

Étape n° 3 : Acheter ou faire soi-même ses faire-part

Où acheter ses faire-part ?

Selon votre budget et vos envies, il y a plusieurs solutions.

Le Web

Vous trouverez sur internet plusieurs sociétés spécialisées dans l'édition de faire-part (par exemple : `www.le-faire-part.com` ; `www.jardindoz.com`). Vous choisissez votre faire-part en ligne, vous saisissez votre texte, définissez le style de typographie et sa couleur. Vous trouverez beaucoup de choix au niveau des modèles et un prix bien souvent très accessible aux petits budgets.

Les collections des maisons spécialisées

Il faudra vous déplacer, mais vous aurez droit à un choix très large de faire-part, chaque maison ayant sa spécialité, comme le gaufrage, la dorure à chaud, des aquarelles... (par exemple : `www.intaglio.fr` ; `www.casse-grain.com`).

Les créateurs

Si vous souhaitez un faire-part ultra personnalisé, c'est vers eux qu'il faudra vous tourner. Ces artistes vous proposeront une ribambelle de papiers de création, s'adapteront à votre thème de mariage, comme par exemple un format pochette de CD pour un thème glamour rock. Certains travaillent avec la technique de la sérigraphie et peuvent imprimer sur tout type de support pour un faire-part unique. Ils peuvent aussi vous créer votre propre logo, qui sera ensuite repris sur tous les supports papier de votre mariage : menu, livret de messe, marque-places (par exemple : `www.chezsandrine.com`).

Je crée moi-même mes faire-part

Oui, mais gardez en tête que cela ne sera pas forcément plus économique. Si vous le faites, faites-le par amour pour les travaux manuels ; si vous avez deux mains gauches, ne vous y aventurez pas ! Attention, cependant, ce qui peut paraître amusant à faire sur 10 exemplaires peut devenir vraiment pénible pour 50, voire plus... Il faut que votre travail soit soigné, bien découpé, bien monté.

Commencez par faire une maquette et calculez le temps que vous mettez à la reproduire, multiplié par le nombre de faire-part, cela vous donnera une idée du temps dont vous aurez besoin.

Des maisons sont spécialisées dans la vente de papiers de création et vous conseillent pour concevoir un faire-part à votre image, comme l'Art du papier, à Paris (`www.art-du-papier.fr`, vente en ligne possible).

Le choix du papier

Il est très important de bien choisir son papier. Il ne s'agit pas de faire un mailing mais une jolie invitation qui donnera le ton de votre mariage.

Attention au grammage (épaisseur) du papier : si vous souhaitez faire un billet de mariage classique, celui-ci sera de 120 grammes, en revanche, pour les cartons, il faut choisir au minimum du 250 grammes.

Quelques exemples de papiers :

- **Papier vergé, papier vélin :** pour un mariage classique chic ;
- **Papier calque :** pour un effet de transparence grâce à une texture unique ;
- **Papier japonais :** pour un zest de fraîcheur ;
- **Papier népalais :** un papier naturel qui présente un aspect soyeux et parcheminé ;
- **Papier naturel :** c'est une gamme de papier pur coton. Fabriqué avec les techniques anciennes, le papier pur coton est proposé dans un coloris blanc immaculé ou incrusté de fleurs ;
- **Papier métallisé, papier nacré, papier irisé ou papier perlé :** pour un faire-part moderne ;
- **Papier boléro :** les rainures irrégulières du papier boléro donnent à votre impression un aspect de relief remarquable ;
- **Papier recyclé :** pour un faire-part bio. Les papiers recyclés autrefois un peu gris sont aujourd'hui parfaitement blancs et de très bonne qualité ; ils existent aussi en couleurs ;
- **Papier skin :** développé pour l'industrie du luxe, il offre un toucher proche de la peau et aux couleurs intenses, pour un faire-part luxueux et chic ;
- **Papier pailleté :** pour un mariage glamour chic.

La typographie

Elle peut être en adéquation avec votre faire-part ou bien dans un esprit totalement décalé pour une touche moderne, comme par exemple une police fantaisie sur un faire-part en vélin.

Des milliers de polices de caractère sont disponibles gratuitement sur le Web : script, fantaisie, calligraphique, moderne...

Quelques exemples :

- **Pour un faire-part classique :** *Shelley* ou *Edwardian* ;
- **Pour un faire-part moderne :** Futura, Helvetica, BLAIR, Din, Dax ;
- **Pour un faire-part fantaisie :** *Zapfino*, Worstveld.

Shelley	*Vous êtes invités au mariage d'Apolline et de Valentin.*
Edwardian	*Vous êtes invités au mariage d'Apolline et de Valentin.*
Futura	Vous êtes invités au mariage d'Apolline et de Valentin.
Helvetica	Vous êtes invités au mariage d'Apolline et de Valentin
BLAIR	VOUS ÊTES INVITÉS AU MARIAGE D'APOLLINE ET DE VALENTIN.
Din	Vous êtes invités au mariage d'Apolline et de Valentin.
Dax	Vous êtes invités au mariage d'Apolline et de Valentin.
Zapfino	*Vous êtes invités au mariage d'Apolline et de Valentin.*
Worstveld	Vous êtes invités au mariage d'Apolline et de Valentin.

FIGURE 2.6 : Exemples de polices pour faire-part et cartons d'invitation.

Vous pouvez télécharger des polices gratuitement sur `www.dafont.com/fr`.

L'impression

Selon le style de votre faire-part fait maison, vous pouvez soit l'imprimer chez vous sur votre imprimante jet d'encre, soit le faire imprimer par des spécialistes de l'impression numérique (par exemple COPY-TOP).

Avant de passer votre commande à l'imprimeur, relisez attentivement votre texte. Un conseil : n'oubliez pas de faire imprimer en même temps des cartes de remerciement, indispensables pour remercier vos invités pour tous leurs cadeaux après votre mariage (voir chapitre 20).

Décorez vos faire-part

Imaginez, créez et personnalisez vos invitations de mariage, mais aussi vos menus et livres de cérémonie avec :

- Des rubans et du raphia, des satins et des organzas aux couleurs de votre mariage ;
- Des tampons décoratifs de qualité ;
- La technique de l'embossage (créer des formes en relief) pour donner du relief à vos créations ;
- Un cachet de cire pour fermer élégamment vos enveloppes.

Attention à l'affranchissement ! Pesez bien votre faire-part, car une fois l'enveloppe remplie de l'invitation, du plan, des cartons et parfois de la carte-réponse, les 20 grammes seront vite dépassés.

Amusez-vous en choisissant de jolis timbres à La Poste, oubliez la traditionnelle Marianne.

Encore plus fun, vous pouvez aussi faire fabriquer vos propres timbres personnalisés à partir d'une photo. En quelques clics, vous téléchargez votre photo et créez un timbre à votre image (`http://montimbramoi.laposte.fr`).

CHECK LIST CHAPITRE 2 : *FAIRE-PART*

Maintenant que la date et le lieu sont fixés, c'est le moment de faire l'annonce officielle. En avant les faire-part !

☐ 1. **J'ai la liste des invités : je n'ai oublié ni tatie Jacotte, ni mamie Gertrude…**

☐ 2. **J'ai fait plusieurs groupes : ceux qui assisteront au dîner, ceux qui seront là au vin d'honneur, ceux qui ne pourront assister qu'à la cérémonie civile et/ou religieuse.**

☐ 3. **Je ne froisse ni papa et maman, ni beau-papa et belle-maman : je leur montre le faire-part si ce sont eux qui invitent…**

☐ 4. **J'indique sur le faire-part toutes les informations suivantes (minimum) : nom des époux, lieu, date et heure de la cérémonie.**

☐ 5. **Je prévois 10 % de faire-part en plus : pour le lointain cousin que je peux oublier…**

☐ 6. **Je prévois les cartons d'invitation pour le vin d'honneur.**

☐ 7. **Je n'oublie pas la mention « Réponse souhaitée avant le… » et je note dans mon carnet de rappeler les invités à partir d'une certaine date : pour plus de facilité, je peux créer une adresse mail ou un blog spécialement pour le mariage.**

☐ 8. **Je pense à mettre le plan d'accès des différents lieux du mariage ainsi qu'une liste des hôtels.**

☐ 9. **Je relie mon texte avant de le faire partir chez l'imprimeur : quel dommage s'il y a une faute !**

☐ 10. **J'envoie les faire-part au minimum deux mois avant la cérémonie. Je prévois un délai supplémentaire si je me marie en juillet ou en août.**

Chapitre 3

SOS budget : pour ne pas vous endetter jusqu'à la 5e génération !

DANS CE CHAPITRE :

- **Budgéter son mariage**
- **Déterminer qui fait quoi**
- **La check-list**
- **Prendre un *wedding planner* ou pas ?**

La liste des invités a été établie, il s'agit maintenant de budgéter son mariage. Il ne faut pas se leurrer et redescendre de son petit nuage : le mariage est aussi une histoire de gros sous. Sachez que le coût moyen d'un mariage en France est de 11 800 euros (source Insee) avec une fourchette comprise de 9 000 à 12 000 euros.

Budgéter son mariage

Il est important de savoir combien coûte en moyenne un mariage, mais il est surtout primordial de voir, de votre côté, la somme disponible que vous pouvez y allouer. Vos parents vont-ils vous aider ? Qui va se partager quoi entre vos deux familles ? Attention, il ne s'agit pas d'imposer à chacun de payer 50 % de la noce, vos parents n'ont peut-être pas les mêmes moyens. Parce qu'on se marie de plus en plus tard de nos jours, il est de plus en plus rare que les parents paient la noce en totalité, d'où l'importance de bien faire son budget.

Ensuite, il faut détailler en profondeur chacune des étapes de l'organisation. En procédant ainsi, vous trouverez plusieurs façons d'économiser. Vous découvrirez également qu'il existe des alternatives plus abordables sans avoir à abandonner complètement une partie de votre réception de mariage.

En somme, il faut accorder une grande importance à son budget et il faut le respecter. Personne ne veut se retrouver endetté de plusieurs milliers d'euros une fois le mariage célébré.

Il existe de nombreux modèles de budget disponibles sur Internet, vous pourrez en sélectionner un qui vous convient et partir de celui-ci pour préparer le vôtre. Pour vous aider vous trouverez dans l'encadré ci-dessous le coût des dépenses moyennes.

UN MARIAGE, COMBIEN ÇA COÛTE ?

La réception	
Location de salle	9000
Traiteur (vins, matériel et service inclus)	600
Décoration florale	500
Photographe	900
DJ (matériel et lumières inclus)	750
Faire-part	400
Les mariés	
Robe de mariée	1500
Costume du marié	700
Coiffure et maquillage	150

Ce budget est fondé sur les tarifs des **professionnels du mariage** et ne reflète absolument pas les tarifs pratiqués par le petit-cousin, DJ ou photographe à ses heures perdues, et qui arrondit ses fins de mois sans être déclaré.

Gardez en tête que vos dépenses réelles seront en moyenne de 15 % supérieures à votre budget prévisionnel.

Aidez-vous de ce tableau récapitulatif des dépenses pour avoir toujours un œil sur votre budget :

TABLEAU 3-1 Récapitulatif des dépenses

	ESTIMATION	COÛT RÉEL
Les invitations		
Faire-part, invitations et enveloppes		
Cartes de remerciements et enveloppes		
Timbres		
Menus, marque-places et plan de table		
Autre		
Cérémonie religieuse		
Musique, chorale ou gospel		
Don à l'officiant		
Décoration florale, autel, bancs		
Bouquet de la mariée		
Boutonnières		
Coussin, plateau pour les alliances		
Livrets de messe		
Bouquets des demoiselles d'honneur		
Autre		
Réception/cocktail/dîner		
Location du lieu		
Location du matériel		
Traiteur		
Pièce montée		

Champagne		
Eaux minérales, soda, jus de fruits		
Vins		
Alcool		
Orchestre		
DJ		
Photographe		
Vidéo		
Décorations		
Fleurs		
Dragées		
Cadeaux témoins, invités		
Livre d'or		
Robes, costumes, mise en beauté		
Robe de mariée		
Chaussures et accessoires de la mariée		
Costume du marié		
Chaussures et accessoires du marié		
Tenues du cortège		
Alliances		
Coiffeur		
Maquilleur		
Autres		
Nuit de noces		
Voyage de noces		
Notaire		
Location de voiture		

Des simulateurs de budgets pour toujours avoir un œil sur vos dépenses sont disponibles en ligne, par exemple sur le site `www.le-mariage.com`.

Des astuces pour un mini budget

Vous avez peur que votre compte en banque ne soit pas à la hauteur du mariage de vos rêves ? Pas de panique, nous avons rassemblé pour vous quelques astuces pour les budgets serrés. À condition bien sûr que vous soyez prêts à mettre la main à la pâte !

Le lieu de réception

Réservez votre lieu suffisamment à l'avance pour ne pas subir les augmentations annuelles. Mariez-vous en semaine, un vendredi ou un lundi, les prix sont toujours plus bas. Faites jusqu'à 40 % d'économie en évitant la haute saison : mariez-vous entre début novembre et fin avril (voir chapitre 1).

Faire-part, déco, fleurs, tenues

Côté faire-part, n'hésitez pas à les réaliser vous-même (voir chapitre 1). C'est un bon moyen de les faire à votre image pour un coût très modéré !

Vous pouvez aussi envoyer vos faire-part par e-mail. C'est plus écologique, plus économique et plus ludique (réalisez une vidéo par exemple). Peu conventionnel, *so what* ?

Question déco, pourquoi ne pas plancher vous-même sur des idées et les mettre en œuvre ? Bouquinez, surfez sur le Web pour trouver le style qu'il vous faut, pour une décoration personnalisée sans les frais d'un prestataire extérieur !

Pensez aux fleurs de saison, c'est plus économique et plus écolo !

Astuces déco

- Partagez les frais de la décoration florale du lieu de culte avec les mariés qui passeront juste avant ou après vous.
- Une délicate fleur à longue tige qui s'échappe d'un soliflore, c'est très raffiné aussi et beaucoup moins onéreux qu'un centre de table garni d'une cinquantaine de roses.
- En matière de tenues, essayez de grouper vos achats. Si vous achetez la robe de mariée et les accessoires dans la même boutique, celle-ci vous proposera peut-être de bénéficier d'une réduction !
- Pour monsieur, la location de costume, ça existe, pensez-y ! Pour les témoins aussi.

Astuces pour la réception

- Pour les mariages en petit comité, accueillez les invités chez vous. Une réception cosy et intimiste qui vous évitera la location d'une salle. Si vous ne voyez pas 100 invités dans votre salon, une salle c'est possible aussi ! Préférez à ce moment un cocktail dînatoire à un dîner assis, plus coûteux. Si vous tenez quand même à un dîner assis, pensez, pour le service, à faire appel à des étudiants en école d'hôtellerie. Ils vous assureront un service soigné à un tarif défiant toute concurrence.

MARIAGE À L'AMÉRICAINE

La mode est au petit mariage intimiste, avec seulement la famille proche et les (meilleurs) amis. Cette tendance arrive avec force des États-Unis où elle est très prisée. Pensez aux scènes de films où une trentaine de personnes sont réunies en toute convivialité dans un jardin, sous une tonnelle, tout du moins à l'extérieur, dans un cadre résolument romantique…

- Vous rêvez d'une arrivée en belle voiture ? Demandez autour de vous, qui sait ? quelqu'un pourra peut-être vous en prêter une !

» Pour l'ambiance musicale, un orchestre, c'est plein de charme, mais un DJ, ça vous enflamme une piste à un budget moins élevé !

» Pour tous les prestataires, traiteur ou autres, demandez des devis au préalable, puis faites jouer la concurrence… et vos talents de négociateur !

Astuces pour le repas du lendemain

» Le repas du lendemain (voir chapitre 14) n'est pas obligatoire, vous pouvez aisément vous en passer. Si vous tenez malgré tout à inviter vos proches, faites-le chez vous, autour d'un plat unique (couscous, paella…) que vous commanderez chez le traiteur.

Attention aux mauvaises économies !

On peut économiser, mais pas sur tout ! Notamment, ne négligez pas de souscrire une assurance. Elle vous permettra, entre autres, de vous garantir de la défaillance d'un de vos prestataires, du décès de l'un de vos proches ou de la destruction du lieu de réception.

L'ASSURANCE ANNULATION

L'assurance annulation, c'est l'option sérénité de votre mariage, pour protéger votre événement contre les aléas qui pourraient gâcher votre fête. En effet, vous allez dépenser une certaine somme pour votre réception, il serait dommage qu'un impondérable, en plus de vous gâcher la fête, vous coûte très cher.

La solution : souscrire à une assurance annulation, comme Destination Mariage (`www.destination-mariage.fr`). Elle garantit le remboursement des frais engagés et des frais additionnels si vous êtes dans l'obligation d'annuler ou de reporter vos noces. Elle vous couvre également en cas de perte ou de vol de votre robe de mariée, de votre alliance ou toute défaillance de prestataires (calèche, photographe, DJ, traiteur…).

Toute personne concernée par l'organisation de l'événement (futurs époux, témoins, parents, wedding planner,…) peut souscrire à ce contrat, pour son compte ou le compte de tiers.

(SUITE)

Seule condition : le mariage doit avoir lieu en France métropolitaine ou dans les départements d'outre-mer (Guadeloupe, Guyane, Martinique et Réunion).

Vous pouvez contracter cette assurance au plus tôt un an et au plus tard un mois avant votre mariage. Et si votre budget mariage évolue, vous pouvez modifier la prime à tout moment. Le montant de la prime d'assurance dépend du montant total de l'événement et des options choisies. Pour bénéficier d'une couverture optimale, choisissez le niveau de couverture proposant un plafond de garantie annulation supérieur ou égal au budget total de votre mariage.

L'assurance couvre, dans la limite des plafonds de garantie de l'option que vous aurez choisie :

- **La présence des personnes essentielles à la cérémonie :** les frais liés à l'annulation ou au report du mariage dans l'éventualité où l'une des personnes indispensables au mariage ne pourrait y assister pour cause de décès, accident, maladie ou séquestration criminelle. Sont considérées comme personnes essentielles : la fiancée, le fiancé, leurs parents, leurs enfants, leurs grands-parents, leurs frères et sœurs, leurs témoins.
- **La carence de l'un des prestataires (salle, traiteur, fleuriste, DJ,...) :** vous êtes couverts en cas de défaillance de l'un des prestataires (remboursement des sommes avancées, remboursement des éventuels frais supplémentaires...).
- **Les photographies et vidéos :** si votre photographe ne se présente pas, si les films et pellicules sont défectueux, perdus ou mal développés, l'assurance prend en charge les frais d'organisation d'une nouvelle séance photo.
- **Les cadeaux de mariage :** ils sont couverts en cas de vol ou de détérioration jusqu'à 24 heures après la cérémonie.
- **Les alliances :** si vos alliances sont volées ou perdues dans la semaine qui précède le mariage, l'assurance garantit leur remplacement à l'identique ou par des bagues de valeur équivalente.
- **Les tenues des futurs mariés :** si vos tenues sont volées ou détériorées, l'assurance couvre leur remise en état ou leur remplacement.

Côté traiteur

Il est impossible de faire l'impasse sur la qualité des mets servis à table. Mieux vaut inviter un peu moins de monde et offrir un meilleur repas. Faites toujours un test, même payant, avant de vous engager (voir chapitre 14).

Sachez aussi qu'un repas en buffet n'est pas forcément plus avantageux qu'un repas servi à table.

Côté photographe

Il est le responsable de souvenirs que vous chérirez toute votre vie (voir chapitre 18). Ne laissez pas cette charge à n'importe qui.

Une bonne animation musicale

La réussite de votre soirée en dépend. Ne mégotez pas sur le budget (en moyenne 500 euros) pour avoir un bon DJ avec un matériel de qualité. Évitez la playlist en MP3.

Un personnel suffisant

Vous pensez pouvoir vous en sortir avec deux serveurs pour 100 personnes ? Grave erreur : ils se retrouveront très rapidement débordés. Il faut compter au minimum un serveur pour 20 personnes lors d'un dîner assis, un pour 30 lors d'un buffet, un pour 40 lors d'un cocktail dînatoire.

Le lendemain du mariage

Impossible et dangereux de servir les restes de la veille ! Si les conditions de conservation et la chaîne du froid n'ont pas été respectées, vous prenez le risque de rendre vos convives malades.

Une coiffure indestructible !

Elle devra tenir toute une journée et une soirée, supporter les éventuelles intempéries, les embrassades et, surtout, les flashs des photographes. Il est donc important de faire appel à un pro, habitué à ce type d'événements et donc d'exigences. Pour le maquillage, de bons produits qui tiennent et une amie douée feront l'affaire.

La météo

Si vous prévoyez une réception en extérieur, ne négligez pas les risques de pluie ou d'intempéries ! Il vous faut impérativement prévoir une tente ou un abri. Avec le montage et la livraison, cela vous en coûtera environ 2 000 euros pour accueillir une centaine de personnes.

Déléguez ! Faites appel à un *wedding planner*

Vous avez dû entendre parler des *wedding planner*, ou organisateurs de mariages. Ce métier est nouveau en France alors qu'il existe depuis des décennies outre-Atlantique. D'ailleurs, 80 % des Américains passent par un wedding planner pour l'organisation de leur mariage. Nous consacrons le chapitre 24 au *wedding planner*, mais il est important de savoir, au stade de l'élaboration de votre budget, si vous souhaitez ou non faire appel à ce professionnel.

À quoi sert un *wedding planner* ?

Il prend en charge, selon votre choix, une partie ou toute l'organisation du mariage. Après un premier rendez-vous d'une à deux heures, il a assez d'informations pour chercher le lieu de vos rêves, le traiteur adéquat, il est capable de vous trouver (si vous n'avez pas d'idée) une thématique de mariage.

Que puis-je lui confier ?

Vous pouvez confier à votre *wedding planner* tout ce que vous souhaitez, alors profitez-en ! Voici une liste non exhaustive de ce qui est proposé :

- Recherche de salle ;
- Traiteur ;
- Art de la table ;
- Décoration éphémère ;
- Création et impression des faire-part, menus, marque-places, livrets de messe, plans de table... ;
- Calligraphie des enveloppes, envoi des faire-part ;
- Coiffeur/maquilleur ;
- DJ/orchestre ;
- Décoration florale ;
- Photographe/vidéo ;
- Listing d'hôtel à transmettre à vos invités ;
- Et, bien sûr, la coordination du jour J, c'est-à-dire que votre *wedding planner* se charge d'accueillir les prestataires, supervise la mise en place et gère tous les imprévus. Vous pouvez vous reposer sur lui tout au long de cette journée afin de profiter au maximum de vos invités.

Combien ça coûte ?

La plupart des *wedding planner* travaillent au pourcentage du budget du mariage (entre 10 % et 20 %) pour une prise en charge de A à Z et au forfait (500 à 10 000 euros) pour du conseil, une organisation totale ou une assistance limitée au jour J. Certains organisateurs majorent les prix des prestataires, d'autres se débrouillent pour obtenir des réductions pour leurs clients.

Un mariage étant souvent un événement considérable à organiser, il est de plus en plus convenu qu'il est souhaitable d'en laisser l'organisation à un professionnel plutôt qu'aux familles, amis ou mariés afin que ceux-ci puissent profiter pleinement de l'événement. Ainsi, cette profession se développe de manière assez rapide depuis dix ans.

Il est important de bien se renseigner sur l'organisateur que l'on compte employer. Les techniques de travail diffèrent grandement d'une personne à l'autre. Certains organisateurs proposent des services à la carte, par exemple si vous avez seulement besoin d'un DJ et d'un traiteur.

NOUS NOUS SOMMES OFFERT UNE *WEDDING PLANNER* POUR NOTRE MARIAGE !

« Faire appel à une *wedding planner* nous a beaucoup soulagés durant l'année de préparation de notre mariage, car nous savions qu'elle était une sorte de « filet de sécurité » et que nous ne risquions pas d'oublier quelque chose.

Mais, surtout, le vrai avantage d'une *wedding planner* se révèle le fameux jour J, car c'est elle qui gère tout, qui fait l'interface avec les prestataires, et qui nous soulage du colossal travail en amont (préparation de la salle, accueil des prestataires, mise en place du mobilier, des fleurs, menus, dragées, bougies…). Nous avons pu faire la grasse matinée le jour du mariage, et avions juste à penser à nous préparer, sans se soucier de la salle et de la coordination des intervenants. Et, le soir, nous avons pu profiter pleinement de la fête et de nos invités sans être dérangés par certaines questions qu'on n'a surtout pas envie de gérer (Est-ce qu'on ouvre une autre caisse de champagne ? Quelqu'un a cassé un verre, comment fait-on ?…).

Les invités ont passé un merveilleux week-end, et tous nous ont félicités pour l'organisation.

Nous ne regrettons donc absolument pas d'avoir fait le choix d'une *wedding planner*, car même si cela engendre un léger coût supplémentaire, le bien-être que cela nous a procuré valait tout l'or du monde !! » (Stéphanie et Bernard)

CHECK LIST CHAPITRE 3 :
SOS BUDGET : POUR NE PAS VOUS ENDETTER JUSQU'À LA 5E GÉNÉRATION !

Parlons chiffre : ce n'est pas la partie la plus agréable d'un mariage, mais vous devez absolument fixer un budget pour éviter les dégâts. Les prix montent très vite...

- ☐ 1. **Je fixe un budget global : mais je n'oublie pas de prévoir une marge de manœuvre...**
- ☐ 2. **Une fois le budget global prévu, je répartis par poste de dépense : location de salle, traiteur, ...**
- ☐ 3. **Je pense aux petites astuces : mamie Renée veut offrir quelque chose de particulier mais ne sait pas quoi ? Et pourquoi pas le voile de la mariée ?**
- ☐ 4. **Je fais marcher mon réseau : oncle Maurice a une belle voiture ? Profitons-en !**
- ☐ 5. **Je fais faire des devis à plusieurs prestataires : cela permettra de faire jouer la concurrence.**
- ☐ 6. **Je ne fais pas des économies sur n'importe quels postes : interdiction de réduire le budget assurance notamment.**
- ☐ 7. **Si je souhaite me faire aider, je pense aux *wedding planners* : ils pourront avoir des prestations aux meilleurs prix.**

Chapitre 4

Le contrat de mariage

DANS CE CHAPITRE :

- **Les régimes matrimoniaux, kezako ?**
- **Les obligations du mariage : le régime de base**
- **Les différents types de régimes**

Après être redescendu de son petit nuage et avoir étudié la question du budget, reste encore celle du contrat de mariage. Dans le cadre du mariage, le droit français vous impose d'office, à vous et votre promis, un certain nombre de devoirs et de droits réciproques. Les juristes ont des noms bien obscurs pour parler de ces droits et devoirs « incontournables » : c'est le statut matrimonial de base, parfois appelé régime primaire. Pour le reste, les rapports entre conjoints seront différents selon le régime matrimonial choisi.

Mais qu'il s'agisse du statut matrimonial de base ou du régime matrimonial, tous deux ont des conséquences non seulement entre les époux, mais aussi vis-à-vis des tiers. Aussi, avant de faire le grand saut, il est important d'en connaître un peu plus sur les différents régimes.

Quatre régimes sont actuellement en vigueur en France. Selon vos objectifs et votre situation personnelle, choisissez le bon contrat ! Le choix d'un contrat entraîne des conséquences tant pendant le mariage (dettes, héritages…) qu'après sa dissolution par décès ou divorce. Cette question n'est donc pas à prendre à la légère !

Si les futurs époux souhaitent établir un contrat de mariage, ils ont le choix entre quatre régimes distincts. Tous les régimes matrimoniaux peuvent faire l'objet d'aménagements en fonction des objectifs recherchés par les époux.

Quel que soit le régime matrimonial choisi au moment du mariage, les époux peuvent en changer ou le modifier, deux ans après le mariage. Un acte notarié, soumis à l'homologation du tribunal de grande instance, doit être établi à cet effet.

N'oubliez pas que le contrat de mariage doit être signé avant votre mariage civil. Lors de la constitution de votre dossier pour le mariage civil, vous devrez indiquer si vous contractez un contrat de mariage. Celui-ci sera signalé sur votre acte de mariage.

N'hésitez pas à consulter votre notaire, même si, au départ, vous ne comptez pas faire de contrat de mariage, ne serait-ce pour comprendre les subtilités des choix en matière de régime matrimonial offert par la loi française.

Le statut de base, applicable quel que soit le régime

Les règles édictées par le Code civil concernent tant les rapports humains que les rapports pécuniaires, entre les conjoints et au sein de leur famille.

Les rapports personnels

- **Le devoir de fidélité** ;
- **Le devoir d'assistance :** il prend tout son sens en cas de maladie ou de faiblesse de l'un de vous deux : si cela arrive à votre moitié, vous avez l'obligation de lui accorder un minimum de soins et d'attention ;
- **Le devoir d'assurer ensemble la direction morale et matérielle de la famille** ;
- **L'obligation de vous astreindre à une communauté de vie :** elle recouvre non seulement l'obligation de cohabiter, mais également celle de vous soumettre au « devoir conjugal » ;

» **La liberté de choisir librement la profession que vous souhaitez exercer :** cela semble évident, et pourtant, si le Code civil prend aujourd'hui la peine de le préciser, c'est que tel n'a pas toujours été le cas par le passé. Sachez, mesdames, que pendant longtemps vous ne pouviez pas travailler si votre « homme » ne le voulait pas. Ce n'est qu'en 1965 que la parfaite égalité de chacun des membres du couple a enfin été consacrée.

Mais toutes ces libertés ont à la fois des limites et des contreparties, parmi lesquelles l'interdiction de disposer seul du logement familial. Il ne vous est en effet pas possible de prendre seul une décision concernant le logement de votre famille, qui pourrait obliger celle-ci à le quitter. Plusieurs remarques importantes :

» Cette règle essentielle est valable que vous soyez locataires ou propriétaires.

» De même, peu importe que le bien ait été acquis ou loué par un seul d'entre vous avant le mariage : dès que votre famille y vit (mais ça ne fonctionne pas pour les résidences secondaires), il est protégé, ce qui interdit à un conjoint seul de le vendre, de l'hypothéquer, de le nantir, de le louer ou le sous-louer, de résilier le contrat de bail, etc.

» La règle ne se limite pas aux murs : elle est vraie aussi pour les meubles.

Restent-ils des décisions que vous pouvez prendre seul ? La jurisprudence conserve la même logique : il s'agit bien de s'assurer que la famille ne pourra se retrouver sans domicile par le fait de l'un d'entre vous seulement. Donc, si vous êtes seul propriétaire du logement familial, vous pourrez en céder la nue-propriété, puisque vous en conserverez l'usufruit. En revanche, vous ne serez pas autorisé à résilier seul le contrat assurant le logement. De même, vous avez le droit de disposer de votre bien après votre mort, et donc de le léguer à une tierce personne.

Les rapports pécuniaires

La liberté de faire ce que vous voulez de votre salaire

Chacun perçoit ses salaires et peut en faire ce qu'il veut du moment qu'il s'acquitte des obligations du mariage. Libre à vous donc, de dépenser ou de placer vos revenus. Mais attention : un bien acquis avec votre paie ne sera pas automatiquement un bien propre : tout dépend du régime matrimonial que vous avez choisi.

La liberté d'ouvrir un compte en banque et de le faire fonctionner seul

Tout comme pour le droit de disposer de votre salaire, il faut bien distinguer ici liberté et propriété. Il ne s'agit pas de savoir si l'argent déposé sur votre compte est un bien propre ou un bien commun. Ce que dit le Code civil, c'est que chacun d'entre vous peut librement ouvrir un compte bancaire quel qu'il soit (dépôt, compte-titres, PEL, PEA, etc.), et le faire fonctionner seul, sans que le banquier soit autorisé à vérifier l'origine ou la destination des fonds déposés et retirés. En plus, il sera tenu au secret absolu concernant le contenu et les mouvements de ce compte à l'égard de tout le monde, mari ou femme compris, sous peine de voir sa responsabilité professionnelle engagée pour violation du secret bancaire.

La liberté de prendre seul(e) des décisions concernant vos meubles

Selon le Code civil : « Si l'un des époux se présente seul pour faire un acte d'administration, de jouissance ou de disposition sur un bien meuble qu'il détient individuellement, il est réputé, à l'égard des tiers de bonne foi, avoir le pouvoir de faire seul cet acte. »

Le même article précise immédiatement après que cette règle n'est pas valable pour le mobilier garnissant le domicile de la famille, pas plus que pour les biens dont la nature même fait présumer la propriété de l'autre conjoint (les vêtements, les souvenirs de famille...).

La personne qui souhaite par exemple vous acheter un canapé n'a pas besoin de vérifier que si votre mari ou votre femme est d'accord pour cette cession, ni même que vous êtes bien propriétaire de l'objet. En revanche, il est nécessaire pour que la règle s'applique que l'acheteur soit de bonne foi : tel ne serait pas le cas s'il savait pertinemment que ledit canapé est un héritage de famille de madame, et que monsieur n'a donc pas le pouvoir de le lui céder. Dans cette hypothèse il serait possible d'invoquer la nullité de la vente.

La liberté de gérer seul(e) vos biens propres

Une fois encore, même si cela paraît aujourd'hui évident, ça n'a pas toujours été le cas, puisque la femme mariée s'est longtemps vu interdire cette libre disposition.

L'absence de vol entre époux

Pour préserver la paix des familles, le droit pénal a longtemps prévu une immunité absolue en cas de vol entre époux : autrement dit, celui-ci n'existait pas entre vous, pas plus d'ailleurs que les infractions qui y sont associées : escroquerie et abus de confiance. Mais dans certaines situations, cette règle peut être aussi absurde qu'injuste. En effet, si vous vivez chacun de votre côté depuis des années, cette immunité a-t-elle encore un sens ?

Retenez toutefois que pendant la vie commune, il reste impossible d'accuser votre moitié d'une telle infraction, et donc de la faire sanctionner.

Le sort des dettes de votre ménage : la règle de la solidarité passive

Elle pose le principe général selon lequel ces dépenses engagent solidairement les époux à l'égard des tiers : autrement dit, celui à qui vous devez de l'argent pourra à son choix réclamer le paiement de l'intégralité de la dette à vous ou à votre conjoint, sans avoir à chercher si vous étiez d'accord pour engager l'argent du couple. Il n'est même pas obligé de se tourner en premier vers celui d'entre vous qui a créé la dette.

Cette règle ne vaut que pour les dépenses faites pour l'entretien du ménage ou l'éducation des enfants : nourriture, logement, loisirs, éducation, etc. Elle ne se limite cependant pas aux dépenses indispensables. Par exemple, les frais de scolarité pour mettre les enfants dans une école privée sont bien en principe soumis à cette règle, même si l'inscription dans un établissement public, et donc gratuit, était possible.

La loi écarte l'application de cette règle pour :

» **Les dépenses manifestement excessives :** par exemple, l'achat d'une voiture de luxe pour un couple de smicards, ou dans notre exemple précédent comme vu ci-dessus, l'inscription dans une école privée si votre couple n'en a pas les moyens ;

» **Les achats à crédit ou les emprunts dépassant les petites sommes nécessaires aux besoins de la vie courante :** là encore, si vous avez emprunté à votre seul nom, et que les circonstances ne démontrent pas que votre conjoint était d'accord, votre créancier ne pourra exiger le remboursement que de vous seul.

La conclusion de contrats entre époux

La loi a longtemps interdit les contrats entre époux, à quelques exceptions près : les mandats et donations, les prêts d'argent ou à usage, le partage au moment de la séparation... Aujourd'hui, le principe est inverse : les contrats entre époux sont valables, à quelques exceptions près.

Trois types de conventions ont posé des difficultés, mais sont aujourd'hui admises :

» **Le contrat de travail entre époux**, qui suppose un lien de subordination aux rapports conjugaux, et était donc soupçonné de créer un rapport malsain entre le salarié et l'employeur, outre les risques de fraude fiscale et/ou sociale qu'il pouvait dissimuler.

» **Le contrat de société entre époux**, qui met au plan commercial les époux sur un pied d'égalité, et portait de fait atteinte à la suprématie de monsieur sur madame qui existait sur le plan conjugal : cette dernière ayant disparu, le contrat de société est logiquement devenu possible.

- **La vente entre époux**, que l'on soupçonnait d'être une donation déguisée. Or, si les donations entre époux pouvaient être révoquées, cette « vente » ne le pouvait pas, et pouvait donc dissimuler une volonté de contourner la loi. Depuis la loi du 23 juin 2006 toutefois, cette révocabilité des donations n'existe plus, sauf pour les donations de biens à venir.

La contribution aux charges du mariage et le devoir de secours

Ces deux obligations sont distinguées par le Code civil, qui se garde cependant de les définir : pour faire bref, on parle de contribution aux charges pendant la durée normale du mariage, et de devoir de secours en période de crise.

Remplir votre obligation de contribution aux charges du mariage, c'est non seulement fournir une partie des éléments essentiels au quotidien de votre famille, mais plus largement permettre de financer toutes ses dépenses courantes : alimentation bien entendu, mais également loisirs, éducation des enfants, vacances, vêtements, argent de poche, etc.

Le montant de la contribution n'est pas fixé par le Code civil, et dépendra du train de vie de la famille, ainsi que des revenus de chacun :

- Soit vous avez clairement prévu dans votre contrat de mariage la proportion de contribution qui devra être fournie par chacun d'entre vous. Votre souhait sera alors respecté, du moins si les moyens de l'un et de l'autre n'ont pas trop changé, et que la clause n'est pas manifestement déséquilibrée.
- Soit vous n'avez rien fixé à l'avance, et dans ce cas le Code civil prévoit que vous et votre conjoint pourvoirez aux besoins de la famille « à proportion de [vos] facultés respectives ».

La contribution aux charges du mariage n'est pas toujours versée en monnaie sonnante et trébuchante, bien au contraire :

- » D'une part, si vous n'avez pas de revenus, vous pouvez la payer en nature, par exemple en vous occupant des enfants et de la maison, ou encore en collaborant à l'activité professionnelle de votre moitié (c'est l'exemple encore fréquent des membres de professions libérales dont le conjoint assure le secrétariat et/ou la comptabilité sans être salarié).
- » D'autre part, il est bien évident que vous n'allez pas tenir chaque mois une comptabilité de vos contributions respectives aux charges du mariage : elles se font naturellement, et c'est seulement en période de crise que le magistrat chargé du dossier fixera clairement leurs montants en euros.

Voilà donc pour les règles qui s'appliqueront avec ou sans contrat de mariage. Pour le reste, tout dépend de votre régime matrimonial.

La communauté réduite aux acquêts

Si vous ne concluez pas de contrat de mariage avant le jour de la célébration, vous serez tout de même soumis au régime matrimonial fixé par la loi : le régime de la communauté réduite aux acquêts.

Chacun reste propriétaire des biens dont il était déjà propriétaire lors du mariage, ainsi que de tout ce qu'il pourra acquérir au cours du mariage par voie de donation, succession ou legs ; ce sont les biens propres.

En revanche, tous les biens acquis pendant le mariage ainsi que vos revenus seront communs, quel que soit celui des deux époux qui est à l'origine des revenus ; ce sont les biens communs, aussi appelés acquêts.

Chaque époux a la libre disposition et la libre administration de ses biens propres. Chacun a la pleine capacité d'administrer les biens communs, mais toutes les opérations importantes concernant les biens communs devront recueillir la signature des deux époux.

Quant aux dettes, hormis celles concernant les biens propres, elles sont communes et engagent tous les acquêts, quel que soit celui des deux époux qui les a contractées. Lorsque votre mariage prendra fin (en cas de divorce ou de décès de l'un des époux), chacun reprendra ses biens propres tandis que la communauté sera liquidée, c'est-à-dire partagée en deux parts égales.

Ce régime de communauté convient souvent à beaucoup de couples, sans autre modification, mais il vous est possible de le modifier pour l'adapter à votre situation personnelle en y adjoignant certaines clauses. Il vous est également possible d'adopter un autre type de régime matrimonial.

Il existe un contrat de mariage peu connu, qui consiste à « améliorer » le contrat de base, c'est-à-dire la communauté des biens réduite aux acquêts. Ce contrat y ajoute une clause de préciput (c'est le conjoint survivant qui choisit en premier, avant les enfants, ce qu'il veut récupérer sur l'héritage), mais aussi le fait que les acquêts reviennent en exclusivité au conjoint survivant. En revanche, en cas de divorce, ce sont les règles établies par la communauté des biens réduite aux acquêts qui se met en place : chacun reprend ses biens personnels et les acquêts sont partagés en deux parts égales.

Avantages : chaque époux conserve à titre de biens propres tous les biens possédés avant le mariage et ceux qu'il a reçus par donation ou succession au cours du mariage.

Inconvénients : risques vis-à-vis des créanciers du conjoint et, en cas de divorce, le partage n'est pas simple.

La communauté universelle

Tous les biens des époux, qu'ils soient acquis avant ou pendant le mariage, deviennent communs. Font partie de ces biens les héritages et donations.

Ce régime est souvent adopté par les personnes âgées qui souhaitent que le survivant ne doive pas « partager » les biens du décédé avec d'autres héritiers (les enfants, par exemple).

En cas de décès, le survivant des époux devient seul propriétaire de l'ensemble des biens communs. Ce transfert se fait au surplus en franchise d'impôt, puisque cette attribution intégrale au survivant ne supporte aucun droit de succession. C'est donc souvent un motif successoral et fiscal qui justifie l'adoption d'un tel régime, mais, attention ! cette disposition a un caractère souvent irréversible. (Ce qui n'est pas le cas d'une donation au dernier vivant ou d'un testament.) S'il est exact que, lors du premier décès, il n'y aura pas de droit de succession, n'oubliez pas que lors du décès du second des époux, cet impôt sera exigible. Il peut en résulter, notamment en présence d'enfants, une fiscalité globalement plus lourde.

Avantages : parfait pour les couples âgés et sans enfants. En cas de décès, tout revient au dernier des vivants sans droit de succession.

Inconvénients : en cas de dettes, tout le patrimoine est engagé ; ce contrat lèse aussi les enfants.

Le régime de la séparation de biens

À l'inverse de la communauté universelle, ce régime exclut toute idée de communauté.

Chacun des époux conserve la propriété, la jouissance et la libre disposition de ses biens, qu'il s'agisse de biens dont la propriété a pu être acquise avant ou après le mariage, de biens provenant d'héritage ou de donations ou encore de revenus propres (professionnels ou autres) et d'investissements réalisés en épargnant ou en plaçant ces revenus.

Chacun – et c'est souvent la motivation principale de ce régime de séparation de biens – reste également responsable sur son seul patrimoine de ses dettes, et notamment des dettes professionnelles.

Les poursuites d'un créancier de l'un des époux, ou même la mise en liquidation de ses biens, ne peuvent atteindre le patrimoine de l'autre. En d'autres termes, et sous quelques réserves, chaque époux conserve, au plan patrimonial, l'autonomie que peut avoir un célibataire.

Ce régime est très intéressant pour le couple dont l'un des époux exerce une profession libérale (ce qui ne met pas en jeu les biens de l'autre époux en cas de dettes).

Le contrat

L'AN DEUX MILLE......

Le...... (jour et mois)

Maître.... (son nom et son adresse)

À reçu le présent acte contenant contrat de mariage entre :

Monsieur.... (nom et adresse, profession)

Et

Madame.... (nom et adresse, profession)

Lesquels, en vue du mariage projeté entre eux, dont la célébration doit avoir lieu prochainement à la mairie de.... (adresse), en ont arrêté les clauses et conditions civiles de la manière ci-après, et déclarent que leur première résidence conjugale habituelle est fixée, d'un commun accord entre eux, à....

FIGURE 4.1 : Modèle de contrat de mariage.

Le texte

Article 1

RÉGIME MATRIMONIAL

Les futurs époux déclarent opter pour le régime de la SÉPARATION DES BIENS, tel qu'il est établi par les articles 1536 à 1541 du Code civil.

En conséquence, chacun des époux conservera la propriété, l'administration, la jouissance et la libre disposition des biens meubles qui lui appartiennent actuellement et de ceux qui pourront lui advenir par la suite à quelque titre que ce soit.

Corrélativement, chacun des époux restera seul tenu des dettes nées en sa personne, avant ou pendant le mariage, sauf les exceptions prévues à l'article 220 du Code civil.

Article 2

PRÉSOMPTIONS DE PROPRIÉTÉ

Chacun des époux établira la propriété de ses biens par tous moyens de preuve prévus par la loi.

Toutefois, à défaut de preuve contraire :

» Les effets, bijoux, fourrures et objets à l'usage personnel de l'un ou de l'autre des époux seront présumés appartenir à celui d'entre eux à l'usage personnel ou plus particulièrement duquel la nature de ces biens indiquera qu'ils doivent servir.

» Chacun des époux restera cependant propriétaire des bijoux de famille qu'il possédait avant le mariage ou qui proviendront des successions par lui recueillies ou des dons et legs à lui faits et ce, bien que ces bijoux soient à l'usage personnel de l'autre époux.

» Les meubles meublants et objets mobiliers qui garniront les locaux servant à l'habitation des époux, tant à titre principal qu'à titre secondaire, seront présumés appartenir au survivant des époux, en cas de dissolution du mariage par décès, et par moitié à chacun des époux en cas de dissolution du mariage par suite de toute cause, ainsi qu'en cas de séparation de corps.

» Chaque époux sera cependant propriétaire de la vaisselle ou de l'argenterie à son chiffre ou à celui de sa famille.

» Les titres et valeurs nominatifs, parts et droits sociaux, ainsi que les créances seront présumés appartenir au titulaire ; les valeurs au porteur en dépôt et les espèces en dépôt ou en compte courant à celui des époux titulaire du compte ou du dépôt ; les valeurs, sommes ou objets qui se trouveraient dans un coffre-fort tenu en location, à l'époux locataire dudit coffre et aux deux si la location est faite à leurs deux noms.

» Les immeubles et fonds de commerce seront présumés appartenir à celui des époux au nom duquel l'acquisition aura été faite, et aux deux si l'acquisition a été faite au nom des deux.

» Enfin, les valeurs au porteur et deniers comptants trouvés dans les lieux occupés par les époux seront présumés appartenir au survivant des époux, en cas de dissolution du mariage par décès, et par moitié à chacun des époux en cas de dissolution du mariage par suite de toute autre cause, ainsi qu'en cas de séparation de corps. Ces diverses présomptions seront opposables aux tiers qui n'auront pas été saisis d'aucune revendication dans les formes légales.

Article 3

CHARGES DU MARIAGE

Conformément aux dispositions de l'article 214 du Code civil, les époux contribueront aux charges du mariage à proportion de leurs facultés respectives.

Chacun des époux sera réputé s'être acquitté jour par jour de sa part contributive aux charges de mariage.

Article 4

FACULTÉS D'ACQUISITION OU D'ATTRIBUTION

En cas de dissolution du mariage par décès, et dans ce cas seulement, le survivant des futurs époux aura la faculté d'acquérir ou, le cas échéant, de se faire attribuer dans le partage de la succession du prémourant, pour autant que ce dernier n'en ait pas disposé autrement, les biens ci-après :

- » Les biens et droits par lesquels sera assuré le logement de la famille, tant à titre principal qu'à titre secondaire.
- » Les meubles meublants et objets mobiliers qui garniront les locaux servant à l'habitation des époux, tant à titre principal qu'à titre secondaire, ainsi que tout véhicule à l'usage personnel de l'un des époux.
- » Tout fonds de commerce, industriel, financier ou agricole, exploité par les époux ou par l'un d'eux, avec tous les éléments corporels ou incorporels en dépendant, ainsi que les droits de toutes sociétés ayant pour objet une exploitation de même nature dont l'importance n'exclut pas le caractère familial.

Article 5

CONDITIONS AUXQUELLES L'ÉPOUX SURVIVANT POURRA ACQUÉRIR OU SE FAIRE ATTRIBUER LES BIENS VISÉS PAR L'ARTICLE PRÉCÉDENT

Dans cet article seront définis le délai dans lequel le survivant devra exercer son droit, la façon dont seront évalués les biens visés, la façon dont le survivant devra s'acquitter des sommes dues au survivant.

Article 6

CRÉANCES ENTRE LES ÉPOUX

Le montant et les conditions de remboursement des créances qui naîtront entre les époux au cours du régime résulteront du droit commun des obligations ou des conventions des époux.

Toutefois, conformément aux dispositions de l'article 1543 du Code civil, ces créances seront évaluées, sauf convention contraire des époux, selon les règles de l'article 1469, alinéa 3, dans les cas prévus par ce texte ; les intérêts de ces créances courront alors du jour de la liquidation.

Article 7

HYPOTHÈQUE LÉGALE DES ÉPOUX

Si l'un des époux, dûment autorisé à cet effet par une décision de justice, vient à inscrire l'hypothèque que la loi lui accorde sur les biens de son conjoint, il pourra consentir, au profit des créanciers de ce dernier ou de ses propres créanciers, une cession de son rang ou une subrogation dans les droits résultant de son inscription, et il pourra également en donner mainlevée totale ou partielle, le tout conformément aux dispositions des articles 2139 et 2163 du Code civil.

TELLES SONT LES CONVENTIONS DES PARTIES DONT ACTE.

Avantages : si l'un des conjoints fait des dettes, les biens personnels de l'autre sont protégés.

Inconvénients : ce régime défavorise fortement le conjoint qui n'a pas d'activité professionnelle (par exemple, la femme si elle s'arrête de travailler pour s'occuper des enfants du couple) en cas de dissolution du mariage, que ce soit par divorce ou par décès.

Le régime de la participation aux acquêts

Ce régime combine la séparation de biens pendant le mariage et la communauté lors de la dissolution du mariage (les bénéfices réalisés pendant le mariage sont partagés).

Lors de la dissolution du régime, seront tout d'abord extraits du patrimoine dont chaque époux sera propriétaire à l'issue du mariage les biens dont il était propriétaire avant son mariage et ceux qu'il aurait pu acquérir pendant le mariage par voie de succession ou de donation, de telle sorte que puisse être évaluée la fraction du patrimoine constituée au cours du mariage : les acquêts. Puis, chaque époux comparera la valeur de ses acquêts à celle des acquêts de son conjoint. Celui dont les acquêts seront supérieurs sera redevable envers l'autre d'une « créance de participation » (égale à la moitié de la différence entre les deux valeurs). Il est possible d'ailleurs de prévoir que les comptes puissent être assouplis si le mariage prend fin à la suite d'un décès (par le biais, par exemple, d'une clause de participation inégale pouvant prévoir que le survivant des époux n'aurait pas à acquitter cette créance, s'il en était redevable).

Avantages : chacun gère son patrimoine comme il l'entend, mais en cas de divorce, chaque époux a droit à une part de l'enrichissement de l'autre. Ce régime a l'avantage de mixer indépendance financière et protection du conjoint le moins riche.

Inconvénients : contrat particulièrement difficile à mettre en place.

Peut-on changer de régime en cours de mariage ?

Le célèbre principe de l'impossibilité de changer de conventions matrimoniales en cours de mariage a été considérablement assoupli par la loi du 13 juillet 1965.

Il est désormais possible de modifier son régime matrimonial, ou même d'en changer complètement pendant le mariage, à condition que :

- Deux années se soient écoulées depuis le mariage s'il s'agit du régime initial, ou depuis le précédent changement s'il n'est pas le premier ;
- La modification ne constitue pas une fraude aux droits des tiers, créanciers par exemple ;
- L'acte constituant le changement de régime soit établi par un notaire et soumis à l'homologation du tribunal de grande instance, statuant en matière gracieuse, puisque sa décision intervient en dehors de tout contentieux.

Choisir votre régime matrimonial

Le choix de votre régime matrimonial dépend surtout de votre situation. À laquelle des cinq situations présentées ci-dessous répondez-vous aujourd'hui ?

L'un travaille, l'autre pas

Le bon régime ?

Le régime de la communauté réduite aux acquêts permet aux deux époux de profiter de l'enrichissement du ménage, même si l'un d'eux n'a pas d'activité directement rémunératrice.

Le mauvais régime ?

Le régime de la séparation de biens est à proscrire. À la dissolution du mariage, celui qui ne travaille pas se retrouverait totalement démuni.

Chacun possède un patrimoine important ou a des enfants d'un précédent mariage

Le bon régime ?

Le régime de la séparation de biens est à conseiller. Il permet à chacun de sauvegarder son patrimoine.

Le mauvais régime ?

La communauté universelle handicape les enfants d'un précédent mariage en leur imposant de très lourds droits de succession.

L'un des deux – ou les deux – exerce une activité commerciale, libérale ou artisanale

Le bon régime ?

Là encore, la séparation de biens est conseillée, puisqu'elle met le patrimoine de l'un à l'abri des créanciers de l'autre.

Le mauvais régime ?

La communauté universelle, qui rend les deux redevables des dettes de l'un ou de l'autre.

L'un des deux exerce une activité commerciale, libérale ou artisanale, et l'autre ne travaille pas, ou ne dispose pas d'un patrimoine

Le bon régime ?

Ici, le régime de la participation aux acquêts est très bien adapté. Il permet de sauvegarder les patrimoines de chacun tout en faisant bénéficier aux deux de l'enrichissement du ménage.

Le mauvais régime ?

Le régime de la séparation de biens. À la dissolution du mariage, celui qui ne travaillait pas se trouve sans aucun patrimoine.

Les deux ont dépassé la soixantaine et n'ont pas d'enfants

Le bon régime ?

Le régime de la communauté universelle. Il permet au conjoint survivant de conserver la totalité des biens de la communauté. Il est toutefois à déconseiller si l'un des époux exerce une activité commerciale, libérale ou artisanale. Celle-ci pourrait mettre en danger le patrimoine complet de la communauté. Il est également à déconseiller s'il existe des enfants d'un précédent mariage. Ceux-ci seraient en effet trop désavantagés.

Le mauvais régime ?

Évidemment, ils peuvent se marier sans contrat et se consentir mutuellement des donations de biens ou instituer l'autre légataire universel. Reste que le survivant supporterait des droits de mutation élevés sur le patrimoine de son conjoint.

CHECK LIST CHAPITRE 4 : *LE CONTRAT DE MARIAGE*

Vous ne souhaitez pas faire de contrat de mariage ? Passez votre chemin ! Sinon, nous vous recommandons de suivre ces quelques conseils.

☐ 1. **Je fais le choix entre les quatre régimes distincts : communauté de biens réduite aux acquêts, communauté universelle, régime de la séparation de biens, régime de la participation aux acquêts.**

- **La communauté de biens réduite aux acquêts :** régime de base, je ne signe aucun contrat de mariage. Les biens acquis après le mariage sont communs. Et les dettes aussi...
- **La communauté universelle :** tous les biens sont communs (qu'ils aient été acquis avant ou après le mariage).
- **La séparation de biens :** je reste propriétaire ce que j'ai acheté et mon conjoint aussi. Si j'ai des dettes, j'en suis personnellement responsable.
- **La participation aux acquêts :** les biens sont séparés pendant le mariage mais en cas de séparation ou décès, ils seront divisés en deux parts égales.

☐ 2. **Je signe mon contrat de mariage <u>avant</u> le mariage civil.**

☐ 3. **J'ai bien noté que mon contrat est modifiable deux ans après le mariage (devant notaire).**

Chapitre 5

Fiançailles ou pas fiançailles ?

DANS CE CHAPITRE :

- **La question des fiançailles**
- **Organiser la rencontre entre les deux familles**
- **Bien choisir la bague de fiançailles**

Qui a dit que les fiançailles étaient *has been* ? Bien au contraire, c'est dans l'air ! Les fiançailles opèrent un retour en force. Même s'il est difficile de quantifier cet engouement, on recense pas moins de 220 000 bagues de fiançailles offertes en 2007 pour 273 500 mariages en 2008 (source Insee) !

Preuve incontestée de ce *come-back*, nos amis les people : ces dames sont de plus en plus nombreuses à annoncer leurs fiançailles et à montrer leur joli caillou dans les médias. On pense à l'actrice Eva Longoria, au mannequin Miranda Kerr et à la chanteuse Katy Perry.

La question des fiançailles

Votre demande est faite ! Les réponses sont positives, félicitations. Nous pouvons donc revenir sur la question de départ : fiançailles ou pas fiançailles ?

Il n'y a que vous qui puissiez répondre à cette question, cette démarche n'étant en rien officielle. C'est un choix et non une obligation. Vous voilà bien avancés... Et si on jouait au jeu des questions/réponses histoire d'y voir plus clair et de vous permettre de prendre votre décision en ayant toutes les cartes en main ? C'est parti !

Les fiançailles, pour quoi faire ?

Cette réception, qui peut prendre la forme d'un déjeuner, d'un dîner ou, pourquoi pas, d'un cocktail dînatoire ou d'un pique-nique, est là pour permettre aux familles des deux époux de faire connaissance. C'est aussi lors cette réception que la fameuse bague de fiançailles fera sa première apparition.

Où la réception a-t-elle lieu ?

Bien souvent chez les parents de l'un des deux fiancés. Cependant, de plus en plus de couples reçoivent chez eux ou au restaurant. Les couples évoluent... Les mœurs aussi.

Qui est invité ?

À vous de faire la liste des invités. Parmi les incontournables : les parents, les grands-parents, les frères et sœurs, les oncles et tantes, les parrains/marraines... Bref, tous les membres de la famille qui vous sont chers. Même si cette réception est censée être familiale, nombreux sont les futurs mariés qui invitent leurs bons amis. Encore une fois, rien de figé ni d'arrêté dans cette réception. Vous avez donc carte blanche.

Quand ont-elles lieu ?

Dans la plupart des cas, un an avant le mariage. Mais il n'y a pas vraiment de règles : certains les organisent six mois avant le mariage et d'autres parfois jusqu'à deux ans avant.

De quoi parle-t-on ?

À l'origine, les fiançailles permettaient aux parents des mariés de discuter... argent, gros sous ou budget, appelez ça comme vous voulez. En somme, de définir la répartition des tâches, puisque c'étaient les parents qui payaient le mariage. Aujourd'hui, il s'agit surtout d'une première prise de contact festive, permettant aux parents de sympathiser, de créer un climat de confiance entre les deux familles qui seront appelées à partager des événements familiaux. S'ils financent le mariage, ils auront tout le temps de s'asseoir autour d'une table pour aborder les choses sérieuses plus tard. L'heure est plutôt à la détente.

Comment s'habille-t-on ?

Pas question de se pointer en jean ! Il est de bon ton d'être chic sans tomber dans l'« *overdressed* ». On laisse les chapeaux et les étoles de soie sauvage au placard... il ne s'agit pas du mariage non plus ! Le fiancé sera en costume et la fiancée en robe ou pantalon un brin habillé. Les pros de la mode vous diraient d'opter pour une tenue « décontractée chic »... Débrouillez-vous avec ça !

Et les cadeaux de fiançailles dans tout ça ?

C'est effectivement lors de cette réception que les deux fiancés s'échangent leurs cadeaux en guise de consentement pour l'engagement qu'est le mariage. Nous reviendrons sur ces cadeaux, et notamment la bague, un peu plus bas (parce qu'elle le vaut bien).

? D'OÙ VIENT CETTE TRADITION ?

L'origine des fiançailles remonte à la Rome antique. À cette époque, les mariages étaient arrangés par les familles et les futurs époux ne se connaissaient pas. Les parents organisaient une rencontre au cours de laquelle les promis se découvraient ; le jeune homme passait au doigt de la jeune fille un simple anneau de fer, symbole du contrat passé entre les deux familles.

À partir du XVIIe siècle, les fiancés se présentaient à l'église, signaient un registre au cours d'une cérémonie religieuse semblable à celle du mariage et la fiancée recevait une bague d'engagement.

La Révolution française mit fin à l'obligation des fiançailles.

Jusque dans les années 1960, c'est le père du jeune homme qui présentait sa demande aux parents de la jeune fille. Les fiançailles consistaient souvent en une cérémonie religieuse suivie d'un repas de famille.

La présentation des familles

À l'origine, les fiançailles servent à faire se rencontrer les deux familles.

Il n'est donc pas obligatoire de faire une grande réception. On peut, par exemple, organiser un repas de famille où on invite les proches. Tradition bien ancrée dans les rites, les fiançailles permettent donc d'officialiser la situation d'un couple et de le « présenter » aux relations et aux amis. Ainsi, le petit ami ou la copine deviennent de manière très officielle le/la fiancé(e), le/la futur(e) marié(e).

Aujourd'hui, les parents connaissent souvent depuis bien longtemps l'heureux élu, car leurs enfants vivent parfois depuis plusieurs mois, voire plusieurs années ensemble. C'est surtout l'occasion pour les parents respectifs ainsi que la famille proche, généralement les frères et sœurs, les grands-parents ainsi que les parrains/marraines et les éventuels témoins si vous les avez déjà choisis pour votre mariage de se connaître.

Autrefois, la réception était organisée par les parents de la fiancée. Si vous choisissez cette option, n'oubliez pas, messieurs, de faire envoyer le matin même un beau bouquet de fleurs à votre future belle-mère ainsi qu'à votre bien-aimée.

Si, pour une raison ou une autre, vous préférez choisir un « terrain neutre », vous pouvez organiser vous-mêmes vos fiançailles chez vous ou au restaurant.

L'annonce dans la presse

Certaines familles attachées aux traditions tiennent à publier l'annonce des fiançailles dans les pages « carnet mondain » de la presse. Pour être lu par le plus grand nombre, privilégiez une parution le samedi.

Les prestataires concernés étant à l'affût, évitez de diffuser votre numéro de téléphone. Ne publiez pas non plus votre adresse !

Monsieur et Madame Louis Alexandre de Verneuil

Monsieur et Madame Landré

Sont heureux de vous annoncer les fiançailles de leurs enfants

Hortense et Sébastien

On nous prie d'annoncer les fiançailles de

Mlle Perrine Ledoux

Fille de M. Henri Ledoux et de Mme

née Françoise Ségur

avec M. Valentin Barbey

Fils de M. Jean-Charles Barbey et de Mme

née Albertine Garan

FIGURE 5.1 : Exemples d'annonce de fiançailles dans la presse.

N'oubliez pas l'annonce personnalisée à vos proches : un petit mot ou bien un coup de fil !

Bref, les fiançailles sont un choix, pas une obligation, au final on arrive tous à la même chose : le mariage.

La bague de fiançailles, « Diamonds are a girl's best friend »

PETITE HISTOIRE DE LA BAGUE DE FIANÇAILLES

La coutume d'offrir une bague lors des fiançailles remonte à l'Antiquité romaine. À l'époque, un anneau en fer était passé à l'annulaire gauche, car on pensait qu'une veine reliait ce doigt directement au cœur. Au Moyen Âge, lors des fiançailles, l'homme comme la femme échangeait un simple anneau sans pierre précieuse.

Bien que, de nos jours, les futurs mariés soient souvent concubins depuis plusieurs années, la bague de fiançailles reste une tradition dans la plupart des cas. Tout le monde n'a pas forcément les moyens d'offrir à sa belle une bague sertie de diamants. Pourquoi donc ne pas offrir une bague en pierre semi-précieuse ?

Quelle bague choisir ?

Certaines familles possèdent des bagues qui se transmettent de génération en génération ; si l'une d'elles vous est offerte, il vous sera difficile de refuser. En revanche (avec l'accord de la famille), vous pourrez toujours la faire moderniser selon vos goûts par un joaillier.

L'alliance doit être du même métal que la bague de fiançailles, faites votre choix en conséquence.

En règle générale, la bague est composée d'un jonc en or ou en platine sur lequel est montée une pierre précieuse, voire plusieurs.

Les plus classiques, appelées marguerites, sont composées d'une pierre centrale de couleur cernée de diamants (voir plus loin). Mais les solitaires sont également très prisés. Cependant, de plus en plus de couples optent pour des pierres semi-précieuses, moins chères, mais offrant des créations plus originales en général.

Le plus important est que le bijou plaise à votre fiancée. Peu importe le métal avec lequel il a été composé, l'essentiel est bien sûr la valeur sentimentale. Avant d'aller l'acheter, tentez discrètement dans une conversation de savoir la taille de son doigt. Vous savez déjà, normalement, ses préférences en termes de pierres précieuses et si elle aime ou non les pierres volumineuses. En tout cas, si vous en avez les moyens, ne tenez pas compte de leur coût ni de leur provenance : suivez votre instinct. Une bague plus chère n'est pas forcément la meilleure pour elle. Tout est question de goût.

De plus en plus de couples choisissent la bague ensemble : faites le tour des vitrines des joailliers, regardez les numéros « spécial bagues » des magazines consacrés au mariage et, messieurs, choisissez enfin une bijouterie, faites une présélection en fonction des goûts de votre fiancée, et surtout de votre budget. Ensuite, revenez avec votre fiancée pour lui laisser le soin de vous indiquer le modèle qu'elle préfère parmi cette sélection.

Vous aurez le choix parmi de nombreuses formes : ronde, ovale, poire, en forme de cœur ou même carrée. Si vous optez pour un diamant, quatre critères rentrent en compte : son poids, sa taille, sa couleur et sa pureté. Les diamants peuvent varier du blanc jusqu'à un jaune pâle. Lorsqu'ils atteignent le rose, le bleu ou le vert, ils peuvent avoir une valeur exceptionnelle. Enfin, la manière de le tailler le fait reluire de diverses manières également.

La bague de fiançailles annonce un magnifique avenir et bonheur que les futurs mariés veulent faire partager avec leurs proches. Alors, dans ce cas, il faut bien connaître sa future épouse et la signification des pierres précieuses pour ne pas faire d'impair en offrant une mauvaise pierre à sa fiancée. Par exemple, une bague de fiançailles en saphir convient aux femmes tendres et réservées. Pour bien choisir sa bague de fiançailles, il faut laisser parler son cœur en ayant justement un coup de cœur et elle sera parfaitement à l'image de sa fiancée !

Les bonnes questions à se poser

QUESTION N° 1 : OR JAUNE, OR BLANC OU ARGENT ?

À vous de voir selon vos propres goûts. Si l'on regarde les statistiques les plus récentes, l'or blanc a tendance à voler la vedette à l'or jaune ces dix dernières années.

QUESTION N° 2 : QUELLE PIERRE CHOISIR ?

Saphir, rubis, émeraude, diamant... Mais aussi pierres semi-précieuses type améthyste ou topaze qui permettent de jouer davantage sur la taille et le modèle en cas de budget limité... Tout est permis ! Sachez cependant que, tout comme les fleurs, les pierres ont leur langage :

- **Le diamant :** symbole de pureté, de paix et d'éternité. On le surnomme le roi des pierres précieuses ;

- **La marguerite :** elle fut longtemps la monture traditionnelle de la bague de fiançailles. Aujourd'hui, elle est en perte de vitesse et souffre d'une image quelque peu *has been*. Le vintage faisant cependant un grand retour en force… Elle a toutes ses chances de faire un *come-back*.
- **Le solitaire :** il reste indéniablement une valeur sûre. Il traverse les décennies sans prendre une ride.
- **Le jonc :** ce modèle a fait son entrée dans les bagues de fiançailles il y a une petite dizaine d'années. Beaucoup de couples à la recherche d'une forme moderne se tournent vers lui.
- **Le toi et moi :** deux pierres entrelacées qui symbolisent la symbiose parfaite du couple… Un joli clin d'œil.

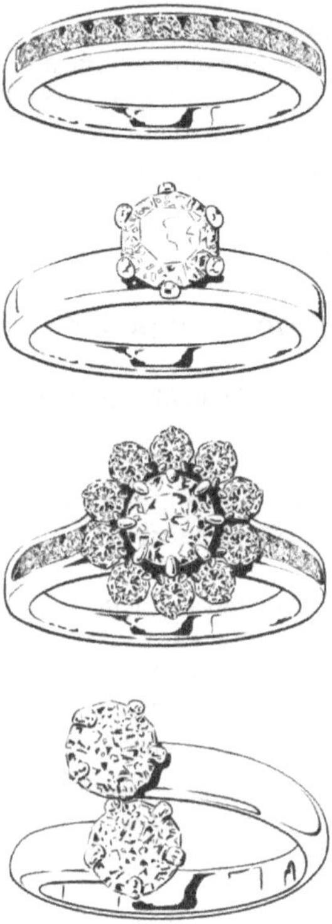

FIGURE 5.2 : Différents types de bagues de fiançailles. De haut en bas : le jonc, le solitaire, la marguerite, le toi et moi.

Quelle forme de pierre choisir ?

La pierre peur prendre plusieurs formes, qui portent toutes un nom dans le jargon de la haute joaillerie. Voici quelques exemples de formes les plus fréquemment demandées :

- **Le brillant :** un rond ;
- **Princesse :** carré ;
- **Émeraude :** rectangulaire ;
- **Ovale :** ovale ;
- **Poire :** goutte ;
- **Cœur :** cœur ;
- **Coussin :** carré légèrement bombé.

Quelles que soient la pierre, la monture, la forme que vous choisissez, veillez à demander un certificat de garantie. En cas de perte ou de vol, celui-ci vous permettra de vous faire assurer, et donc d'être remboursé.

Pour une bague de fiançailles, on évite les perles. Certains disent qu'elles portent malheur car elles évoqueraient les larmes... Dans le doute, s'abstenir !

Ne craquez pas pour une monture trop originale. N'oubliez pas que cette bague est destinée à vous suivre le plus longtemps possible. Attention donc à ne pas vous laisser influencer par les modes... vous risqueriez de vous lasser vite. Misez plutôt sur un classique intemporel qui vous accompagnera dans le temps.

Pour lui : un cadeau qui s'inscrit dans le temps

Mesdemoiselles, n'oubliez pas le présent de votre fiancé ! Après tout, lui aussi a le droit d'être gâté. En règle générale, le cadeau est une montre, mais ce peut être aussi tout autre cadeau qu'il pourra garder le plus longtemps possible. Et, non, pas de console de jeux dernier cri, de téléphone portable high-tech malgré ses supplications ! Le cadeau doit rester symbolique.

Heureusement pour lui, la tradition médiévale qui voulait que la fiancée lui passe un anneau de fer au doigt est passée de mode. Ouf ! Reste à savoir quoi lui offrir. Un objet qui reste, qui traversera les années et qui l'accompagnera le plus longtemps possible. Au top 3 des cadeaux de fiançailles pour homme : la montre, les boutons de manchettes et la boucle de ceinture.

Nº 1 : la montre

Chère future mariée, c'est à vous de la choisir. Évidemment, vous pouvez interroger votre chéri pour en savoir plus sur ses goûts. Bracelet cuir ou métallique, cadran rond, carré, ovale ? Chronomètre ou grand classique ? Une fois de plus, tout dépendra de ses goûts et de votre budget.

Nº 2 : les boutons de manchettes

C'était, il y a encore 35 ans, le cadeau de fiançailles traditionnel. Aujourd'hui, la montre remporte plus de suffrages, mais les boutons de manchettes restent une valeur sûre. On les choisit en or ou en argent, des matières nobles qui vieilliront bien.

Nº 3 : la boucle de ceinture

Même idée que pour les boutons de manchettes, il s'agit d'un accessoire que votre homme conservera sur la durée et utilisera.

CHECK LIST CHAPITRE 5 :
FIANÇAILLES OU PAS FIANÇAILLES ?

Si la réponse est « fiançailles », plusieurs possibilités s'offrent à vous, le principal étant de se faire plaisir !

- ☐ 1. **Je décide de me fiancer en famille : comme pour le mariage, un minimum d'organisation est nécessaire. Choix du lieu, nombre d'invités, ...**
- ☐ 2. **Je décide de la date : habituellement un an avant le mariage.**
- ☐ 3. **Je choisis la bague/le cadeau pour mon/ma fiancé(e).**
- ☐ 4. **Je n'oublie pas d'envoyer un bouquet de fleurs à la mère de ma promise et à ma bien-aimée le jour des fiançailles.**

2
Look Academy

DANS CETTE PARTIE . . .

Avis aux futurs mariés : préparez-vous à entrer dans la Look Academy. Traduction ? Êtes-vous prêts à entamer un véritable marathon du look ? Car il s'agit bien de cela. Le jour de votre mariage, rien ne doit être laissé au hasard. Rien. Ni personne… et surtout pas vous, les héros de la journée. Qui dit mariage, dit bien sûr robe de mariée avec son lot de dentelle, de tulle à profusion et de voile ivoire… Et monsieur dans tout ça ? On aurait presque tendance à l'oublier, et pourtant, lui aussi doit briller comme un sou neuf le jour J. *Idem* pour les enfants d'honneur. Sans parler des demoiselles d'honneur. Vous l'aurez compris, le poste « look » n'est pas une mince affaire. Prêt ? C'est parti.

Chapitre 6

La mariée était en… blanc !

DANS CE CHAPITRE :

- **Objectif mariage numéro 1 : trouver THE robe !**
- **Définir le style de sa robe de mariée**
- **Où trouver la robe de ses rêves ?**

Commençons par la reine de la journée. Après tout, n'est-elle pas la star ? Celle sur qui tous les yeux seront rivés ? La robe de mariée est un mythe. Soyons honnêtes, vous en rêvez depuis des années. Vous l'imaginiez fourreau, courte, longue, décolletée… Une chose est sûre : elle doit être parfaite. Ça y est, vous voilà au pied du mur : l'heure a sonné de chercher THE robe, celle qui vous sublimera, celle dans laquelle vous allez dire « oui » pour la vie (en théorie). Passée l'euphorie, une avalanche de questions s'imposent tout à coup : que choisir ? Quel style ? Quelle couleur ? Quel tissu ? La pression monte. Vous le savez, c'est la robe d'une vie… Pas question donc de se rater. Pas de panique, respirez un grand coup et commencez par répondre à ces deux questions existentielles qui affineront déjà les recherches : à quelle période et où se tient le mariage ?

AVERTISSEMENT

Avant de vous lancer à corps perdu dans la recherche des tenues parfaites, un petit avertissement s'impose. Les tenues vestimentaires des uns et des autres ne sont pas à prendre à la légère. En termes de style, bien sûr, mais aussi en termes de budget. La robe de madame, le costume de monsieur, les tenues des enfants d'honneur… tout ceci a un coût. Et pas des moindres ! À titre d'exemple, le coût d'une robe de mariée varie de 150 à 8 000 euros, voire beaucoup plus si l'on se dirige vers du sur-mesure. Un conseil : an-ti-ci-pez ! Pour ça, rien de plus simple : prenez d'un côté tous les devis déjà effectués (voir chapitre 3) et de l'autre la somme totale de votre mariage. Il ne vous reste plus qu'à soustraire pour être fixé. Vous partez ainsi avec une petite idée de votre budget, ce qui peut vous éviter bien des frustrations dans les rayons : au-dessus de tel montant… on ne regarde même pas.

Les questions indispensables

Quand vais-je dire « oui » ?

La date du mariage est-elle fixée ? Direz-vous « oui » en hiver, au retour des beaux jours ou en plein été ? Cette question peut paraître absurde, et pourtant, les réponses auront une importance capitale dans le choix de la robe. De cette date dépendront sa forme, sa coupe et surtout son tissu. Vous privilégierez par exemple une étoffe type soie sauvage plus chaude qu'une soie classique en fonction de la saison.

Où ?

Ne perdez jamais de vue qu'un beau mariage est un mariage cohérent, qui respecte un fil conducteur, une logique, une histoire. Le lieu de votre mariage aura donc une incidence directe sur le choix de votre robe. Les réjouissances auront-elles lieu au bord de la mer, au cœur de Paris, dans un champ de blé en pleine campagne, sur une plage paradisiaque ou dans un château traditionnel... ? De tous ces détails dépendra le style de la robe, la longueur de la traîne, la trame du tissu, la hauteur des talons, etc.

Vous avez répondu à ces deux questions ? Procédons maintenant par étapes.

Bien choisir sa robe en trois étapes

Étape n° 1 : Établir un *timing*

Oui, vous avez bien lu. Il s'agit bien de *timing.* Car une véritable course contre la montre commence. Vous êtes prévenue : tout est minuté. Toutes celles qui sont passées par là le savent bien : la robe de ses rêves ne se trouve pas en deux temps, trois mouvements. N'imaginez pas pousser la porte d'une boutique spécialisée et repartir deux heures plus tard avec une robe sous le bras. UTOPIQUE. Cette quête prendra des mois. Vous aurez besoin de temps pour faire votre choix, vous visiterez donc plusieurs boutiques et rencontrerez plusieurs créateurs. Tout ça sur rendez-vous, bien sûr. Partant du principe que vous n'êtes pas seule à vous marier, il faudra donc jongler entre votre emploi du temps et celui de votre interlocutrice. Il peut facilement se passer un à deux mois entre chaque rendez-vous. Une fois la robe de vos rêves trouvée, il faudra la confectionner, apporter sans doute quelques modifications, affiner la taille, rembourrer le bustier, raccourcir les manches, etc. *Last but not least* : il faudra évidemment l'ajuster à vos mensurations, celles-ci pouvant évoluer au fil du temps... le stress aidant ! Les essayages vont donc s'enchaîner. En moyenne, les spécialistes conseillent de commencer les recherches dix mois avant la date de la cérémonie. À J moins 4 mois, la robe doit impérativement être choisie. Le temps restant servira à sa conception et à ses retouches essentielles.

Vous voilà prévenue !

Étape n° 2 : Définir le style de la robe

Pour ce faire, n'hésitez pas à vous constituer un vrai cahier de tendances. Épluchez tous les magazines de mariage, surfez sur les sites de créateurs, empruntez les albums de vos amies mariées et mettez de côté tous les modèles qui vous tapent dans l'œil. Ne délaissez aucune piste, conservez également les photos de robes de soirée ou de cocktail, qu'une couturière pourra peut-être adapter en robe de mariée. Tout ce qui vous permettra de définir la robe sera le bienvenu. Autres sources d'inspiration à ne surtout pas négliger : nos amies les people ! N'hésitez pas à vous inspirer de leur mariage : tapez sur Google « mariages de stars » ou « *celebrities weddings* » et faites vos jeux.

Le site américain `www.celebritybrideguide.com` répertorie, dans la rubrique « *Wedding dresses in movies* » tous les films dans lesquels apparaît une mariée. Toutes les plus belles robes y sont, comme celle de Sarah Jessica Parker dans *Sex and the City*, le film, celles de Katherine Heigl dans *27 robes*, de Julia Roberts dans *Runaway Bride*. Cerise sur le gâteau, même le nom du créateur est indiqué. Idéal pour trouver l'inspiration en quelques clics !

Étape n° 3 : Respectez votre morphologie

Depuis toujours, vous rêvez de vous marier dans une robe fourreau ? Oui, d'accord, mais, vous êtes-vous déjà posé la question fatidique : « As-tu la silhouette qui s'y prête ? ». Car n'entre pas dans un fourreau qui veut. C'est à ce moment précis que le problème de la morphologie se pose. Ne nous leurrons pas... à moins d'avoir les mensurations d'une Claudia Schiffer, certaines robes vous iront mieux (ou moins bien) que d'autres. Pour trouver la perle, il est impératif de connaître son corps, d'en assumer les défauts et surtout de pointer du doigt ses atouts afin de les mettre en valeur le jour J. Tout est à prendre en compte : taille, formes, tombé des épaules, longueur des jambes, chute de rein, diamètre des mollets, finesse des chevilles... à vous de savoir ce que vous désirez cacher et, à l'inverse, ce que vous voulez montrer.

Vous êtes grande

Bonne nouvelle, vous pouvez tout vous permettre. Robe princesse, frou-frou, longueur genoux, traîne XXL... Même les accessoires type cape ou long voile, qui ont pourtant la fâcheuse réputation de tasser une silhouette, trouvent grâce sur vous. Si vous êtes menue, c'est encore mieux, vous avez tout bon et aurez donc l'embarras du choix côté coupe. Vos hanches sont larges ? N'hésitez pas à vous tourner vers une robe qui marquera les hanches justement, avec une ceinture ou un bustier très ajusté. Cela affinera votre silhouette.

Vous êtes petite

Évitez les modèles trop volumineux. Une robe de style princesse par exemple vous engloutirait direct. Il ne s'agirait pas de vous faire oublier le jour de votre mariage tout de même ! Partez plutôt sur des lignes simples et épurées qui allongeront la silhouette. Évidemment, optez pour des talons hauts qui vous feront gagner de précieux centimètres. Attention : respectez les proportions, pas question de vous coller sur la tête un voile de trois kilomètres qui alourdira l'ensemble.

Vous êtes ronde

Et alors ? Au lieu de camoufler ces rondeurs, jouez-en et montrez-les. Osez un joli décolleté avec un bustier bien ajusté. Ils mettront votre poitrine en valeur et affineront la taille. Les manches trois-quarts couvriront à merveille les bras un peu potelés. Quant à la jupe, on privilégie les coupes trapèze. La coupe magique qui efface bon nombre de rondeurs est la robe empire, également appelée « robe taille haute ». Coupée sous la poitrine, elle estompe les formes à merveille.

Vous êtes mince

Les frous-frous, les coupes volumineuses, les tissus dits encombrants... tout ça est pour vous. Vous pouvez même oser la fameuse meringue ! Tout ce qui vous donnera de l'ampleur étoffera votre silhouette. Vous manquez désespérément de poitrine ? Pas de panique, un décolleté « cœur » pourra faire illusion, ainsi qu'un soutien-gorge push-up. Encore plus simple, demandez à rembourrer directement votre bustier.

Certains sites, comme `www.jeux-fille.fr` ou `www.bridedres-sup.net`, proposent de créer sa propre mariée en fonction de ses formes. À vous de choisir la forme de la robe, les chaussures, la coiffure, le maquillage... Une façon ludique de vous mettre dans le bain.

Petit glossaire de mode à l'usage de la future mariée

Partir à la recherche de sa robe de mariée relève de l'aventure. Vous vous apprêtez à mettre les pieds dans un monde qui a ses codes, et surtout son langage. Une fois encore : an-ti-ci-pez ! Avant de pousser les portes des créateurs ou des boutiques, familiarisez-vous avec le vocabulaire *ad hoc*. Voici quelques pistes pour avoir l'air moins godiche face à la conseillère qui vous recevra.

Côté coupe

» **La coupe sirène :** robe ultra ajustée sur la poitrine, sur le buste, les hanches et les fesses. Elle s'évase juste au-dessous des genoux.

» **La coupe A :** comme son nom l'indique, les lignes de cette coupe partent en pointe. Fine au niveau des épaules, elle s'évase à la taille et encore plus aux chevilles.

» **La coupe princesse :** également appelée robe de bal ou robe Sissi, clin d'œil à *Sissi impératrice*. Cette coupe est ultra prisée. Elle est ajustée sur la poitrine et la taille et s'évase ensuite jusqu'au sol. Le volume varie selon le tissu choisi (taffetas, tulle, soie, organza) et selon les couches de tissu désirées.

» **La coupe empire :** la taille démarre juste en dessous de la poitrine. Se porte avec ou sans bretelles. Le tissu est généralement ultra fluide pour une silhouette dite flottante. Cette coupe convient particulièrement aux silhouettes un peu rondes.

» **Le fourreau :** elle peut être longue ou courte. Robe très moulante qui gaine l'ensemble du corps. Cette coupe ne supportera aucune imperfection…

FIGURE 6.1 : La coupe sirène, dos-nu.

FIGURE 6-2 : La coupe A, mancherons et traîne chapelle

FIGURE 6-3 : La coupe princesse, manches trois-quarts et décolleté cœur

FIGURE 6-4 : La coupe empire, voile court

FIGURE 6-5 : La coupe fourreau, voile chapelle

Côté col

- **Le col carré :** décolleté en forme de carré, deux angles droits coupent la poitrine. Idéal pour estomper une poitrine un peu trop présente.
- **Le décolleté cœur :** on retrouve ce décolleté en forme de cœur sur des bustiers sans bretelles. Il a la particularité de mettre en valeur la poitrine.

- **Le décolleté bénitier :** décolleté vaporeux avec de nombreux plis en arrondis. Convient à toute sorte de poitrine.
- **Le col V :** un décolleté en forme de V plongeant généreusement dans la poitrine. Les bretelles sont généralement assez larges et supportent donc une poitrine généreuse.
- **Le dos nu :** les bretelles se nouent dans le cou. Le dos est entièrement dégagé.

Côté manches

- **Les manches trois-quarts :** manches qui s'arrêtent au niveau des coudes.
- **Les mancherons :** manches très courtes qui couvrent juste le dessus de l'épaule.

Côté traîne

- **La traîne :** c'est l'arrière de votre robe. Selon les modèles, elle est plus ou moins longue. Elle fait partie intégrante de la robe de mariée et constitue un de ses atours traditionnels.

Côté voile

- **Le voile court :** il peut recouvrir le visage et les cheveux, descendre jusqu'aux épaules ou bien se porter uniquement sur les cheveux (voir figure 6-4).
- **Le voile chapelle :** voile qui couvre tout juste la traîne (voir figure 6-5).
- **Le voile cathédrale :** voile qui dépasse largement la traîne, parfois de plusieurs mètres.
- **La mantille :** voile d'influence hispanique généralement orné de broderies. Il est mi-long et encadre l'ensemble du visage.

LA MARIÉE ÉTAIT... EN PANTALON

Eh oui, ça arrive de plus en plus. Le pantalon fait désormais partie des options proposées. Fuseau, large, cigarette... il est généralement blanc cassé et assorti à un bustier ou autre haut. S'il fait des entrées timides, les jeunes créateurs croient de plus en plus en lui, surtout depuis que la mariée 2009 de la maison Chanel a porté le pantalon à merveille...

Vous êtes enceinte : que faire ?

Si cela se faisait très peu il y a encore 20 ans, se marier enceinte est, aujourd'hui, devenu monnaie courante. Si tel est votre cas, pas d'affolement, vous serez, vous aussi, la plus belle pour dire « oui ». Le problème principal sera d'anticiper sur votre prise de poids et la forme que prendra votre corps. Deux options s'offrent à vous.

Le prêt-à-porter

Poussez alors la porte des boutiques classiques. Prévenez tout de suite la conseillère de votre état, celle-ci vous orientera soit vers des modèles spécialement conçus pour femme enceinte (bretelles ajustables, tissu élastique au niveau du ventre pour un soutien optimal, etc.), soit vers des modèles classiques qui s'adapteront sans aucun problème à vos nouvelles rondeurs. Autant être franche, tous les modèles ne se prêteront pas à votre silhouette. Oubliez le fourreau. Oubliez également les frous-frous, les volants et les choses trop chargées. Préférez, par exemple, la simplicité d'une robe de style empire, marquée sous la poitrine. Ses lignes très évasées cacheront sans problème un ventre bien rebondi.

L'option sur mesure

C'est ce que proposent certains couturiers qui ont pignon sur rue. Quelques-uns ont d'ailleurs anticipé et intégré dans leur collection un ou deux modèles spécial femme enceinte dont le montage final se fait au dernier moment. Favorisez des tissus légers, doux, et surtout souples… pas question de vous couper la respiration dans des trames trop rigides. Dans ce cas, les tout derniers ajustements de la robe se font dix jours avant le jour J.

Côté chaussures

Tirez un trait sur les talons de 12 centimètres qui vous fatigueront en deux temps, trois mouvements et qui solliciteront vos reins… inutile d'en rajouter une couche. Évitez également les ballerines : bien trop plates, elles vous abîmeront le dos. Favorisez le confort et optez plutôt pour un talon bobine, un entre-deux, ni trop haut ni trop plat.

L'âge moyen auquel on se marie ne cesse de reculer. D'après les derniers chiffres officiels de l'Insee, une femme se marie en moyenne à 29 ans, contre 31 pour un homme. Il est donc très fréquent que la mariée dise « oui » alors qu'elle est déjà maman ou qu'elle attend un heureux événement.

Blanc, blanc cassé, ivoire, crème ou… rouge ?

Traditionnellement, la mariée est en blanc, couleur symbole de la virginité, de la pureté. Entendons-nous, il ne s'agit pas d'un blanc éclatant, peu flatteur au teint. Misez sur un blanc légèrement cassé, également appelé ivoire. Si vous voulez jouer la carte de l'originalité, vous opterez pour la couleur, les motifs… vous avez carte blanche.

Où trouver sa robe de mariée ?

Vous avez plusieurs options, certaines plus coûteuses que d'autres… là encore, tout est une question de budget. Il existe aussi quelques bons filons à ne pas négliger. Quelle que soit l'option envisagée, il est indispensable de prendre rendez-vous pour éviter de se casser le nez.

Les magasins multimarques

Vous trouverez dans ce style de boutiques des références par dizaines. Il y a de tout : du blanc, du crème, de la couleur, du long, du court, du classique, du kitch... Attention, l'offre peut donner le tournis, armez-vous de patience.

Arrivez, si possible, dans ce temple du mariage avec une photo de la robe envisagée. Vous limiterez ainsi les essayages inutiles qui finissent souvent par décourager.

Les boutiques-enseignes

Il s'agit d'une marque qui regroupe plusieurs stylistes. Les styles proposés sont donc très variés. Parmi les enseignes les plus connues : Cymbeline, Pronovias, Pronuptia...

Évitez de prendre rendez-vous aux heures de pointe, les conseillères seront moins à l'écoute et les robes de démonstration en attente dans les cabines d'à côté. Choisissez un jour en pleine semaine, en milieu d'après-midi... vous aurez toutes les robes pour vous toute seule et toute l'attention de la conseillère.

Les créateurs

Certains stylistes ont décidé de se lancer seuls et de se spécialiser dans les robes de mariée. Souvent, d'ailleurs, leur enseigne porte leur nom. Chez eux, vous trouverez des modèles standard dits de prêt-à-porter, mais ils vous proposeront également du sur-mesure. Évidemment, cette option vous coûtera plus cher : élaboration du patron, conception de la robe, difficulté des détails désirés, choix du tissu... toutes ces étapes ont un coût. L'avantage ? Cette robe est la vôtre. Elle est unique. Parmi les créateurs qui ont pignon sur rue : Delphine Manivet, Catherine Varnier, Max Chaoul, Celestina Agostino...

Demandez à parler directement au créateur et non à la vendeuse, il cernera ainsi beaucoup plus vite vos envies et sera à même de vous conseiller au mieux. Sans parler du gain de temps...

Les maisons de luxe

Chanel, Dior, Saint-Laurent, Gaultier... à chaque maison de luxe sa robe de mariée. Dans le jargon, on l'appelle « robe couture », car, pour la plupart, il s'agit de pièces de haute couture confectionnées par les petites mains des maisons et par les meilleurs artisans de la place de Paris. Du pur luxe. Une petite folie dont le prix peut facilement atteindre plusieurs dizaines de milliers d'euros.

Surveillez les dépots-ventes de luxe. Il se peut que vous tombiez sur la pièce de vos rêves en limitant la casse côté budget.

Internet

La Toile est devenue un vrai terrain de jeu pour future mariée. Eh oui, on peut acheter sa robe sur le Net ! Terminé, les séances d'essayage à n'en plus finir... quelques clics et le tour est joué ! L'idée est alléchante... mais sachez qu'acheter sans essayer est risqué. Soyez consciente qu'une robe sur un mannequin ou un portant ne rendra pas du tout la même chose sur vous. *Via* le Net, impossible de toucher le tissu, de juger de sa tenue, de sa couleur, de sa douceur... sans parler des problèmes de taille... vous risquez de faire quelques retours à l'expéditeur. Attention donc aux mauvaises surprises quand vous déballerez votre colis !

Si, malgré tout, vous voulez tenter votre chance, voici une nouvelle adresse du Web qui vaut le détour : le site `www.netaporter.com` et son nouvel espace « Wedding ». Vous y trouverez tout pour la mariée, le marié, les demoiselles d'honneur, les accessoires type bijoux de cheveux, gants et compagnie et parmi les robes griffées : Lanvin, Michael Kors, Roberto Cavalli, Matthew Williamson. Coup d'œil obligatoire sur la sélection de chaussures... à tomber.

Solderies et friperies

Pour toutes celles qui n'ont pas peur de porter une robe de seconde main, les friperies et solderies restent un très bon plan pour dénicher la perle rare à moindre coût. Petit conseil : si vous avez une idée ultra précise de ce que vous voulez, oubliez ce filon au risque de vous arracher les cheveux un par un. En solderie, mieux vaut fonctionner au coup de cœur sans idée préconçue.

Ce type d'endroit étant souvent petit et mal éclairé, n'hésitez pas à sortir la robe à la lumière du jour pour la regarder sous toutes les coutures.

Je loue ma robe de mariée !

Louez sa robe de mariée se fait de plus en plus. Après tout, pourquoi pas ? Cette tendance pratiquée depuis belle lurette aux États-Unis et au Japon s'installe tranquillement mais sûrement en France. C'est le moyen de s'offrir du joli sans débourser des cents et des mille et c'est aussi, pour beaucoup, un geste écologique. Deux actions raisonnées en une... ça vaut le coup d'y réfléchir. Cerise sur le gâteau : les enseignes qui proposent ce type de service présentent les créations actuelles selon les tendances du moment. Comptez entre 150 et 500 euros les trois jours de location selon la griffe de la robe.

Visionnez les robes sur le site avant d'aller les essayer en boutique. Quelques adresses : `www.graine-de-coton.com` ; `www.jeloueduluxe.com` ; `www.mabonneamie.com` ; `www.robedunjour.com`.

Pour toutes celles qui n'ont pas froid aux yeux et qui aiment le risque, e-Bay reste une vraie caverne d'Ali Baba. Nombreuses sont celles qui vendent leur robe d'un jour. Les prix sont particulièrement attrayants. Une mise en garde cependant : afin d'éviter les déceptions le jour où vous recevrez votre colis, posez le maximum de questions au vendeur : la robe est-elle neuve ou de seconde main ? Quel est le tissu ? Quelle est la taille ? Est-elle tachée ? etc.

Lanvin, Miu Miu, Eli Saab... afficher du griffé le jour de son mariage sans forcément exploser son budget, c'est possible. À défaut de regarder les robes de mariée, tournez-vous vers les robes du soir, dites de cocktail, choisies dans un ton ivoire ou crème. Ces robes ne sont pas estampillées robe de mariée, mais certaines coupes se prêtent totalement à un mariage. Une façon habile d'afficher du luxe avec tout ce que cela comporte de savoir-faire et de détails haute couture.

CHECK LIST CHAPITRE 6 :
LA MARIÉE ÉTAIT EN… BLANC !

Enfin vous pouvez penser à votre robe ! Mais avant de vous plonger dans les soieries et autres dentelles, gardez à l'esprit quelques points de base…

- ☐ 1. **Je fixe un budget pour ma robe : en fonction des devis effectués, de la somme totale de mon mariage.**
- ☐ 2. **Je ne regarde pas les robes au-dessus de mon budget : cela ne sert à rien de se faire du mal.**
- ☐ 3. **Je choisis ma robe en fonction du lieu et de la date de la réception : il fait froid l'hiver et chaud l'été !**
- ☐ 4. **Je m'y prends longtemps à l'avance : en moyenne 10 mois avant le mariage.**
- ☐ 5. **Je pense à mettre des sous-vêtements adaptés lors des essayages.**
- ☐ 6. **M-4 : je dois avoir choisi ma robe.**
- ☐ 7. **J-15 : je réessaye ma robe une dernière fois.**
- ☐ 8. **Je ne vais pas essayer ma robe seule : j'embarque maman, ma copine, ma sœur, ma cousine, … Elles remarqueront tous les petits défauts !**
- ☐ 9. **Je pense à l'appareil photo : rien de plus terrible que de ne pas se rappeler « la super jolie robe, mais si tu sais, celle qui ressemblait à la première mais pas avec les mêmes manches, dans un tissu différent… ».**
- ☐ 10. **Et le plus important : je me fais plaisir !**

Chapitre 7

Les accessoires prennent le pouvoir !

DANS CE CHAPITRE :

- **Chaussures, sac, gants, bijoux : quels accessoires choisir ?**
- **C'est le bouquet ! Trouvez les fleurs qui vous symbolisent**
- **Tout savoir sur le bouquet de la mariée**

Ils prennent le pouvoir dans la mode de tous les jours mais aussi le jour du mariage. Bijoux, gants, boléro... la mariée se pare de mille et un accessoires. Revue de détail :

Le soulier de Cendrillon

Depuis deux ans, les chaussures volent quasiment la vedette à la robe de mariée. Elles sont devenues l'élément clé du look de la mariée. Un revirement de situation très inattendu pour cet accessoire condamné depuis des années à rester caché sous une robe à rallonge. Aujourd'hui, les jeunes mariées veulent créer la surprise avec des escarpins élégants et souvent hauts perchés.

Attention, une femme prévenue en valant deux, évitez de vous percher sur 12 centimètres si vous passez votre vie à plat. Laissez ça à Carrie Bradshaw et autre fana de mode. Ne perdez pas de vue que, le jour de votre mariage, vous allez bouger, piétiner, danser... Il serait dommage de faire tapisserie pour péché de « talonnerie » !

S'il y a quelques années encore, la chaussure de la mariée était forcément blanche, crème ou ivoire, aujourd'hui, tout est permis. Les plus branchées osent même la couleur flashy. Bleu turquoise, vert d'eau, rose *shocking*... cette tendance nous vient des États-Unis et commence à trouver écho en France. Et c'est tant mieux. L'avantage ? Une paire de chaussures colorées se reporte plus facilement qu'un escarpin blanc... on pourra donc jouer les prolongations et afficher, au quotidien, un petit morceau de cette journée magique.

Si vous désirez rester dans le ton sur ton, faites votre shopping chaussures avec un échantillon du tissu de votre robe histoire d'éviter les impaires.

Les chaussures prennent peut-être du galon, mais pas question pour autant d'exploser votre budget pour une paire d'escarpins. La solution ? Le DIY, soit « *do it yourself* ». Autrement dit, utiliser votre imagination et vos dix doigts pour créer les chaussures de vos rêves. Parmi les bonnes idées qui font fureur sur tous les « wed' blogs » du moment : teindre soi-même ses chaussures. Rien de plus simple, vous achetez le modèle crème classique et, dans un magasin de loisirs créatifs, vous choisissez votre teinte. Autre bonne idée : customiser ses chaussures avec des fleurs type dahlia que l'on clipe sur la chaussure.

Surfez sur les *wed' blogs* et tapez « chaussures de mariée » pour trouver mille et une idées.

ÇA SE FAIT DE PLUS EN PLUS

- **Troquer ses escarpins contre des ballerines au moment de la soirée.**
- **Prévoir des « *dancing shoes* » pour les filles, type tongues customisées aux couleurs du mariage, pour la soirée (vu au mariage d'Ivanka Trump, fille du célèbre milliardaire américain).**
- **Donner une seconde vie à sa robe de mariée. Les séances photo baptisées « *trash the dress* » cartonnent. L'idée ? Un mois, deux ans, dix ans après son mariage, on ressort sa robe et on ose une séance photo complètement délirante pour des clichés inoubliables. Mariée allongée dans le sable mouillé, trempée jusqu'au cou ou même pataugeant dans la boue... tout est permis !**

Me faut-il des gants ?

Pas d'obligation ! À vous de voir si cet accessoire se marie avec votre robe ou pas. Dans certains cas, ils peuvent venir terminer une silhouette. Vous les garderez alors tout le long de la cérémonie, et ce jusqu'à l'échange des alliances. Vous les remettrez ensuite pour les photos et les retirerez pendant le cocktail.

Quelle longueur choisir ?

Tout dépend du style de votre robe. Les coupes princesse, bustier et fourreau supportent à merveille des gants longs. En revanche, les coupes un peu plus rétro style années 1950-1960 ou les robes courtes se marieront bien avec des gants courts.

Quelle matière ?

Une fois encore, tout dépend de votre robe et de son étoffe. Les gants d'une mariée sont généralement en soie ou en dentelle.

On oublie définitivement les gants si votre robe est à manches longues et même trois-quarts. Il faut une certaine harmonie.

Long ou court, le voile ?

Il fait partie de la tenue traditionnelle de la mariée. Certaines le portent ultra long, d'autres court, tout dépendant de la forme de la robe, l'essentiel étant de respecter les proportions. Pas de panique, la conseillère ou le créateur choisi sera là pour vous guider. Généralement, le voile est en tulle blanc même si, ces dernières années, la dentelle fait un retour en force dû à la mode des robes rétro-bohèmes. Pendant la cérémonie, vous le garderez devant le visage jusqu'à l'échange des consentements. À ce moment précis, le marié le soulèvera et viendra le placer délicatement derrière votre tête. Vous pourrez ensuite le garder pendant le cocktail. Les mariées le retirent au moment de passer à table.

Lors de vos essais de coiffure, pensez à prendre au moins une fois le voile avec vous afin que le coiffeur puisse déterminer l'endroit où il le fixera le jour J. Cependant, certaines optent pour le chapeau. Pourquoi pas ?

Le chapeau et autre bibi

Il n'est pas rare de voir des mariées coiffées d'un chapeau. Pourquoi pas si la tenue s'y prête ? Toutes les formes et les matières sont envisageables, même la capeline si vous vous mariez en bord de mer. N'oubliez pas, tout est une question de cohérence. Le bandeau et la voilette plumetis sont aussi entrés dans la course des couvre-chefs. Dans ce cas, une robe de style rétro est de mise. On peut par exemple imaginer un chapeau ou un bandeau avec plume sur une robe d'esprit charleston, ou encore un bandeau en dentelle sur une robe longue.

Un sac ou pas ?

La mariée ne porte pas de sac. Cependant, ces dernières années, un drôle de modèle a fait son apparition et a su s'imposer mine de rien : la minaudière, aussi appelée réticule, soit un minuscule sac, souvent en forme de pochette. La mariée ne la porte pas à l'église mais pour faire son entrée dans la salle de réception. Elle la confie généralement à son témoin et glisse à l'intérieur mouchoirs en papier, épingles, cigarettes, lingette déodorante... pour parer à toute éventualité. Pour cet achat, nul besoin de se borner aux boutiques spécialisées. C'est le moment de se faire plaisir avec une marque ou un créateur que vous aimez. Les petites fantaisies sont plus que jamais conseillées... vous pourrez ainsi ressortir votre sac après le mariage.

Des bijoux, des bijoux !

Faites dans la simplicité ! Une parure trop présente ne ferait qu'occulter la beauté de votre robe. Après tous les efforts faits pour trouver la bonne, ce serait dommage ! Commencez donc par ôter tous vos bijoux habituels (bagues, bracelets, chaînes, montre, etc.), et autorisez-vous un collier discret tout au plus. La grande tendance est aux bijoux de cheveux. Pourquoi ne pas fixer votre chignon ou autre coiffure avec un joli peigne (voir chapitre 8) ?

Dessous chic et choc

Évidemment, on les veut les plus raffinés et jolis possible pour parfaire la tenue dans les moindres détails. Seulement voilà, la robe ne permet pas toujours de porter les ensembles souhaités. Que privilégier ? L'esthétisme ou le confort ? N'y allons pas par quatre chemins... en ce jour de marathon, le confort est primordial.

Trois choses à éviter impérativement :

- **Les couleurs flashy.** N'oubliez pas que vous portez une robe blanche. Misez plutôt sur des couleurs discrètes qui ne se verront pas par transparence.
- **Les matières synthétiques.** Pas question de passer la journée à vous gratter ou à sentir une gêne. Choisissez des matières douces type soie ou coton classique.
- **Les coutures épaisses.** Si votre robe est moulante ou près du corps, tournez-vous vers les dessous dits sans couture. Ce serait dommage de ruiner votre look avec de méchantes marques.

Jarretière or not jarretière ?

C'est une tradition qui tend à se perdre. Si toutefois vous voulez jouer le jeu, glissez autour de votre cuisse ce petit bout d'élastique souvent orné de tulle ou de dentelle. Lors de la soirée, mettez-le aux enchères. L'heureux gagnant aura la chance de venir la chercher sur la cuisse de la mariée avec ses dents...

ELLES ONT DIT « OUI » ET SONT PASSÉES PAR L'ÉTAPE ROBE DE MARIÉE

« Ne partez jamais seule en séance d'essayage. Embarquez avec vous une copine, une sœur, une mère... quelqu'un qui vous connaît bien et surtout qui vous veut du bien et qui vous dira honnêtement son avis. »

Sophie, 33 ans

« Pensez DOS. Pendant toute la cérémonie religieuse, l'assemblée vous verra de dos. Ne négligez donc pas cette partie de la robe... vous la retrouverez sur de nombreuses photos. »

Clémence, 27 ans

« Prévoyez un dernier essayage à deux semaines maximum de la cérémonie. Stressée, j'ai pris deux kilos en un mois... il a fallu reprendre la robe à la taille au dernier moment. Un stress dont je me serais bien passée. »

Fanny, 32 ans

« Restez fidèle à votre style. Pas question de se déguiser. Cette robe doit être le reflet de votre personnalité, elle doit vous sublimer et non vous transformer. Pour ce faire, n'hésitez pas à parler de vous à la conseillère ou la créatrice qui vous recevra. Racontez-vous, dévoilez-vous, elle vous guidera avec davantage de perspicacité. »

Félice, 30 ans

« Partez aux essayages avec un appareil photo. Demandez à la personne qui vous accompagne de vous photographier de face ET de dos. Collez ensuite la photo dans un carnet et inscrivez en dessous le nom de la robe, du créateur et de la boutique. Parfois, on enchaîne les essayages et après on oublie qui propose quoi. »

Alexandra, 25 ans

« Le jour des essayages, portez des dessous couleur chair. »

Hélène, 31 ans

C'est le bouquet !

Il vous accompagnera dans l'église puis une partie du cocktail avant de terminer dans les airs et dans les bras d'une autre. Le bouquet est un des accessoires traditionnels de la mariée... Pas de pizza sans tomates. Pas de mariée sans bouquet. C'est comme ça. Reste à savoir quel bouquet choisir...

Selon la tradition, c'est le marié qui doit offrir le bouquet à la mariée. À lui donc de choisir le type de bouquet, les fleurs, les couleurs dominantes, etc. Pour être tout à fait honnête, cette tradition est un peu tombée aux oubliettes. Aujourd'hui, c'est bien souvent la mariée qui choisit son bouquet. Si, toutefois, vous tenez à respecter cette tradition, prenez soin de renseigner au maximum votre futur époux sur le style de votre robe. Imaginez la catastrophe s'il vous offre un bouquet de roses rouges alors que votre bustier est rose poudré... Notre conseil : dessinez-lui rapidement les grandes lignes de votre robe (pas question de tout dévoiler non plus !), rappelez-lui le code couleur du mariage et, surtout, précisez-lui quelles sont vos fleurs préférées. À lui, ensuite, d'en discuter avec le fleuriste.

En route pour la quête du bouquet parfait. Voici les trois étapes incontournables qui vous mèneront tout droit au bouquet de vos rêves.

HISTOIRE DU BOUQUET DE LA MARIÉE

Le bouquet de la mariée est une coutume qui remonte au Moyen Âge. À l'époque, les mariées se posaient beaucoup moins de questions : elles confectionnaient un bouquet avec des fleurs d'oranger, symbole de la pureté. Au fil des années, le choix des fleurs s'est très largement étendu, tout comme celui de la forme du bouquet.

Étape n° 1 : Choisir le fleuriste

Généralement, celui-ci prend en charge tout le budget fleur du mariage. Cela comporte la décoration de l'église, du lieu du cocktail, des tables, et enfin le bouquet. Évidemment, noyé dans tant de fleurs et de verdure, le bouquet de la mariée peut sembler « accessoire », futile, ridicule... Et, pourtant, il est d'une importance capitale. Il finira la tenue de la mariée, lui apportera une touche de couleur. Le bouquet, c'est un peu le bonus « pep's » de la robe. Prenez donc le temps de bien sélectionner votre fleuriste. La plupart tiennent à jour des cahiers remplis de leurs dernières créations. N'hésitez pas à les feuilleter encore et encore. Si vous constatez que le fleuriste tourne toujours autour des mêmes compositions, c'est que celui-ci manque d'idées et d'originalité. Au suivant !

Étape n° 2 : Parler encore et encore

Afin que le fleuriste sélectionné vous propose le bouquet qui colle à votre robe, parlez-lui encore et encore de votre mariage. Quel est le style de la robe (longue ? courte ? empire ? princesse ?). Où a lieu le mariage (au bord de la mer ? à la campagne ? en ville ?). Combien d'invités seront présents (mariage en grande pompe ou intimiste) ?... Tous ces détails guideront le fleuriste dans sa création.

Étape n° 3 : Suivre la logique

Ou, plus précisément, suivre LES logiques du mariage :

- **La logique « stylistique » de la mariée :** quel type de mariée voulez-vous être : sage ? glamour ? moderne ? rétro ? Le bouquet doit correspondre à l'image que vous avez envie de dégager ce jour-là.
- **La logique du mariage :** évidemment, le thème du mariage et son code couleur sont à prendre en compte. Vos tonalités stars sont le fuchsia et le vert ? Le fleuriste s'alignera sans doute.
- **La logique de dame nature :** essayez tant que faire se peut de vous tourner vers des fleurs de saison. Quel prix pour mon bouquet ? D'après les dernières statistiques, le bouquet de la mariée coûte environ 50 euros. Cependant, il est très difficile de parler d'un prix moyen, chaque bouquet étant une création unique. Le choix des fleurs, le nombre de fleurs, la difficulté de la réalisation... sont autant de critères qui entrent en compte dans le prix final du bouquet. Disons, pour voir large, qu'un bouquet oscille entre 50 et 120 euros.

Puis-je acheter mon bouquet sur le Net ? La réponse est oui, bien sûr. Certains fleuristes qui vendent en ligne proposent des bouquets de mariée standard. C'est le cas par exemple de À fleur d'eau (`www.a-fleurdeau.fr`) ou de l'enseigne Au nom de la rose (`www.aunomdelarose.fr`). Notre conseil : faites-vous livrer le bouquet le jour même du mariage pour que la fraîcheur des fleurs soit irréprochable.

Les fleurs ont un langage... sachez les écouter

Vous êtes de nature superstitieuse ? Vous êtes à l'écoute de la nature, il est donc normal que vous preniez en compte le langage des fleurs dans votre choix final. Tour de piste des fleurs les plus couramment utilisées dans le bouquet de la mariée :

- **La rose :** elle est synonyme d'amour. Si vous la choisissez rose, elle symbolisera un serment d'amour ;
- **L'orchidée :** amour raffiné et mystérieux (tout vous, non ?) ;
- **La pâquerette :** innocence ;
- **L'aubépine :** espoir ;
- **Le camélia :** constance, promesse d'un amour éternel ;
- **Le jasmin :** grâce et élégance.

FIGURE 7.1 : Les différentes formes du bouquet de la mariée. De haut en bas, de gauche à droite : cascade, forme champêtre, bouquet rond.

Mon beau marié

Lui aussi aura droit à des fleurs. Il est de bon ton que le marié porte une boutonnière correspondant au bouquet de la mariée, c'est d'ailleurs le fleuriste qui s'en chargera. Les témoins et les pères des deux mariés porteront eux aussi une boutonnière. Petit conseil : prenez soin de prévenir tout ce petit monde de la couleur de la boutonnière afin que celle-ci ne jure pas avec la couleur de leur costume.

Des fleurs pour les demoiselles d'honneur

Rien ne vous oblige à coller un bouquet dans les bras de vos demoiselles d'honneur, entendons par là les témoins filles. En France, cette pratique n'est d'ailleurs pas courante contrairement aux États-Unis. Cependant... on y vient. Dans ce cas, demandez au fleuriste de composer exactement le même bouquet que vous mais plus petit et dans une autre tonalité. Votre bouquet doit rester la star. Pas question de lui faire de l'ombre.

Que faire de son bouquet après les festivités ?

Grande question... deux positions s'opposent très clairement :

- Position A : Certaines jouent le jeu jusqu'au bout et font ce que l'on appelle le « lancer de bouquet » de la mariée. C'est une tradition qui veut que la mariée se mette dos à l'assemblée et lance son bouquet en l'air parmi toutes les invitées célibataires. Selon la légende, celle qui aura la chance de le recevoir sera la prochaine à dire « oui ». Le lancer de bouquet peut s'effectuer juste à la sortie de l'église, sur le parvis, ou pendant le cocktail.
- Position B : Vous conservez votre bouquet. Certaines le font sécher pour le garder *ad vitam aeternam*. Pour un séchage optimal, suspendez votre bouquet tête en bas dans un endroit sombre et sec pendant un bon mois. Ensuite, vaporisez-le régulièrement de produit spécial pour fleurs séchées.

Vous pouvez aussi vous la jouer rétro et réveiller une vieille tradition : celle du globe de la mariée. À la fin du XIXe siècle, une fois le mariage prononcé, la mariée déposait son bouquet sur un coussin de velours et enfermait le tout dans un globe de verre. Elle conservait ainsi son bouquet toute sa vie.

Impossible de choisir selon vous. Vous voulez faire le lancer de bouquet ET conserver votre bouquet. La solution ? Demandez au fleuriste de concevoir deux bouquets identiques, le premier sera destiné au lancer, le second restera chez vous.

Le do/don't du bouquet de la mariée

Osez les contradictions : votre robe est ultra sophistiquée ? Optez pour un bouquet simplissime. Votre robe est épurée ? Choisissez un bouquet plus travaillé. Ces oppositions mettront en valeur votre silhouette.

Ajoutez votre touche personnelle : il n'est pas interdit de compléter vos fleurs d'un brin d'organza, de quelques perles par-ci, de plumes par-là. Certaines mariées de bord de mer ont même osé les coquillages dans le bouquet. Pourquoi pas ?

Évitez tout ce qui pique ! Vous êtes une femme piquante ? Pas de problème, mais laissez les piques, les épines et les aiguilles au placard le jour du mariage. On évite donc les plantes type chardon ou orties !

Oubliez l'artificiel. Il n'est pas du meilleur goût d'utiliser de fausses fleurs pour son bouquet de mariée. Primo, d'un point de vue esthétique, on a déjà vu mieux (bonjour la rigidité du bouquet !) ; deuzio, c'est un jour spécial, vous méritez donc le meilleur, soit la beauté et le parfum d'une fleur fraîche, non ?

CHECK LIST CHAPITRE 7 : *LES ACCESSOIRES PRENNENT LE POUVOIR !*

La robe a été choisie, c'est parfait ! C'est donc au tour des accessoires qui feront de vous la plus belle des mariées.

☐ 1. **Je choisis mes chaussures : et pour plus de sûreté, je pense à emmener un échantillon du tissu de ma robe pour éviter les impairs.**

☐ 2. **Je choisis mes gants : en fonction de ma robe bien évidemment.**

☐ 3. **Je souhaite un voile : je n'oublie pas d'en parler au coiffeur pour qu'il puisse déterminer l'endroit où il le fixera.**

☐ 4. **Je choisis mes bijoux : en retenant la maxime « trop de bijoux tue le bijou ».**

☐ 5. **Je choisis des dessous adaptés : je privilégie le confort quitte à me changer avant la nuit de noces.**

☐ 6. **Si c'est mon promis qui m'offre le bouquet, je lui fais un brief sur ce que je souhaite : bouquet long, rond, blanc, coloré, ...**

☐ 7. **Je préviens les témoins et les pères des mariés quant à la boutonnière : il ne faudrait pas que la couleur des fleurs jurent avec celle de leur costume !**

☐ 8. **Je prévois des *dancing shoes* : rien ne vaut une bonne paire de ballerines pour danser jusqu'au bout de la nuit !**

Chapitre 8

Ce soir, je serai la plus belle !

DANS CE CHAPITRE :

- **Comment être la plus belle ?**
- **Les conseils de pro et les bonnes résolutions**
- **Un peu de sport avec un coach personnel !**
- **Mise en beauté, maquillage, coiffure en prévision du jour J**

Alerte rouge ! La mise en beauté est l'une des étapes les plus délicates du mariage. Évidemment, vous devez être la plus belle ! Évidemment, votre divin corps doit être à la hauteur de votre divine robe. Évidemment, c'est le moment ou jamais de s'offrir un maquillage de princesse et de tenter le chignon banane. Nous sommes toutes d'accord. Mais attention... à force de vouloir être absolument parfaite, certaines mariées tombent dans l'excès. Et là, le verdict est sans appel : trop, c'est trop.

Afin d'éviter la catastrophe, deux mises en garde s'imposent :

- **Mise en garde n° 1 :** il ne s'agit pas de vous déguiser mais de vous mettre en valeur. La règle d'or à ne jamais perdre de vue : qui peut le plus, peut le moins. Simplicité et authenticité... nous ne sommes pas à un bal costumé. Traduction : on met la pédale douce.
- **Mise en garde n° 2 :** cette mise en beauté va vous demander du temps. Beaucoup de temps. Et qui dit temps dit organisation. Si vous ne voulez pas vous retrouvez la veille du mariage les jambes recouvertes de poils, le visage livide et le cheveu ramollo... suivez à la lettre

le planning beauté ci-dessous. Pour être sûrs de ne rien oublier, procédons par ordre chronologique. Vous avez sorti votre agenda ? Alors, c'est parti !

Dès que possible : Je m'inscris dans un club de sport

Ça fait trois ans que vous reportez cette démarche au lendemain ? C'est le moment ou jamais de vous prendre en main. Primo : un peu de sport et de musculation vous fera le plus grand bien. Deuzio : chaque fois que vous regarderez vos photos de mariage, vous vous remercierez d'avoir fait cet effort. Qui a envie d'avoir les bras mollassons et les mollets en guimauve dans une robe de rêve ? Certainement pas vous. Alors, hop ! on se motive et on se planifie deux heures de sport dans la semaine. Si vous manquez de temps, remplacez tout ça par de la marche ou de la course à pied, bannissez les ascenseurs, remplacez la voiture par le vélo... Tout est bon à prendre.

Certains clubs de sport proposent des programmes « mariage et robe de mariée ». Les exercices visent à galber les mollets et les bras. Renseignez-vous !

Au travail !

Comment être au top le jour J ? La coach minceur et bien-être Julie Ferrez (ex-coach du président Sarkozy) nous donne ses bons conseils. Ces derniers vous aideront à gérer le stress qui va aller crescendo. Pas de quartier, pas de fausses excuses, ces conseils sont à suivre à la lettre.

Commençons par quelques conseils qui concernent le marié et la mariée. Les trois règles d'or qui suivent pourront vous sauver la mise.

Pratiquez une activité physique

La première chose à faire pour préparer votre mariage est de bouger au maximum pour canaliser votre stress et générer de bonnes ondes ! 30 minutes de marche par jour sont idéales. Il n'est pas question de devenir accro aux salles de sport si ça n'est pas votre truc. Pourquoi ne pas essayer de prendre soin de vous en vous amusant ?

Ayez une bonne alimentation

Avis à la mariée et au marié : votre alimentation a une importance CA-PI-TA-LE. Elle influe sur l'état de votre corps et sur celui de votre mental. L'heure n'est donc pas au laisser-aller. Une alimentation saine vous aidera à mettre toutes les chances de votre côté pour être au top. Votre corps vous dira merci quand il sera question de rentrer dans vos costumes respectifs et votre cerveau n'en sera que plus alerte. Sachez-le, le jour du mariage, vos neurones devront être connectés.

» Interdiction formelle de s'affamer et de tester tous les régimes miracles, aucun régime n'est miraculeux.

» Interdiction de sauter des repas, chacun d'entre eux est important pour votre santé et votre bonne humeur, que vous devez absolument garder jusqu'au jour J, et ce malgré les mille et un obstacles que vous allez rencontrer.

En cas de fringale, optez pour un snack minceur. L'idéal ? Les amandes de Californie. Cet aliment riche en antioxydants révèle un indice de satiété élevé. C'est un coupe-faim naturel, pauvre en graisses saturées. Avec une poignée au quotidien, vous protégerez votre système cardio-vasculaire et illuminerez votre teint ! Pas question de s'en priver.

Gardez le mental

Un bon mental est primordial pour appréhender au mieux les préparatifs d'un mariage. Sachez que vous pouvez le booster en deux temps, trois mouvements. Tout est dans la tête…

» PO-SI-TI-VER : apprenez à vous aimer en ayant de bons réflexes beauté (massage, masques, soins et soirées entre amis). Vous devez vous entourer de bonnes ondes et savoir déléguer pour vous occuper de vous.

» Rester zen : une fois par jour, concentrez-vous sur votre respiration pour vous détendre et calmer la tempête qui est en vous. Tout se passera bien et ce mariage sera le plus beau jour de votre vie. Mais si, mais si… allez, on y croit !

Régime or not régime ?

L'obsession n° 1 de chaque future mariée, c'est son poids. Alors, régime or not régime ?

Voyez tout d'abord si, réellement, vous avez du poids à perdre, vous seule pouvez juger. Par exemple, si vous faites un 44, il y a peu de chance que vous rentriez dans un 36 le jour du mariage (sauf si vous veniez d'accoucher au moment du 44).

Vos 65 kilos pour 1,65 mètre vous dépriment ? Alors dites-vous bien que :

- Nous ne sommes pas toutes inégales face au poids, certaines vont prendre 1 kilo juste en regardant un paquet de chips, d'autres peuvent s'empiffrer sans jamais prendre un gramme.
- Toutes les photos de mode dans les magazines sont retouchées, on allonge les jambes, on gonfle les seins, on gomme boutons et imperfections.
- Vous êtes très très loin de l'obésité.
- La taille standard de la femme en France est le 40, suivie de très près par le 42.

Vous vous trouvez quand même trop ronde ?

Vous pouvez toujours faire un petit effort, si vous vous empiffrez régulièrement de frites au self, de sodas et/ou de sucreries, ne cherchez pas plus loin, vous savez d'où viennent vos kilos en trop : il suffit de quelques changements dans votre hygiène de vie actuelle et une alimentation plus saine pour perdre les kilos superflus.

Avant de vous lancer dans des régimes miracles, mauvais pour la santé, ou encore qui risquent de vous faire gagner du poids plus qu'autre chose, allez donc consulter un diététicien.

LES CONSEILS DE JEAN-PAUL BLANC, DIÉTÉTICIEN, AUX FUTURES MARIÉES

» Surveillez vos portions. C'est tout bête : plus la portion servie est importante et plus on mange ! Le club Med l'avait bien compris en réduisant la taille des assiettes (et en éloignant les tables des buffets). Pensez donc au grammage des portions et à choisir des petites portions d'aliments que vous aimez.

» Privilégiez le poisson et les fruits de mer quand cela est possible, vérifiez que ce ne soit pas frit.

» Évitez les boissons sucrées et privilégiez la consommation d'eau, surtout si le mariage a lieu en été. Il serait dommage de se retrouver à court de boissons fraîches ! Pensez à cet aspect avec, dans l'ordre : eau, thé, café, boissons acaloriques (light), jus de fruits 100 % (ces derniers sont à contrôler, même s'ils sont sans sucres ajoutés : ils apportent en effet du fructose).

» Préférez les viandes maigres cuites au four, rôties ou mijotées en cocotte (la volaille est plébiscitée) ou des poissons grillés, pochés, cuits en papillote ou à la plancha.

» En garniture, pommes de terre vapeur, en robe des champs, on y ajoutera un filet d'huile d'olive ou de colza au dernier moment. Tous les féculents comme le riz, les pâtes, le quinoa, le boulgour, la semoule et les légumes secs permettent de ne pas avoir faim et de limiter les graisses.

» Mangez des légumes dès que possible. Il existe en France plus de 24 légumes différents selon les saisons. Et il n'y a pas que le « frais » : congelé et conserves peuvent aussi faire l'affaire !

» N'oubliez pas les salades d'accompagnement dans le menu (il faut toujours ajouter des fibres). Elles pourront contenir des cerneaux de noix par exemple, des copeaux de foie gras ou quelques morceaux de roquefort.

» Pensez à terminer le repas sur des fruits : tranches de fruits frais, sabayon de fruits ou salades de fruits exotiques à côté de la pièce montée.

(SUITE)

» Ne pas boire trop d'alcool. En effet, un gramme d'alcool apporte 7 calories et les calories « alcool » se transforment en graisses quoi que l'on fasse, même si on va danser pendant plusieurs heures ! Un verre de vin à 12° (150 ml) apporte 105 calories, 3 verres en apporteront 315 et ces calories s'ajouteront à celles des autres aliments de la journée. Le métabolisme de l'alcool est très long (plusieurs dizaines d'heures) et pendant ce laps de temps, la lipolyse (utilisation des graisses du corps) sera freinée et vous maigrirez 20 à 30 % moins vite. L'alcool entraîne une augmentation des triglycérides (graisses dans le sang) et une diminution de la sensibilité à l'insuline.

» Il faut danser dès que possible (un bon DJ est indispensable !). La contribution énergétique de l'activité physique est très variable d'une personne à l'autre mais va compter pour 20 % environ de la dépense énergétique totale.

À chacun son programme

Monsieur, rendez-vous au chapitre suivant, chère future mariée, ce qui suit est pour vous !

Vous avez mis la main sur la robe de vos rêves. Votre corps doit être à la hauteur. Pas question de craquer une fermeture le jour J.

Voici des exercices ciblés incontournables pour être au top dans votre robe, mis au point par le coach sport et minceur Julie Ferrez (`www.julieferrez.com`) :

Si la robe est bustier

Focus sur vos bras. Voici un exercice ultra simple à faire chez soi qui vous sculptera de magnifiques bras et un dos sexy : les « dips ».

Comment fait-on ? Assise au bord d'un banc ou d'une chaise, placez les mains de chaque côté du bassin, décollez les fesses de l'assise et repoussez avec vos bras. Inspirez en fléchissant les bras et en descendant le dos le long de l'assise. Expirez en remontant, ventre rentré et périnée serré pour prendre toute la force nécessaire. Cet exercice est à faire un jour sur deux pour sculpter vos bras et protéger vos tendons.

À quel rythme ? Deux à trois séries de 10 à 15 répétitions en pensant à bien s'étirer entre chaque série pour limiter les courbatures.

FIGURE 8-1 : Les dips

Si la robe est très marquée à la taille

Focus sur le ventre et la taille. L'exercice des « inclinaisons latérales » vous aidera à affiner votre taille.

Comment fait-on ? Cet exercice très simple peut se faire à la sortie de la douche, au bureau ou dans la queue du supermarché. Position debout, le dos droit, le ventre rentré et le périnée serré, inclinez le buste de droite à gauche pour contracter les muscles de la taille. Vous devez avoir l'impression d'être un essuie-glace. Vous devez sentir votre taille se durcir et votre ventre travailler.

À quel rythme ? L'idéal est d'effectuer deux à trois séries d'inclinaisons latérales d'une minute environ.

FIGURE 8-2 : Les inclinaisons latérales

Si la robe est « moulante »

Focus sur votre cambrure et vos fessiers. Les « bridges » sont votre meilleur allié. Ils vous sculpteront des fesses en béton.

Comment fait-on ? Allongez-vous sur le dos. Les bras sont le long du corps, les genoux sont fléchis et les pieds en appui sur une petite marche ou votre canapé. Inspirez sans bouger et expirez en poussant le bassin le plus haut possible pour contracter vos fessiers, votre ventre et le bas de votre dos. Redescendez sans poser les fesses en inspirant puis, à l'expiration, recommencez.

À quel rythme ? L'idéal est de faire deux à trois séries de 15 à 20 bridges chaque jour.

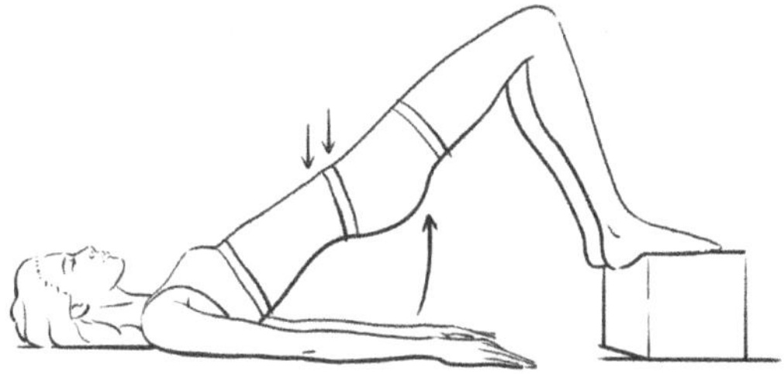

FIGURE 8.3 : Le bridge au sol.

On peut retrouver tous les conseils de Julie sur « Télématin » tous les samedis sur France 2 et sur `www.julieferrez.com`. Cerise sur le gâteau : cette coach bien attentionnée propose un coaching en ligne (14 euros par mois) sur une durée de un, six ou douze mois. Elle assure un suivi personnalisé et garantit des résultats rapides. On fonce !

Dès que possible : je prends un rendez-vous chez mon dentiste

Ces derniers sont toujours overbookés, c'est bien connu. Il faut souvent attendre quatre mois avant d'obtenir gain de cause. Alors, on anticipe et on fixe au plus vite un rendez-vous. L'objectif ? S'offrir un sourire de rêve et des dents blanches. On a tendance à les oublier, et pourtant... le jour de votre mariage, on ne verra qu'elles. Un sourire par-ci, une crise de rire par-là : vous serez aux anges (si ça n'est pas le cas... posez-vous des questions). Un petit tour chez le dentiste s'impose donc. Au menu : un bon détartrage et, pourquoi pas, un léger blanchiment de dents. On a dit léger. Pas question d'éblouir toute l'assemblée.

Utilisez au quotidien un dentifrice spécial blancheur. Ça ne mange pas de pain et c'est pour la bonne cause, pourquoi s'en passer ?

J – 40 : Je me penche sur ma coiffure

Ah… la coiffure… énorme dilemme. Il y a tant d'options, tant de choses possibles, tant d'envies aussi. Comment s'y retrouver ? Un conseil : partez du point de départ… votre robe. Quel est son style ? Rétro, romantique, glamour, sexy ou sage ? Une fois que vous aurez répondu à cette question, le style de votre coiffure s'imposera de lui-même. Vous opterez par exemple pour un chignon banane si votre robe est sophistiquée et pour une jolie tresse toute simple si elle est plutôt bohème. Une fois de plus, tout doit s'accorder harmonieusement. Une fois le style défini, demandez à votre coiffeur habituel de procéder à des tests. Généralement, celui-ci le fait gratuitement jusqu'à ce vous vous mettiez d'accord sur une coiffure.

À l'idée d'œuvrer sur une mariée, les coiffeurs ont souvent tendance à s'emballer et à vouloir faire une coiffure extravagante, « qui marque le coup », comme ils disent. Prenez garde aux dérapages et faites-vous confiance. Ne vous laissez pas embarquer si vous ne le sentez pas. C'est votre mariage et… votre tête !

Parce que l'étape cheveu est excessivement délicate, voici un do/don't de circonstance :

- Constituez-vous un petit cahier de style. Les magazines de mode et le Web regorgent d'idées. Mettez tout ça de côté et apportez le fruit de votre travail à votre coiffeur pour la série de tests, vous gagnerez un temps inimaginable.
- Peaufinez vos arrières. Ne perdez pas de vue que l'on vous verra beaucoup de dos, notamment pendant la cérémonie. Votre coiffure doit être impeccable de face ET de dos.
- Pour le dernier test coiffure, venez avec votre voile, coiffe et autres accessoires de cheveux. La coiffure doit être aussi bien avec que sans. Il ne s'agirait pas de piquer le voile n'importe où… Ce type de détail se réfléchit avant le jour J !
- Ayez le réflexe photo. Lors des premiers tests, prenez-vous en photo de face et demandez à votre coiffeur

de vous photographier de dos. N'hésitez pas également à apporter des photos de votre robe à votre coiffeur, il aura peut-être quelques bonnes idées à vous soumettre.

FIGURE 8.4 : Différents types de coiffures.

- Exit la nouveauté ! Ce n'est ni le moment de changer de coupe ni celui de tenter de nouvelles couleurs. Évitez les catastrophes capillaires pour votre mariage... elles sont si vite arrivées. Envie de changer de tête ? Patientez un peu. Une fois qu'il vous aura dit « oui », vous ferez ce que vous voudrez.
- Laquée, oui, mais pas trop. On est toutes d'accord, la mission de cette coiffure est de tenir toute au long de la journée et plus encore. Ce n'est pas une raison pour vider la bombe de laque. Attention à l'effet sculpture figée qui

n'a aucun charme et qui donne un léger effet cheveux sales. La solution ? Remettre au compte-gouttes, quand cela est nécessaire, un petit coup de laque par-ci par-là.

» Pas de shampoing le jour J ! Tous les coiffeurs vous le diront : impossible de réaliser une jolie coiffure qui se tienne sur des cheveux fraîchement lavés. Ces derniers sont alors beaucoup trop flous. Il est recommandé de faire un shampoing la veille de passer entre les mains du coiffeur.

J – 15 : Je prépare mon visage

Votre teint doit être éclatant le jour du mariage, il doit accrocher la lumière comme jamais. Un nettoyage de peau s'impose donc. Il se fera 15 jours avant les festivités, histoire de laisser à votre peau le temps de se remettre de ce soin qui peut être un peu violent et engendrer rougeurs et autres petits boutons.

J – 10 : Je pense maquillage

Coiffure et maquillage : même combat... pas question de s'y prendre au dernier moment. Ces deux étapes sont bien trop importantes. Votre mission : afficher un maquillage qui sort de l'ordinaire sans tomber dans le *too much*. Attention, exercice périlleux ! Toutes les mariées vous le diront, restez assez simple. Il n'est pas question de vous métamorphoser. Il s'agit simplement d'une mise en beauté.

Avant de vous lancer, filez dans les grands magasins pour une séance de maquillage gratuite, profitez-en pour tester de nouvelles couleurs, cela vous donnera un aperçu des nuances qui vous vont.

Après enquête auprès de quelques pros de la beauté, voici les conseils à retenir :

Le visage

La veille du mariage, faites un soin coup d'éclat à l'aide d'un masque minute.

Si vous êtes blanchounette, choisissez un fond de teint qui se rapproche de votre carnation. Favorisez les crèmes fluides et légères afin d'éviter l'effet « masque » antinaturel. Prenez soin d'uniformiser le tout sans oublier le cou, le décolleté et l'arrière des oreilles.

La poudre est une étape indispensable. Sa mission ? Atténuer la brillance de votre peau (pas du meilleur effet sur les photos). Choisissez une poudre assez claire. Il existe également des feuilles antibrillance, à garder à portée de main pour des « raccords » maquillage pendant la soirée.

Les yeux

Qu'ils soient cernés ou pas, appliquez une touche d'anticernes sous les yeux. Effet lumière garanti !

Choisissez un fard à paupière assez neutre, rose poudré par exemple. Évitez absolument les couleurs franches et flashy comme le bleu, le vert ou le violet, beaucoup trop voyants. Jouez plutôt la carte de la discrétion.

Même chose pour le mascara : pas d'excentricité. Misez plutôt sur un noir qui restera chic quoi qu'il arrive. Choisissez une version *waterproof*... gare aux larmes !

Ouvrez votre regard en redessinant vos sourcils. Arrachez les poils rebelles et passez un léger coup de crayon sur l'ensemble. Un petit coup de brosse pour lisser tout ça et le tour est joué.

Les joues

Finissez le maquillage par un coup de blush sur les pommettes. Les carnations claires opteront pour un rose poudré. Les peaux plus foncées oseront le blush légèrement orangé. Appliquez-le sur le haut des pommettes.

Les lèvres

La bouche doit se voir sans se faire remarquer. Il faut donc la travailler dans la discrétion. On commence par en redessiner les contours avec un crayon à lèvres dont la couleur se rapproche le plus de la couleur des lèvres.

On applique au pinceau un rouge à lèvre ni trop mat, ni trop brillant. On choisit une couleur assez neutre : pas de rouge pétard ni de marron chocolat, mais un rose irisé ou un ton sur ton. On finit la beauté des lèvres par une légère touche de gloss transparent pour un effet brillance.

Si vous avez décidé de vous faire maquiller, apportez votre propre matériel. Vous éviterez ainsi d'hypothétiques allergies aux nouveaux produits. Vous vous maquillez seule ? Regardez sur le Net les mille et une vidéos de blogueuses. Ces dernières réalisent sous vos yeux de vrais maquillages de pro et vous apprennent les bons gestes.

J – 5 : Je fais la chasse aux poils

À moins de vouloir lancer une tendance : « la mariée était… en poils », il vous est fortement conseillé de traquer jusqu'à la moindre pousse. Direction l'esthéticienne pour faire table rase de tout ce qui dépasse !

Évitez d'y aller la veille du mariage… gare aux points rouges !

J – 1 : Je fais du bien à mes mains… elles me le rendront bien

Elles seront aussi les stars de la journée. Tout le monde aura les yeux rivés sur votre alliance ; le photographe officiel du mariage va longuement s'attarder dessus, quant à votre époux, il va y glisser l'anneau qui vous unit à jamais (normalement). Pas de discussions possibles : vos ongles doivent être irréprochables, un point c'est tout. Offrez-vous une manucure et une pose de vernis. Les plus classiques opteront pour un vernis transparent ou légèrement nacré. Les autres peuvent jouer la carte de la couleur. À titre d'exemple, les mariées anglo-saxonnes s'amusent à assortir leur vernis à leur bouquet ou au code couleur du mariage. *Why not ?* Évitez cependant les faux ongles panthère... il ne s'agit ni d'un défilé ni d'une soirée déguisée. Les excentricités : au placard.

Prenez rendez-vous la veille de votre mariage, surtout si vous faites une pose de vernis, afin que vos ongles soient encore impeccables le lendemain. Profitez-en pour vous offrir une beauté des pieds en même temps. Vous n'en voyez pas l'intérêt ? Sachez que les mariages réservent parfois bien des surprises. Pour une raison ou pour une autre, vous pourrez être amenée à retirer vos chaussures (en fin de soirée, par exemple, afin de vous déchaîner plus facilement sur la piste de danse). Pensez à la catastrophe si ces derniers sont négligés. On fait donc la totale !

Conclusion : tous vos rendez-vous sont pris ? Vous voilà parée pour être la plus belle de la journée.

KIT DE SURVIE DE LA MARIÉE

Vous aurez beau tout anticiper, certaines petites catastrophes ne peuvent pas se prévoir. À glisser dans le sac de votre maman, « témouine » ou belle-mère le jour J, histoire de rebondir en beauté :

- **Quelques épingles à nourrice : un bouton qui lâche, une couture qui cède... ça arrive. Pas question de continuer la journée en haillons. Deux-trois épingles à nourrice bien placées vous sortiront d'affaire ;**
- **Du Scotch double face pour tissus : soudain, le décolleté de votre robe vous semple trop plongeant, surtout lorsque vous dansez. Le Scotch vous sauvera !**
- **Des pansements pour ampoules. Le cocktail peut être fatal pour vos petits petons... imaginez, vous allez être deux heures debout, à piétiner. Attention, les ampoules vous guettent ! Soyez prévoyante ;**
- **Des épingles à cheveux et une mini laque, pour refixer en deux temps, trois mouvements une mèche rebelle ;**

(SUITE)

- Un stick de déodorant, ou des lingettes déodorantes ;
- Des feuilles antibrillance pour un visage ultra net et… photogénique !
- Un paquet de mouchoirs en papier ;
- Votre rouge à lèvre et du maquillage pour les retouches avec des Coton-Tige ;
- Un détachant en spray ;
- Du fil et une aiguille ;
- Des tampons ;
- Des bas/collants de rechange ;
- Du talc pour vos chaussures ;
- Une lime à ongles ;
- Votre parfum ;
- Du gel pour les jambes lourdes ;
- De l'aspirine ;
- Des chaussures de rechange pour la soirée dansante ;
- Une chemise de rechange pour monsieur.

CHECK LIST CHAPITRE 8 :
CE SOIR, JE SERAI LA PLUS BELLE !

La robe, les accessoires, ... Le maquillage et la mise en beauté ! À vous de jouer !

- ☐ 1. **Je m'inscris dès que possible dans un club de sport : deux heures par semaine pour avoir de beaux bras, des mollets du tonnerre et les fesses de Jennifer Lopez.**
- ☐ 2. **Je mange bien : je ne m'affame pas mais je ne vais pas non plus piquer dans le placard à gâteaux toutes les cinq minutes.**
- ☐ 3. **Je fais trente minutes de marche par jour : ça me permettra de me détendre tout en me musclant. Le must quoi !**
- ☐ 4. **Je prends rendez-vous chez le dentiste : pour avoir un sourire éblouissant !**
- ☐ 5. **Je pense à ma coiffure (et à mon coiffeur) : je fais une sélection des coiffures qui me plaisent dans les magazines de mode, sur Internet, ...**
- ☐ 6. **J-10 : je pense au maquillage. Et je fais attention aux possibles allergies !**
- ☐ 7. **Alerte poils : quelques jours avant le mariage je pense à m'octroyer quelques heures chez l'esthéticienne.**
- ☐ 8. **Je prépare un kit de survie : épingles à nourrice, pansements, mouchoirs, ... pour ne pas être prise au dépourvu !**

Chapitre 9

Et le marié alors ?

DANS CE CHAPITRE :

- » **Choisir THE costume : jaquette, redingote ou classique ?**
- » **Où trouver son costume idéal ?**
- » **Au travail ! Séance coaching**
- » **Conseils pour être le plus beau**

Il a souvent tendance à passer au second plan, voire à la trappe. Grave erreur ! Le marié aussi doit être au top le jour J. Bonne nouvelle : pour lui, les choses sont quand même beaucoup plus simples que pour la mariée, ses options étant finalement peu nombreuses. Avant de passer en revue les quelques possibilités de monsieur, même conseil que pour la mariée, répondre impérativement aux deux questions clés : quand et où le mariage aura-t-il lieu ? On ne va pas vous refaire la leçon... il va de soi que vous éviterez le costume trois pièces 100 % cachemire pour une cérémonie en bord de la mer en plein été.

Tout est dans le costume

Lin, coton, laine, chevron. Costume beige, gris, noir. Jaquette ou redingote... encore une fois, le lieu aura une incidence directe sur toutes ces questions. Un premier écrémage se fera donc naturellement une fois que vous aurez répondu à ces deux questions. Pour le reste, plusieurs possibilités sont envisageables. Petite précision préalable : nous parlons ici du mariage religieux. Pour le mariage civil, il n'y a pas trente-six mille possibilités : le costume traditionnel est de mise.

Option 1 : La jaquette

Également appelé « queue-de-pie », cet ensemble est l'habit traditionnel du marié. Il s'agit d'une veste trois-quarts aux basques ouvertes et rondes. Elle ne se porte pas avec n'importe quoi. Pour un total look jaquette, il vous faudra :

Le pantalon

- Si la jaquette est noire, il est de bon ton de porter un pantalon gris ou gris à fines rayures.
- Si la jaquette est grise, le pantalon sera noir ou noir à fines rayures plus claires.

Le gilet

Deux options s'offrent à vous. Soit vous restez classique et optez pour un gilet gris, soit vous l'assortissez aux couleurs du mariage, histoire de faire un rappel de couleur. Cette dernière option se fait de plus en plus. Certains assortissent leur gilet à la robe de la mariée, par exemple.

Si le gilet est gris, vous pourrez le louer. Si vous le voulez sur mesure dans les couleurs de votre choix, vous devrez l'acheter.

La lavallière

Il s'agit en fait d'une cravate large nouée en deux nœuds. Elle ressemble à un foulard que le marié se noue autour du cou et fixe avec une épingle. C'est un des accessoires traditionnels qui accompagnent la jaquette. Certains préfèrent la cravate classique, mais quitte à afficher la jaquette, autant jouer le jeu jusqu'au bout, non ?

FIGURE 9.1 : La jaquette.

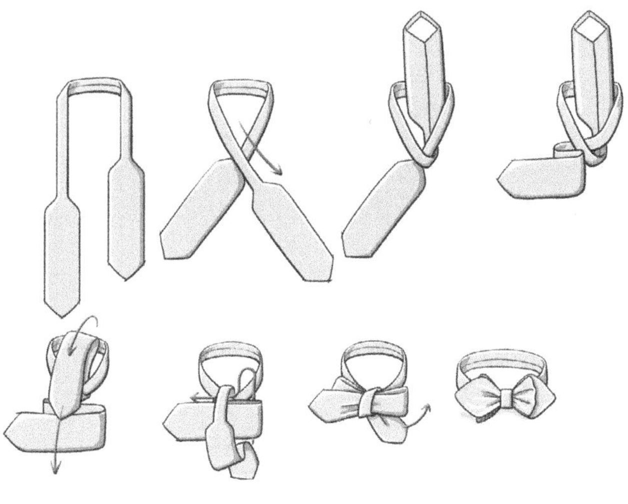

FIGURE 9.2 : Nœud papillon

Le chapeau haut de forme et les gants blancs

Qui a dit que les hommes n'étaient pas faits pour les accessoires ? Rassurez-vous, ceux-là sont bien sûr optionnels. Soyons honnêtes, le marié ne les portera pas. En revanche, sur quelques clichés, ils seront du meilleur effet.

Les chaussures

Encore une fois, le marié est libre de porter des mocassins blancs si l'envie l'en prend. Cependant, des Richelieu à bout droit, noirs à lacets sont traditionnellement conseillés.

Option 2 : La redingote

La redingote est une sorte de veste-manteau qui se porte cintrée à la taille avec un pantalon assorti. On la voit beaucoup en Angleterre. Le gilet et la cravate sont évidemment de mise. Attention, cette forme de veste a tendance à tasser les silhouettes. À éviter donc si le marié est de petite taille.

FIGURE 9.3 : La redingote.

Option 3 : Le costume classique

Les deux options précédentes ne vous tentent pas ? Pas envie de vous sentir déguisé le jour de votre mariage ? Mal à l'aise dans une jaquette ? Pas de panique, vous pouvez porter un costume classique. L'important étant de vous sentir bien dans vos chaussures de marié le jour J. Optez donc pour la forme que vous aimez. Croisé ou droit ; double ou simple boutonnage ; uni ou à rayures, laine, coton ou lin... à vous de choisir.

Vous pourrez accessoiriser votre veste d'une jolie fleur assortie au bouquet de la mariée.

FIGURE 9.4 : Le costume classique.

Pas question de faire tous ces choix dans votre coin sans consulter la future mariée ! Maîtrisant certainement mieux que vous tous les détails du mariage, en particulier les codes couleur, elle vous aiguillera dans le choix du tissu et des tonalités à afficher pour être raccord.

Pas vraiment de budget pour un nouveau costume ? Apportez au pressing votre costume préféré et investissez dans une jolie cravate. Il suffit parfois d'une belle cravate pour transformer un simple costume de tous les jours en habit de marié. Autre astuce : si la date de votre mariage est fixée un an à l'avance, guettez les soldes intéressantes, vous pourrez économiser jusqu'à 50 % sur un nouveau costume.

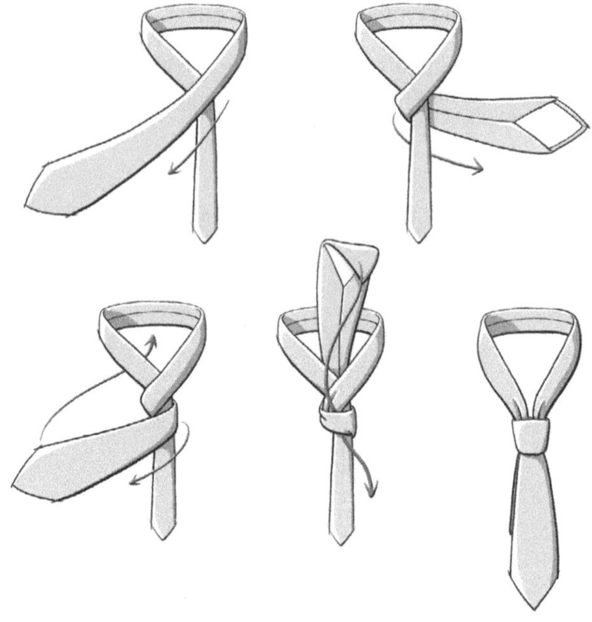

FIGURE 9-5 : Cravate classique : petit manuel de survie à l'usage du marié

Où trouver son costume de marié ?

Selon l'option choisie, le marié se tournera vers l'achat ou la location.

La location

La jaquette et la redingote se louent dans des enseignes spécialisées. Tapez « jaquette » (ou « redingote ») + mariage + le nom de votre ville pour obtenir de bonnes adresses sur le Net.

Il faudra compter entre 150 et 300 euros pour cette location, qui comprend la jaquette, le pantalon et le gilet. La chemise col cassé, la lavallière et les chaussures sont à acheter. Pour le chapeau haut de forme et les gants blancs, il faudra ajouter environ 70 euros.

Ouvrez l'œil ! Veillez à ce que votre habit soit impeccable. Soyez attentif aux poignets et aux cols, souvent élimés quand ils ont été portés plusieurs fois. Regardez bien les coutures, faites la chasse aux fils qui dépassent. Si vous n'êtes pas satisfait, n'hésitez pas à le signaler !

L'achat

Même si certaines enseignes proposent aussi des costumes classiques à la location, généralement celui-ci s'achète. L'avantage : nul besoin de courir les boutiques de mariage. Vous pouvez aller où vous voulez. Les prix varieront de 200 à 1 500 euros s'il s'agit d'un costume issu du prêt-à-porter ou d'un costume entièrement fait sur mesure chez un tailleur.

Si vous n'avez pas une idée précise de ce que vous voulez, commencez par arpenter les allées des grands magasins qui réunissent plusieurs marques. D'autre part, partez du principe que vous pourrez reporter ce costume. Optez donc pour une coupe et une couleur classiques et soyez original pour le choix du gilet et de la cravate.

Le bon *timing*

Dans les deux cas, location ou achat, ne vous y prenez pas trop tard. Primo, vous serez sûr de trouver encore votre bonheur. Deuzio, en cas d'achat, le couturier des lieux ou la retoucheuse devra adapter votre future tenue à vos mensurations. Eh non, vous l'avez compris... vous ne couperez pas à quelques essayages. Dur dur d'être un futur marié.

Il est conseillé de s'y prendre quatre mois avant le mariage.

Séance coaching

Rien ne vaut l'exercice ! Votre future moitié a déjà eu droit à sa séance tonique grâce aux conseils du coach minceur et bien-être Julie Ferrez (voir chapitre 8). Monsieur, c'est votre tour ! Eh oui, vous aussi avez le droit de souffrir pour être beau. Il n'y a pas de raison ! L'objectif ? Effacer un éventuel petit ventre et rebooster l'ensemble de votre divin corps. Mais avant tout, n'oubliez pas les trois règles d'or : avoir une bonne alimentation, pratiquer une activité physique quotidienne et garder le mental. Allez, on y va !

Des pectoraux et des bras regonflés

Pas question d'être mou ! Les fameuses pompes vous aideront à sculpter vos bras, vos pectoraux, votre dos et même vos abdos. Vous l'aurez compris, c'est l'exercice tout en un par excellence.

Comment fait-on ? Départ à quatre pattes au sol, les mains sont écartées selon la largeur de vos épaules. Les doigts sont légèrement tournés vers l'intérieur. Tendez les jambes et inspirez en fléchissant les bras pour venir à plat ventre, puis repoussez le sol en soufflant et tendez les bras.

À quel rythme ? Recommencez 15 fois puis faites une pause. Remettez ça ensuite pour deux nouvelles séries.

Attention, pensez à vous étirer pour protéger vos tendons.

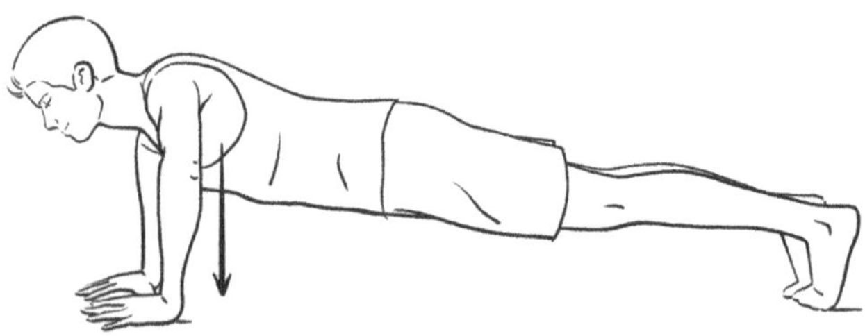

FIGURE 9.6 : Les pompes

Un ventre plat et des abdos en béton

Pour vous assurer un ventre plat et des tablettes de chocolat, effectuez tous les jours l'exercice de « la planche mobile ».

Comment fait-on ? Mettez-vous à quatre pattes. Les mains sont écartées selon la largeur de vos épaules. Tendez les deux jambes et maintenez la planche. Inspirez sans bouger, puis expirez en ramenant le genou droit à la poitrine sans bouger le reste de votre corps. Inspirez et revenez dans la position initiale, puis expirez et ramenez le genou gauche à la poitrine.

À quel rythme ? Deux séries de 16 répétitions sont nécessaires pour vous assurer un ventre plat.

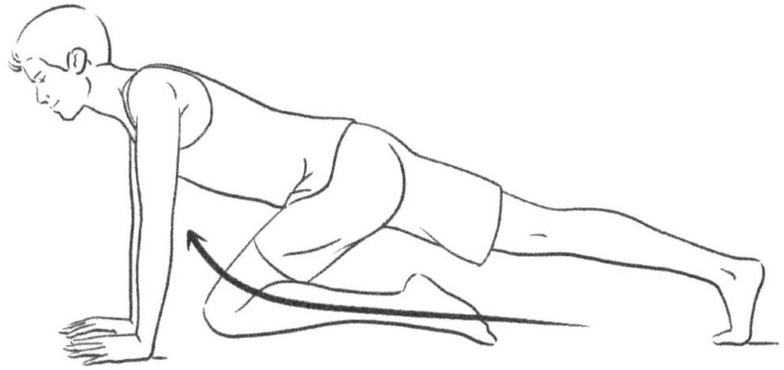

FIGURE 9.7 : Les exercices de la planche mobile

Des fessiers bombés

Quoi de plus beau qu'un marié aux fesses rebondies ? L'exercice qui vous garantira un bon résultat s'appelle « bridge au sol ».

Comment fait-on ? Allongez-vous sur le dos. Les bras sont le long du corps, les genoux fléchis et les pieds à plat au sol. Inspirez sans bouger puis expirez en poussant le bassin au plafond, inspirez et revenez en position de départ sans reposer les fesses au sol, puis soufflez à nouveau pour remonter le bassin au plafond.

À quel rythme ? Effectuez trois séries de 15 tous les deux jours.

Petit plus : c'est le même exercice que pour votre promise, prenez donc exemple sur elle !

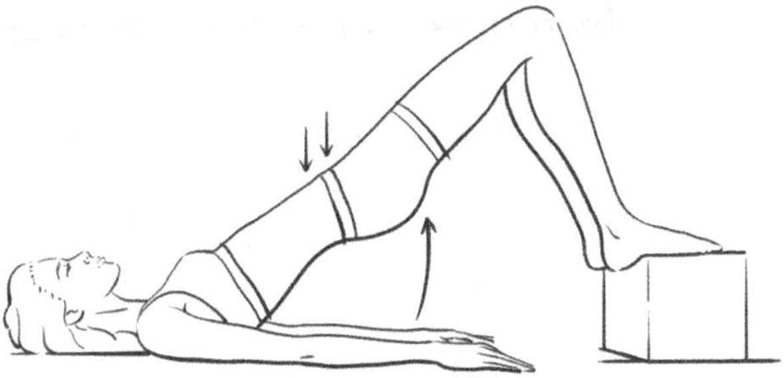

FIGURE 9.8 : Le bridge au sol.

Beauté : parce qu'il le vaut bien !

On ne le répétera jamais assez : pour être au top le jour de son mariage, il faut savoir an-ti-ci-per. Côté beauté, cette règle d'or ne change pas.

Quelques conseils à suivre les yeux fermés :

- **Soignez votre coupe :** pas question pour autant d'aller chez le coiffeur la veille du mariage. Vous savez bien qu'il faut toujours laisser quelques jours à une coupe toute fraîche pour prendre toute son ampleur. Le marié prendra donc rendez-vous une semaine avant le jour J.
- **Jouez-la soft :** à moins de vouloir avoir le cheveux gonflé à bloc, il est conseillé de faire un shampoing la veille du mariage et non le jour même.
- **Pensez à vos ongles :** le photographe va forcément s'attarder sur vos mains et vos alliances. Prenez soin de couper vos ongles, de les limer et de les brosser. Ils doivent être impeccables.
- **Faites la chasse aux poils rebelles :** dégainez la pince à épiler et traquez les poils trop longs qui dépassent des sourcils et des narines.
- **Souriez plus blanc que blanc :** c'est le moment où jamais d'aller faire un tour chez le dentiste pour un détartrage exprès.

» **Restez frais :** n'oubliez pas que le jour du mariage vous aurez chaud et que vous vivrez des émotions fortes. Ces deux facteurs étant les deux meilleurs amis de la transpiration, ne lésinez pas sur le déodorant et optez même pour un antitranspirant qui freinera les auréoles sous les bras, pas vraiment du meilleur effet sur les photos qui vous suivront *ad vitam aeternam*.

ILS ONT DIT « OUI » ET SONT PASSÉS PAR LA CASE « TENUE DU MARIÉ »

« Si vous louez une jaquette, n'oubliez pas de prendre rendez-vous avant de vous pointer dans la boutique. J'ai traversé tout Paris pour m'entendre dire : "Nous nous occupons déjà de trois clients, veuillez prendre rendez-vous !". » Éric, 35 ans

« Si vous portez un costume neuf, laissez les poches cousues le jour du mariage. Ça vous évitera de les déformer avec mille et un petits trucs type clés de voiture, chewing-gum, lunettes de soleil… Sur toutes les photos de mon mariage, mes poches sont déformées. Pas très chic. » Thomas, 27 ans

« À moins de se marier au bord de la mer dans une ambiance ultra décontractée, éviter le costume en lin. Il ne supportera pas la journée et finira en chiffon distendu. Ça fait un peu tache à côté de la mariée qui, elle, est impeccable. » Mathieu, 33 ans

« Achetez les chaussures au moins un mois avant le mariage et portez-les un peu tous les jours. Vous mettrez ainsi toutes les chances de votre côté pour éviter les ampoules. » John, 33 ans

« Veillez à ce que vos chaussettes montent jusqu'en dessous du genou. J'ai fait l'erreur de choisir des chaussettes un peu courtes. Résultat ? Sur tous les clichés de la cérémonie, quand je suis assis, on ne voit que mes mollets tout blancs… » Antoine, 31 ans

CHECK LIST CHAPITRE 9 :
ET LE MARIÉ ALORS ?

Hors de question d'oublier Monsieur !

☐ 1. **Je choisis ma tenue en fonction du lieu et de la date de la réception : comme pour la mariée, j'évite le cachemire en plein mois d'août.**

☐ 2. **Je n'oublie pas de consulter ma future femme pour le choix du costume !**

☐ 3. **Je m'y prends au moins quatre mois avant le mariage pour le costume : je pense à prendre rendez-vous.**

☐ 4. **Je fais du sport ! Pas question que la mariée soit la seule à souffrir pour être belle !**

☐ 5. **J-7 : rendez-vous chez le coiffeur.**

☐ 6. **Je pense à mes mains : elles vont être au centre de l'attention, j'en prends donc soin.**

☐ 7. **Rendez-vous chez le dentiste : pour le sourire ultra-bright bien sûr !**

Chapitre 10

Enfants d'honneur, belle-mère et compagnie

DANS CE CHAPITRE :

- **Penser à son cortège : les enfants d'honneur**
- **Quelles tenues pour mes demoiselles d'honneur ?**
- **Et pour belle-maman ?**

Les enfants d'honneur

Les pauvres petits : on a souvent tendance à les oublier... ou à s'en occuper au dernier moment. Quelle erreur ! Les enfants d'honneur ont une importance capitale. Ils forment ce que l'on appelle le cortège, soit « l'équipe encadrante » de la mariée lors de son entrée dans l'église. Autrement dit, le moment où les flashs crépitent le plus. Pas question donc de prendre leur look par-dessus la jambe. Les enfants d'honneur méritent toute votre attention. Avant de s'attarder sur leur tenue, revenons sur les questions fondamentales les concernant.

Qui sont-ils ?

Les enfants de vos frères et sœurs, de vos cousins, de vos amis proches... bref, les bouts de chou des personnes qui font partie de votre entourage proche... les enfants d'honneur ne se louant pas encore sur le Net !

Combien sont-ils ?

Généralement entre quatre et dix, à vous de voir. L'idéal étant de compter autant de filles que de garçons pour un parfait équilibre. La perfection n'étant pas de ce monde… inutile de vous arracher les cheveux si vous n'arrivez pas à un chiffre rond. Les invités ne vont certainement pas s'amuser à les compter, eux.

Quel âge ont-ils ?

Techniquement, dès qu'un enfant marche, il peut endosser le rôle d'enfant d'honneur… Cependant, il est préférable pour le bon déroulement de la cérémonie (et pour les nerfs de tout le monde) de choisir des enfants âgés entre 5 et 10 ans. N'oubliez pas que vous leur demandez beaucoup : apporter les alliances pour certains, tenir délicatement la traîne de votre robe pour d'autres, faire voler grains de riz ou pétales de rose à la sortie de l'église… le tout sans pleurnicher, sans crier, sans tomber. Des faux pas, il y en aura certainement, mais autant limiter la casse en misant sur un âge raisonnable.

Qui paie la note ?

Ce sont généralement les mariés qui couvrent ces dépenses. Sachez qu'il faut compter entre 80 et 100 euros par enfant, la tenue incluant vêtements, accessoires type serre-tête, panier, gants et, bien sûr, chaussures. Évidemment, si vous vous tournez vers une robe de créateur, les prix peuvent vite monter jusqu'à 500 euros.

Choisir leur tenue de combat

Pas de panique, c'est somme toute assez simple. Deux questions essentielles vous permettront de définir tout ça :

» **Quel est le code couleur de votre mariage ?** Inutile de chercher midi à quatorze heures. Contentez-vous d'inscrire ces petites tenues dans le fil conducteur du mariage. Vous êtes partis sur un mariage rose fuchsia ? Pourquoi ne pas habiller les enfants en blanc avec des touches de rose par-ci par-là ?

» **Quel est le style de votre mariage ?** Champêtre, classique, moderne ? Si vous vous mariez au bord de la mer, vous pouvez par exemple opter pour des robes dos nus pour les petites filles et des bermudas pour les garçons. Tout doit avoir une logique.

Une fois que vous avez répondu à ces deux questions, vous pouvez partir à la chasse à la tenue parfaite. Une chance : aujourd'hui, beaucoup de marques pour enfants comptent dans leurs offres une collection « spécial cortèges et cérémonies ». C'est, entre autres, le cas de Jacadi, Cyrillus ou Bonpoint. Récemment, le créateur de robes de mariée Max Chaoul s'est engagé à signer des robes de cortège pour Tartine et Chocolat. Vous pouvez aussi trouver votre bonheur dans les collections classiques.

Pas le temps de courir les boutiques ? Faites un tour sur le site référence en matière de tenues de cortège : Tambours et Trompettes (`www.tamboursettrompettes.com`). Cette marque, qui existe depuis des lustres, propose près de 140 tenues différentes. Vous trouverez certainement votre bonheur. Si, toutefois, ce ne serait pas le cas, elle propose également un service sur mesure. Cliquez sur « Cahier de création », créez le modèle de vos rêves et le croquis apparaît à l'écran. Quelques semaines plus tard, il est livré chez vous.

Idée futée pour relooker aux couleurs de votre mariage une petite robe blanche lambda : agrémentez-la d'une jolie ceinture de couleur. Bonne nouvelle : Verbaudet en vend sur son catalogue pour 25 euros environ.

De plus en plus de mariées reviennent à la bonne vieille tradition du « *do it yourself* ». Traduction : on sort les aiguilles, la machine à coudre, les rouleaux de tissus et c'est parti ! Une solution qui permet d'économiser un peu d'argent et de customiser les tenues au gré de ses envies. Une tendance très appréciée en ce moment et qui trouve écho sur le Web : beaucoup de sites internet de couture vendent en ligne des patrons de tenues de cortège. Parmi ceux ayant « pignon sur rue » : `www.citronille.fr` et `http://cestdimanche.canalblog.com`. Comptez environ 10 euros le patron.

- Pensez beau mais pensez aussi pratique. Pour vos petits garnements, veillez à choisir des tenues faciles à retirer en cas de pauses pipi très pressantes.
- Choisissez des matières douces, type fine cotonnade ou lin, dans lesquelles ils se sentiront bien. Évitez les matières piquantes qui pourraient vite les démanger et donc les énerver.
- Prévoyez une séance d'essayage au moins un mois avant le jour J pour avoir le temps de changer des tailles en cas d'erreur.
- N'oubliez pas les petits paniers que vous leur distribuerez au moment de la quête !

Mes demoiselles d'honneur

Ça se fait de plus en plus ! Certaines mariées décident de remplacer les enfants d'honneur par des demoiselles d'honneur, qui ne sont autres que leur(s) sœur(s) et meilleures amies. Cette pratique est américaine, on parle d'ailleurs de *bridesmaid*. Leur rôle est sensiblement le même que celui des enfants d'honneur : encadrer la mariée le jour J, l'assister, remettre sa traîne en place, etc. Pas question pour autant de les affubler de robes à smocks, col Claudine et sandalettes blanches. Non... Si l'on veut jouer le jeu US à fond, les *bridesmaid* affichent toutes la même robe, celle-ci respectant les codes couleurs du mariage.

Certaines boutiques de robes de mariée proposent des robes de demoiselles d'honneur en soie ou en mousseline, mais vous pourrez aussi trouver votre bonheur... où vous voulez ! Les morphologies de vos demoiselles d'honneur étant certainement très différentes les unes des autres, optez pour des robes drapées ou empire (voir chapitre 6) qui flatteront toutes les silhouettes.

Chère belle-maman…

On est tous d'accord : la mariée doit être la plus belle. Pas question pour autant de condamner les autres femmes du mariage à porter des tenues ordinaires. Bien au contraire. Des looks soignés et choisis avec goût participent à l'élégance générale d'un mariage. Chère future mariée, vous pensiez n'avoir qu'à vous occuper de votre petite personne ? Erreur. Préparez-vous à devoir remplir une mission de taille : guider votre maman et votre belle-maman dans leurs choix vestimentaires. Pourquoi ne pas leur donner carte blanche ? Parce que l'on n'est jamais à l'abri d'une catastrophe vestimentaire. Mieux vaut donc prendre les devants. Pourquoi vous ? Parce que vous êtes la maîtresse de la cérémonie. Parce que vous mieux que quiconque savez le type de mariage que vous voulez. Vous êtes donc toute désignée.

Allez-y en douceur

Il n'est absolument pas question d'obliger ces dames à quoi que ce soit. Attention aux susceptibilités mal placées… Il s'agit juste de les guider dans leur choix, de leur donner quelques renseignements clés qui pourront les aider à trouver la ou les tenues parfaites. À vous de trouver les mots et les arguments pour les aiguiller en douceur. Voici déjà deux-trois règles qu'elles doivent suivre pour être dans le ton :

Le code couleur

N'hésitez pas à leur répéter encore et encore les couleurs de votre mariage. Peut-être auront-elles la bonne idée de trouver des tonalités en accord avec celles-ci… Si elles n'y pensent pas, il serait judicieux de leur suggérer.

L'ambiance générale

Décrivez-leur le type de mariage dont vous rêvez. Vous seule savez quel esprit vous désirez insuffler à votre mariage : décontracté bohème, branché et sophistiqué, classique chic, rétro… Ces quelques indications leur seront d'une grande aide.

Pas question d'enfiler des talons de dix centimètres si vous prévoyez de dire « oui » les pieds dans le sable !

Chacun à sa place

En ce jour plus que jamais, votre maman et votre belle-mère doivent incarner ce qu'elles sont... à savoir des mamans et des belles-mamans. Elles oublient donc les jupes au-dessus du genou, les décolletés plongeants, les talons vertigineux... Il n'y a rien de plus pathétique qu'une maman qui essaie de se la jouer grande sœur... surtout le jour du mariage de sa fille. Tâchez donc d'encadrer tout ça au mieux et en douceur.

Que peuvent-elles porter ?

À peu près tout... ou presque. Généralement, les mamans optent pour un tailleur, jupe ou pantalon, pour la cérémonie et changent de tenue pour le cocktail et le dîner. Elles affichent alors une robe ou un pantalon fluide et vaporeux. Bref, un look plus festif et moins solennel.

Bien que les mamans aient un large choix devant elles, attention au fashion faux pas. Voici un do/don't de circonstance.

- **Un peu de douceur.** Ce jour est un jour de fête qui doit être empreint de douceur et de bons sentiments. Les couleurs pastel ou des roses poudrés sont toujours du meilleur effet.
- **De la qualité :** c'est le moment ou jamais de se faire plaisir avec de jolies étoffes. Soie sauvage, taffetas, organza, mousseline de soie... plus les matières sont légères et vaporeuses, mieux c'est. Avantage non négligeable : ce type d'étoffes est très flatteur.
- **De bons accessoires :** le chapeau est plus que jamais de mise. Bonne nouvelle pour les mamans, en ce jour de festivités, elles peuvent tout se permettre, même un chapeau XXL ultra volumineux, car elles font partie des très proches des mariés. Elles peuvent donc se démarquer sans problème. Pas de panique, celles qui préféreront une simple voilette ou un bandeau ne se feront pas mal voir pour autant !

- **Pas de bras nus à l'église :** et c'est indiscutable ! Entrer dans une église les bras nus ne se fait pas. La meilleure solution ? Enfiler une veste ou un caraco. Certaines mamans jouent également avec une longue étole. Le principal étant de se couvrir les épaules.
- **Pas de blanc :** la seule à être en blanc le jour d'un mariage doit être la mariée, un point c'est tout. Pourquoi ? Tout simplement pour ne pas créer la confusion au sein des invités. Ils risqueraient de ne plus savoir où est la mariée...
- **Pas de noir :** c'est un mariage, pas un enterrement. On laisse donc au placard le noir et les couleurs ultra foncées comme le gris anthracite. L'heure est aux festivités, les couleurs sont plus que jamais les bienvenues.
- **Pas d'excentricités :** le mariage n'est pas une représentation. Ce n'est donc pas le moment de tenter des choses farfelues ou tape-à-l'œil. On oublie donc les jupes ultra courtes, les associations de couleur plus que douteuses, le maquillage exagéré, les frou-frous et compagnie.

De plus en plus de sites internet proposent des tenues griffées à la location. Pourquoi ne pas opter pour cette solution ? Pour une centaine d'euros, les mamans pourront louer des robes signées Fendi, Chanel, Max Mara... Faire un tour d'urgence sur `www.mondressingsecret.com`. Pour les accessoires, direction `http://coupdechapeau.canalblog.com/`. Voilettes, capelines, panamas, mais aussi gants et minaudières... vous trouverez à la location sur ce site mille et un accessoires indispensables pour un mariage.

Tête à chapeaux

Les mariages sont incontestablement les endroits où l'on croise un nombre de chapeaux hallucinant. C'est simple, on n'a jamais vu autant de chapeaux au mètre carré, sauf peut-être au prix de Diane.

Pourquoi les femmes osent le chapeau le jour du mariage ?

À événement exceptionnel, tenue exceptionnelle. Le chapeau ne se porte pas tous les jours, de la même façon que l'on ne se rend pas à un mariage tous les jours. C'est donc l'occasion qui fait le larron, comme dirait l'autre. C'est le moment ou jamais de dégainer capeline, panama, voilette, bibi... Et c'est là que les choses se corsent. Le problème : tout le monde n'a pas une tête à chapeau, loin de là... Il y a des pièges à éviter. Il ne s'agirait pas non plus d'être ridicule. Petit tour d'horizon des chapeaux les plus couramment affichés lors d'un mariage et conseils avisés pour bien le porter.

La grande capeline

C'est un chapeau de diamètre large. La capeline est assez imposante. Elle se décline en paille ou tulle tressé. Elle peut être agrémentée de plumes ou de ruban. Elle se décline à l'infini. C'est le chapeau le plus fréquemment porté par les proches des mariés.

À qui va-t-elle ? Aux femmes assez grandes et élancées. Pour porter un chapeau d'une telle envergure, il faut avoir la morphologie adéquate, car il a tendance à tasser légèrement la silhouette. Si vous êtes petite... tirez un trait sur la capeline.

Le panama

Ce chapeau a fait une entrée remarquée dans les mariages il y a quelques années. D'ordinaire réservé au quotidien dans les villes ensoleillées, il avait une image trop urbaine pour les mariages. Certaines femmes voulant prendre le contre-pied de la capeline ont osé le porter. Quelle bonne idée ! On le choisi classique, soit beige et noir, ou, au contraire, coloré.

Sur `www.cerisesurlechapeau.com`, on peut créer le panama de ses rêves : on choisit la couleur de la paille et celle du ruban.

À qui va-t-il ? À tout le monde. Il n'est ni trop large, ni trop étroit, il correspond donc à toutes les morphologies. Il faut plutôt l'associer à une tenue chic décontractée. Il ne convient pas à une tenue trop stricte.

Le bandeau

Il tient une place de choix au sein des chapeaux de mariage. Il est généralement assez original, peu encombrant et assure un chic intemporel.

À qui va-t-il ? N'étant pas très imposant, il va mieux aux femmes de petite taille. Sur de longues silhouettes, il risque de passer complètement inaperçu et n'apportera aucune valeur ajoutée au look général.

Le bibi

Ce mini chapeau pourrait être comparé à une mini soucoupe volante. Il s'agit en fait d'un petit chapeau qui se place sur le haut du crâne ou sur le côté de la tête. Il est souvent accompagné d'une petite voilette. Celle-ci couvre le visage pendant la cérémonie religieuse et se relève au moment du cocktail.

À qui va-t-il ? À tout le monde. Petite, grande, longiligne ou enrobée : toutes les silhouettes peuvent miser sur ce chapeau chicissime qui apporte une légère touche rétro à l'ensemble. Avec un grand retour au look vintage et à la mode des années 1950-1960, le bibi est très prisé en ce moment.

Le bijou de tête

Tendance qui cartonne depuis deux années, les bijoux de tête font maintenant partie des accessoires classiques du mariage. Ils se présentent sous la forme d'un bandeau, d'un serre-tête, d'un peigne à strass ou perles, d'un diadème, d'une tresse... Il apporte une touche romantique charmante.

À qui va-t-il ? À toutes celles qui refusent le chapeau, mais qui recherchent l'originalité et l'élégance. Pour trouver les plus raffinés, les plus tendances, les plus poétiques, filez faire un tour sur le site de la célèbre Maison Michel : `www.michel-paris.com`.

Où trouve-t-on son chapeau ?

Certainement pas sous le sabot d'un cheval ! Aucune raison de paniquer pour autant, de nombreux endroits proposent des chapeaux de mariage.

Les grands magasins

Galeries Lafayette, Printemps, Le Bon Marché, Franck et Fils... Toutes ces enseignes ont un corner chapeau de cérémonie.

Un conseil : si vous tombez sous le charme d'un modèle, n'attendez pas des lustres pour l'acheter. Les grands magasins n'étant pas des spécialistes du chapeau, ils ne disposent pas de stocks très importants. Décidez-vous vite !

Les magasins de robes de mariée

Pronuptia, Cymbeline, Max Chaoul, Delphine Manivet... Toutes les enseignes spécialisées dans le mariage proposent quelques modèles.

Des chapelleries

Ce sont des boutiques uniquement consacrées aux chapeaux. Il y a donc un large choix et des stocks conséquents. Parmi les enseignes réputées pour les mariages, Marie Mercié arrive en tête. Faites un tour sur son site : `http://mariemercie.com` et filez dans sa boutique de la rue Saint-Sulpice à Paris.

Une adresse réputée :

- À la recherche de Jane, 41, rue Dauphine, Paris 6e.

Le Net, toujours le Net

Une fois de plus, la Toile reste un excellent terrain de jeu. Vous trouverez forcément votre bonheur. Seul bémol : la taille. Soyez sûre de votre tour de tête avant de commander sur Internet. Pour ce faire, allez chez un chapelier et demandez-lui de calculer votre tour de tête.

Quelques sites :

- `http://segolenecreation.canalblog.com` : cette jeune créatrice a de l'or dans les doigts. Capelines, bibi, bandeaux... Tout est beau. Elle fait aussi des créations sur mesure ;
- `http://www.acces-soirs.com` : vente en ligne de chapeaux de cérémonie à prix tout doux ;
- `http://www.mademoisellechapeaux.com` : site de location de chapeaux de cérémonie. Le choix est large et les prix imbattables.

Les pièges à éviter

- **Attention à la taille :** ce message s'adresse surtout aux mamans des mariées. Ok, vous voulez marquer le coup. Ok, vous voulez que l'on vous remarque. Ok, un grand chapeau a toujours beaucoup d'allure. Mais ne perdez pas de vue que vous allez embrasser 100, 200 voire 300 invités, selon le mariage. Optez donc pour un chapeau dégagé sur le visage.
- **Attention aux marques :** vous avez craqué pour un modèle légèrement trop petit pour vous, mais vous le voulez coûte que coûte. Oubliez tout de suite : qui dit chapeau trop petit dit méchantes marques rouges sur le front. Pas joli-joli.
- **Attention à l'effet originalité :** lors d'un mariage, on se dit souvent que c'est le moment ou jamais de tenter des choses improbables histoire de sortir de la monotonie quotidienne. Alors, on opte pour des chapeaux ultra ultra ultra originaux (certaines osent les chapeaux imitation cage à oiseaux...). Attention surtout à l'effet « cage aux folles » ! Le risque ? Tomber dans le ridicule. L'autre risque ? Ne pas assumer son drôle de chapeau le jour J. Quoi de plus terrible que de se sentir mal dans son chapeau ? À méditer.

QUE FAIRE EN HIVER ?

Bonne nouvelle ! Qui dit mariage d'hiver, dit... chapeau d'hiver. Les chapelleries pensent à tout et proposent également des modèles en feutre, flanelle, laine, velours et fourrure parfois. Et ne pensez pas que les couleurs sont tristounettes pour autant. Rouge, violet, vert d'eau, rose fuchsia... Tout est possible.

Parmi les modèles phares : le panama en feutre et la toque en fourrure.

Comment supporter sa belle-mère ?

Ceci ne vous concerne pas si vous entretenez de bons rapports avec votre belle-mère. Oui oui, cela arrive ! Il y a fort heureusement des belles-mères charmantes, d'ailleurs certaines jeunes femmes ont même de meilleurs rapports avec elle qu'avec leur propre mère.

Mais, voilà, malheureusement, ce n'est pas toujours le cas, et alors que vous vous étiez jurée de ne jamais céder aux clichés, il se trouve que depuis l'annonce de votre mariage quelque chose a changé.

Voici quelques portraits de belles-mères et des petits conseils pour mieux les supporter durant les préparatifs.

La belle-mère envahissante

À peine le mot mariage prononcé qu'elle vous a déjà pris rendez-vous chez des créateurs de robe de mariée, afin d'y assister, bien sûr ! Elle met son grain de sel partout, veut participer au déjeuner test, vous accompagne pour la visite des lieux, a un avis pour tout et boude, voire part s'enfermer dans sa chambre en pleurant si jamais vous ne vous êtes pas rangée à son avis. Pour résumer, son intrusion dans le mariage commence à vous échauffer sec, et vous avez l'impression qu'il ne vous appartient plus : il va vite falloir trouver une solution.

Tout d'abord, prenez un peu de recul et ne vous braquez pas. Il va falloir la jouer en douceur en privilégiant le dialogue. Après tout, c'est aussi la maman de votre chéri et la future grand-mère de vos enfants, une belle-mère envahissante n'est pas forcément la pire et il y a sûrement beaucoup d'amour dans son implication. Alors, ne la mettez pas forcément sur le banc de touche au risque de profondément la peiner. Invitez-la dans un endroit neutre, pour déjeuner ou prendre le thé, parlez posément en lui exposant que vous avez l'impression que votre mariage ne vous appartient plus et que vous ne voulez pas passer à côté du plus beau jour de votre vie. Néanmoins, confiez-lui tout de même quelques responsabilités, des choses dont vous ne souhaitez pas spécialement vous occuper ; chargez la, pourquoi pas, de trouver les fleurs d'église et une organiste, d'écrire les adresses sur les enveloppes… bref, listez tout ce que vous avez à faire pour le jour J et attribuez-lui les tâches qui vous importent le moins ; toutefois, évitez de lui confier le réapprovisionnement de papier toilette ! Il y a des limites.

La belle-mère mégère non apprivoisée

C'est simple, depuis le début de votre relation, elle ne vous supporte pas, alors le jour où vous lui avez parlé mariage, elle a été au bord de la nausée. Elle ne dit trop rien, mais son attitude n'en dit pas moins. Elle se désintéresse de tout, mais vous savez que, par-derrière, vous êtes rhabillée pour l'hiver. Durant les préparatifs, elle dédaigne tous vos choix, trouve tout de mauvais goût et n'hésite pas à vous rabaisser devant votre fiancé. Vous êtes au bord de la crise de nerfs et avez envie de lui tordre le cou ? Vite, lisez ces quelques conseils avant que les choses n'empirent !

Conseil très simple : ignorez-la, et surtout ne l'impliquez plus en rien. Ayez une discussion avec votre fiancé, car à moins d'être totalement aveugle, il a bien dû se rendre compte de ce qu'il se passait ; de toute façon, il y a de grandes chances pour que son comportement soit le même avec son fils. Évitez toutefois le « Tu ne connais pas la dernière de ta mère ? », cela risque à terme de l'agacer. Pour le jour J comportez-vous avec votre belle-mère comme si elle était une invitée lambda, une vieille tante perdue de vue. Elle ne vient pas vous présenter ses félicitations ? Elle n'a prévu aucune attention particulière sur votre liste de mariage ? Elle ne vous salue pas à la fin de la réception ? Eh bien, passez outre. En revanche, faites passer le message auprès de vos proches : ses critiques, ses sarcasmes le jour du mariage, vous ne voulez pas en entendre parler, ni avant, ni pendant, ni après. Vous ne vous en porterez que mieux.

La belle-mère rivale

L'annonce du mariage entre vous et son fils adoré fut le pire jour de sa vie. Ce n'est pas qu'elle ne vous aime pas, mais de là à ce que son fils devienne un homme, ça, elle ne le supporte pas, car mariage implique bébé, et qui dit bébé dit grand-mère, et par conséquent coup de vieux pour elle. Véritable femme-enfant, elle se comporte comme une gamine ; d'ailleurs plus femme que mère, elle ne s'est guère occupée de ses enfants. Pour preuve, non seulement elle se désintéresse de tout vous concernant, mais, pour le jour J, elle a décidé de porter un magnifique fourreau blanc immaculé qui coûte trois fois le prix de votre propre robe. C'est simple, elle veut que ce jour-là soit aussi SON jour, ce qui implique qu'elle inscrit chaque jour de nouveaux invités sur la liste. Personnes dont ni vous ni votre fiancé n'avez jamais entendu parler. Avant de transformer son fourreau en confettis, lisez ses quelques conseils.

Avant tout, attendez-vous à ce qu'elle pense que vous êtes jalouse d'elle, donc ne foncez pas tête baissée, car elle est déjà sur ses gardes et a sûrement préparé ses reparties. Encore une fois, la douceur et le dialogue sont de rigueur, mais usez tout de même de fermeté. Sa liste d'invités vous contrarie ? Eh bien, dites-le-lui, surtout si c'est vous qui prenez en charge le financement du mariage. Vous n'avez pas à payer pour des gens que vous ne connaissez pas. Soyez ferme ! Ne lui laissez pas le choix. Concernant sa tenue, que ce soit fourreau blanc ou robe de soirée rouge si le thème du mariage est champêtre, insinuez qu'elle sera ridicule. Et, ça, le ridicule, elle ne supporte pas et elle révisera certainement sa copie. Pour résumer, faites-lui bien comprendre que c'est VOTRE jour et que personne, ni même elle, ne pourra gâcher la fête.

CHECK LIST CHAPITRE 10 : *ENFANTS D'HONNEUR, BELLE-MÈRE ET COMPAGNIE*

Les mariés, c'est fait. Mais les autres ?

☐ 1. **Je choisis mes enfants d'honneur : mais je fais attention aux susceptibilités ! Entre 5 et 10 ans idéalement.**

☐ 2. **Je n'oublie pas de budgétiser les tenues des enfants d'honneur !**

☐ 3. **Je m'y prends à l'avance si je souhaite des demoiselles d'honneur : pour trouver la bonne robe, les bonnes tailles...**

☐ 4. **Je préviens mes invités assez tôt si je souhaite une particularité : enfants d'honneur, chapeaux, ...**

☐ 5. **Je fais des piqûres de rappel : ma belle-mère est une femme charmante qui ne veut que notre bonheur, ma belle-mère est une femme charmante qui ne veut que notre bonheur...**

☐ 6. **Je reste ferme dans mes choix : surtout si c'est moi (et mon(a) fiancé(e)) qui paye le mariage.**

Chapitre 11

Look, the ring !

DANS CE CHAPITRE :

» **Une alliance au doigt, toute une symbolique**

» **Alliance pour elle et alliance pour lui**

» **Comment et quand choisir la bague de votre vie ?**

On a tendance à mettre les alliances un peu au second plan. Il faut dire que la bague de fiançailles et sa grosse pierre lui font généralement de l'ombre. Tout du moins, elles en imposent plus que ce simple anneau. Et pourtant... les alliances sont le symbole même de votre engagement. Glissée à l'annulaire gauche de chaque époux, elle scelle à jamais votre union. Elle crie haut et fort à tous que votre cœur n'est plus à prendre, que vous vous êtes engagés à vivre ensemble dans la fidélité, pour le meilleur et pour le pire. Autrement dit, l'alliance est peut-être discrète, mais sa symbolique est primordiale. Ce n'est pas une simple bague que l'on abandonnera au bout de quelque temps dans une boîte à bijoux. Cette alliance ne vous quittera plus. Les deux époux sont censés la porter à partir du moment où ils se sont dit « oui ». Et ce, depuis la nuit des temps.

POURQUOI UNE ALLIANCE ?

Quelle drôle d'idée de se glisser un anneau à l'annulaire gauche ! Selon une croyance antique, la veine de l'amour qui va directement au cœur part de l'annulaire gauche. Dès le Moyen Âge, les jeunes époux glissaient à l'annulaire de l'autre un anneau en fer ou en terre cuite afin de symboliser leur union, leur amour partagé et leur engagement solennel. Au fil du temps, la tradition a perduré et les alliances ont évolué... Il est très rare aujourd'hui de trouver en bijouterie une alliance en terre cuite... Dieu merci.

AMOUR, TOUJOURS

Ce n'est pas un hasard si, depuis le Moyen Âge, les jeunes époux se passent au doigt un anneau. Cette forme de bague n'est pas anodine. Bien au contraire. L'anneau et sa forme circulaire symbolisent l'infini, l'éternité. Le mot « alliance » est également lourd en signification : communion, union parfaite de deux êtres. Tout est dit.

Quelle alliance choisir ?

Attention, bien que l'alliance soit un simple anneau, n'allez pas penser pour autant que vous la choisirez en deux temps, trois mouvements. Car il y a des variantes.

Pour vous, mademoiselle...

Préférez-vous l'or jaune ou l'or blanc ? La voulez-vous sertie de diamants ? Jonc ou demi-jonc ? Ultrafine ou large ? Bombée ou plate ? Eh oui, le casse-tête reprend. Vous pensiez avoir tout donné dans ce domaine, eh bien, non ! C'est reparti pour mille et une questions.

Notre conseil : partez d'un point de départ. Faites votre choix en fonction de votre bague de fiançailles (voir chapitre 5).

N'oubliez pas que ces deux bagues vont cohabiter. Elles occuperont le même doigt. Elles doivent donc bien s'accorder. L'une ne doit pas « tuer » l'autre. Au contraire, il faut parvenir à créer une vraie harmonie, une belle… alliance. Prenez donc des matériaux qui correspondent. Votre bague de fiançailles est un beau solitaire monté sur or blanc ? Choisissez une alliance en or blanc. Votre bague de fiançailles est ultra fine et délicate ? Pas question de vous diriger vers une alliance épaisse. Jouez la finesse jusqu'au bout.

VOTEZ SIMPLICITÉ !

Aujourd'hui, la mode fait la part belle à la pureté et l'élégance plutôt qu'au tape-à-l'œil. La tendance est à l'or blanc et au platine. Choisissez vos alliances avec soin et surtout pas sur un coup de tête ! Après tout, vous allez les porter tous les jours jusqu'à la fin de votre vie. Évitez les modèles trop travaillés ou trop tendance.

L'erreur à ne pas commettre : certaines jeunes femmes un peu déçues de ne pas avoir eu de bague de fiançailles vont se ruer sur un modèle ressemblant plus à une bague qu'à une alliance. Or, ce qui est à la mode aujourd'hui sera totalement *out* d'ici dix ans. Pour éviter les fautes de goût, misez donc sur un simple anneau, votre mari aura le loisir plus tard de vous offrir une jolie bague, comme une alliance de diamants pour votre anniversaire de mariage ou la naissance d'un enfant.

… et pour vous, monsieur…

Messieurs, n'allez pas imaginer que la tâche sera plus simple pour vous… les mêmes questions se poseront, sauf que vous, bien sûr, vous n'avez pas de bague de fiançailles, donc aucun point de départ. Outre le choix de l'or (blanc ou jaune), la principale question tournera autour de l'épaisseur de votre alliance. Voulez-vous une alliance ultra fine ou plutôt large ? Attention, tout ça se joue à quelques millimètres ! Le bijoutier va vous passer au doigt des alliances de différentes épaisseurs.

Spontanément, vous vous dirigerez certainement vers une alliance ultra fine. N'étant pas habitué à porter une bague, vous la voudrez la plus fine possible afin de l'oublier rapidement. Sachez que cette gêne sera l'affaire d'une semaine. Ne prenez pas donc en compte ce critère pour faire votre choix. Faites selon vos goûts et aussi vos doigts : vous avez des doigts longs et plutôt fins, bonne nouvelle, vous pouvez tout vous permettre. À l'inverse, si vos doigts sont courts et plutôt ronds, optez pour un modèle fin qui ne vous « saucissonnera » pas le doigt.

Petite information supplémentaire : les deux alliances peuvent être totalement différentes l'une de l'autre. Vous n'êtes absolument pas tenus de choisir deux alliances identiques. L'une peut être en or jaune et l'autre en or blanc.

Une fois vos modèles définis, le bijoutier vous demandera si vous désirez faire graver une inscription à l'intérieur. Là encore, aucune obligation. Cependant, la plupart des mariés font graver leurs prénoms, suivis de la date du mariage.

FIGURE 11.1 : Exemple de gravure classique des alliances.

Séverine et Thibault le 23 septembre 2001

Vous pouvez aussi laisser libre cours à votre imagination et inscrire un message plus personnel, plus intime. Il peut être poétique ou humoristique… vous avez carte blanche.

FIGURE 11.2 : Exemples de gravures personnalisées des alliances.

Toi et moi pour la vie

Je t'aime ***ad vitam aeternam***

Big bisous chéri

À quel moment choisir les alliances ?

Cette tâche incombe aux deux futurs époux. Généralement, ils visitent ensemble quelques bijouteries avant de s'arrêter sur les alliances de leur choix.

Il est conseillé de s'y prendre quatre mois avant le mariage. Vous trouverez des alliances chez les bijoutiers de quartier, chez les grands joailliers, sur le Net, et aussi dans certaines enseignes de supermarché type Carrefour ou Leclerc. Une fois les alliances commandées, ce sera lui, selon la tradition, qui les conservera jusqu'au jour J.

Un petit conseil, monsieur : le jour où vous irez chercher vos alliances, jetez un petit coup d'œil sur la gravure à l'intérieur. Il serait dommage, le jour du mariage, de vous retrouver avec les alliances d'un autre couple ou de réaliser qu'il y a une faute d'orthographe dans l'un des prénoms. Soyez donc vigilant.

Qui paie la note ?

Monsieur, c'est encore vous qui devrez agir. L'achat des alliances vous revient. Un homme averti en valant deux, sachez qu'une alliance « classique » (or jaune, légèrement bombée) vous coûtera autour de 200 euros. Évidemment, si la future mariée part sur une alliance entièrement sertie de diamants, les prix peuvent grimper à vitesse grand V. Surtout si celle-ci est signée d'un grand bijoutier.

Si vous surfez un peu sur le Net, vous trouverez des bijoutiers qui vendent en ligne des alliances à prix cassés, soit avec une remise pouvant aller jusque – 40 %. Demandez tout de même un certificat d'authenticité.

À quel moment se passe-t-on l'alliance au doigt ?

Les alliances s'échangent pendant la cérémonie religieuse au moment de l'échange des vœux (voir chapitre 13). Généralement, le prêtre les demande au début de la cérémonie et les donne aux époux à l'instant T. Si ce n'est pas le cas, le marié les garde dans sa poche et les sort au moment opportun.

Nombreux sont les mariés qui confient les alliances à l'un des témoins ou à une des mères, pour être sûrs de ne pas les oublier dans la frénésie des derniers préparatifs. Si tel est votre souhait, prenez soin de confier vos alliances à quelqu'un de confiance.

Vous n'êtes pas là pour rejouer un malheureux *remake* de *Quatre mariages et un enterrement...*

Si vous ne faites pas de cérémonie religieuse, vous pouvez échanger vos alliances lors du mariage civil, en prenant soin d'en informer le maire (voir chapitre 12). Cette démarche n'étant pas courante, il a la possibilité de refuser cette pratique. Mieux vaut donc prendre les devants.

Que faire en cas d'oubli ?

Pour être franc... pas grand-chose ! Empruntez en vitesse les alliances de vos proches et faites le changement dès que possible.

CHECK LIST CHAPITRE 11 : *LOOK, THE RING !*

Vous avez une superbe bague de fiançailles, félicitations ! Mais une seconde bague arrive très prochainement...

- ☐ 1. **Je choisis ma bague de fiançailles en pensant à ma future alliance : les deux vont cohabiter !**
- ☐ 2. **Je n'hésite pas à essayer les deux bagues ensemble : je peux avoir de très bonnes surprises !**
- ☐ 3. **Je mise plutôt sur la simplicité : trop d'originalité lasse.**
- ☐ 4. **Je prévois un délai supplémentaire si je souhaite faire graver les alliances.**
- ☐ 5. **Je prévois une visite chez le bijoutier entre deux et quatre mois avant le mariage.**
- ☐ 6. **Je n'oublie pas les alliances le jour du mariage ! Je pense à nommer une personne de confiance préposé aux alliances.**

3 La cérémonie

DANS CETTE PARTIE . . .

La cérémonie du mariage est avant tout civile. Passage obligé devant monsieur le maire. Comment organiser sa cérémonie civile ? Quelles sont les formalités ? Cette partie vous dira tout ce que vous avez besoin de savoir.

Mais le mariage est aussi un sacrement de l'Église. Vous verrez ici la mise en place et le déroulé de la cérémonie catholique, mais aussi tout ce qui concerne les mariages juif et musulman, aussi bien sur le plan symbolique que pratique.

Chapitre 12

La mairie, le passage obligé

DANS CE CHAPITRE :

- **Où s'adresser ?**
- **Les pièces à fournir**
- **La publication des bans**

Aujourd'hui, s'il est possible d'organiser sa vie de couple de différentes manières, à travers l'union libre, le PACS ou le concubinage, le mariage reste néanmoins le seul mode de conjugalité institutionnalisé. Il offre aux époux, tant pendant leur vie de couple qu'au moment de sa dissolution, le cas échéant, une protection de la loi.

En 2008, 241 000 mariages ont été célébrés en France. La physionomie du mariage a également changé dans la mesure où le mariage concerne des couples avec enfants, parfois nés d'une précédente union de l'un des deux conjoints.

En moyenne, les hommes se marient à 32,3 ans et les femmes à 30,5 ans. L'écart de deux années entre l'âge moyen au mariage des deux sexes reste constant.

Le mariage s'impose comme la célébration de l'amour fidèle qui scelle un engagement indissoluble. Il vient le plus souvent, aujourd'hui, comme un second temps de la relation du couple, succédant à une période d'union libre, même avec naissance d'enfant(s).

Cette évolution peut contribuer à expliquer que 60 % des mariages célébrés ne donnent pas lieu à une cérémonie confessionnelle. Étape obligatoire, le mariage civil est indispensable avant de célébrer tout mariage religieux.

Où s'adresser ?

À la mairie :

- Du domicile habituel de l'un ou de l'autre des futurs mariés ;
- De la nouvelle résidence de l'un des deux si elle date d'au moins un mois.

Certaines mairies acceptent que le mariage ait lieu dans la commune de la résidence secondaire des parents.

Les personnes qui souhaitent célébrer un mariage religieux doivent d'abord se marier civilement. Les autorités religieuses demandent aux futurs mariés la présentation d'un certificat établi par la mairie attestant qu'ils sont mariés civilement.

Qui peut se marier suivant la loi française ?

Toute personne, de nationalité française ou non, remplissant certaines conditions :

1 – L'âge des futurs époux

Deux personnes peuvent se marier à condition qu'elles aient atteint l'âge nubile, c'est-à-dire 18 ans révolus (article 144 du Code civil).

Toutefois, une dispense d'âge pour des « motifs graves » peut être accordée par le procureur de la République du lieu de célébration du mariage. Si le mariage d'un mineur auquel a été accordée une dispense d'âge est possible, certaines conditions doivent être respectées :

- Les mineurs ne peuvent contracter mariage sans le consentement de leurs père et mère (C. civ., art. 148) et ce, même lorsqu'ils sont émancipés.
- Si les père et mère sont décédés, le consentement d'un aïeul doit être recueilli (C. civ., art. 150). Si l'enfant n'a pas d'ascendants, ou que ceux-ci sont dans l'impossibilité de

manifester leur volonté, le conseil de famille doit consentir au mariage (C. civ., art. 159). Un refus de consentement ne peut être suppléé par une autorité.

» Le mineur est émancipé de plein droit par le mariage.

Le mariage d'une personne placée sous un régime de protection est possible sous certaines conditions (C. civ., art. 460) :

» Le mariage d'un majeur en tutelle n'est permis qu'avec l'autorisation du juge des tutelles ou du conseil de famille s'il a été constitué et après audition des futurs conjoints et recueil, le cas échéant, de l'avis des parents et de l'entourage.

» Le mariage d'une personne en curatelle n'est permis qu'avec l'autorisation du curateur ou, à défaut, celle du juge.

2 - Le célibat

La bigamie comme la polygamie, c'est-à-dire la possibilité d'avoir en même temps plusieurs épouses ou plusieurs maris, sont interdites.

Le mariage avec un homme ou une femme marié(e) est prohibé (C. civ., art. 147). Il y a notamment impossibilité de se remarier après un divorce tant que le jugement de divorce n'est pas inscrit en marge de l'acte de mariage et de naissance de l'époux divorcé.

La polygamie, parfois admise dans des législations étrangères, est contraire à l'ordre public français. Elle constitue une cause de nullité absolue de la seconde union, cause qui entraîne l'annulation de cette union dès son origine.

La loi sur le divorce de 2004, en vigueur au 1er janvier 2005, a abrogé le délai de viduité. Il n'est plus nécessaire pour la veuve ou la femme divorcée de respecter un délai de 300 jours révolus depuis la dissolution du mariage par décès ou divorce avant de se remarier.

L'existence d'un pacte civil de solidarité (PACS) ne constitue pas un empêchement à mariage, mais le mariage met fin de plein droit au pacte. En revanche, un mariage non dissous empêche la conclusion d'un PACS (C. civ., art. 515-2).

3 - Le mariage avec un futur conjoint de nationalité étrangère

Il est tout à fait possible d'épouser une personne de nationalité étrangère. La production de documents spécifiques peut être exigée pour s'assurer que cette dernière remplit les conditions du pays pour se marier valablement en France, conditions en principe définies par la loi de son pays.

Un extrait de l'acte de naissance est requis pour chacun des époux. Il ne devra pas avoir été délivré depuis plus de six mois s'il a été établi dans un consulat ou depuis plus de trois mois s'il a été délivré en France (C. civ., art. 70).

4 - Le mariage avec une personne mourante, le « mariage *in extremis* »

Il est possible d'épouser une personne en cas de péril imminent de mort.

L'officier de l'état civil pourra se transporter au domicile ou au lieu de résidence sur autorisation préalable du procureur de la République (C. civ., art. 75).

En cas de « mariage *in extremis* », les époux peuvent être dispensés de fournir un certificat médical (C. civ., art. 169).

5 - Le mariage avec une personne décédée, le « mariage posthume »

Le mariage avec une personne décédée, autrement appelé « mariage posthume », peut être autorisé par le président de la République, pour des motifs graves, seulement si l'un des futurs époux est décédé après avoir accompli les formalités officielles qui marquent sans équivoque son intention matrimoniale.

Ce mariage n'entraîne aucun droit de succession *ab intestat* au profit de l'époux survivant et aucun régime matrimonial n'est réputé avoir existé entre les époux (C. civ., art. 171).

6 – Le mariage d'un militaire

S'agissant du mariage d'un militaire, les conditions ont fait l'objet d'une réforme. La loi nº 2005-270 du 4 mars 2005 portant statut général des militaires a mis un terme à l'obligation pour le militaire d'obtenir l'autorisation du ministre de la Défense pour contracter un mariage avec une personne de nationalité étrangère. Il existe toutefois une exception qui concerne le militaire servant à titre étranger. Il doit en effet obtenir l'autorisation du ministre de la Défense pour contracter un mariage pendant les cinq premières années de son service actif.

Il est conseillé aux intéressés de se rapprocher des autorités militaires compétentes.

7 – Le mariage avec un agent diplomatique et consulaire

Le mariage avec un agent diplomatique et consulaire est réglementé par le décret nº 69-222 du 6 mars 1969, modifié par le décret nº 85-375 du 30 mars 1985.

Que faut-il faire ?

Se rendre en mairie pour retirer un dossier complet de mariage, indiquant tous les documents qu'il est nécessaire de produire :

- Une attestation sur l'honneur de célibat ou de non-remariage ;
- Une attestation sur l'honneur de domicile (ou justificatif de domicile datant de moins de trois mois) ;
- Une copie intégrale de l'acte de naissance datant de moins de trois mois ou de moins de six mois s'il provient d'un consulat ;
- La liste des témoins accompagnée de la copie de leur pièce d'identité ;
- Une pièce d'identité ;
- Un certificat du notaire si les mariés ont conclu un contrat de mariage.

Lors de cette visite, il faut envisager la date de mariage : suivant les mairies, la date sera retenue dès ce premier contact ; d'autres municipalités n'arrêtent la date que lorsque le dossier est intégralement rempli.

Attention à la date du mariage : certains mois (mai à juillet) sont très demandés ; il est indispensable de remplir une demande longtemps à l'avance (parfois plusieurs mois).

Faites dresser, éventuellement, un contrat de mariage devant notaire, avant le mariage. Le contrat devra être remis à la mairie pour être présenté lors de la célébration.

Lorsque les futurs époux sont en possession de tous les documents, il faut les remettre à la mairie. Cette dernière se chargera de faire publier les bans par voie d'affichage. Le mariage sera célébré au plus tôt dix jours après la publication.

LA PUBLICATION DES BANS

La publication des bans incombe au maire. Elle énonce pour chacun des futurs conjoints :

» **Le nom ;**

» **Les prénoms ;**

» **La profession ;**

» **Le domicile ou résidence ;**

» **Le lieu où le mariage sera célébré.**

Cet affichage a essentiellement pour but de permettre à ceux qui connaissent un cas d'empêchement au mariage d'y faire opposition.

Le mariage ne peut être célébré avant le dixième jour suivant celui de l'affichage.

Acte de mariage

Acte de mariage n° 88

Margaux Marie Madeleine BARBEY

Édouard Georges Robert BERTHIER

Le onze mai deux mil dix, à dix-sept heures, devant nous, ont comparu publiquement en la maison Commune, Édouard Georges Robert BERTHIER, directeur commercial, né à ORLEANS (Loiret) le 13 octobre 1980 domicilié à MEUDON (Hauts-de-Seine), 37 rue des Platanes, fils de Jean Fernand BERTHIER, kinésithérapeute, et de Annie Henriette Suzanne VALENTIN, kinésithérapeute, domiciliés à CEPOY (Loiret), 50 rue Tudelle

Et :

Margaux Marie Madeleine BARBEY, directrice marketing, née à SAINT-MAUR-DES-FOSSÉS (Val-de-Marne) le 25 janvier 1982, domiciliée à MEUDON (Hauts-de-Seine), 37 rue des Platanes, fille de Michel Jean BARBEY, dirigeant d'entreprise, et de Anne Marie Madeleine VICTOR, expert-comptable, domiciliés à ORLÉANS (Loiret), 5 rue des Montées.

Sur notre interpellation, les futurs époux ont déclaré qu'un contrat de mariage a été reçu le 31 mars 2010 par Maître AGOGUE, notaire à Orléans (Loiret) ; ils ont déclaré l'un après l'autre vouloir se prendre pour époux et nous avons prononcé, au nom de la loi, qu'ils sont unis par le mariage ;

En présence de Erwan ADAMCZYK, directeur informatique, domicilié à MEUNG-SUR-LOIRE (Loiret), 1 allée Jean-Claude, de Christophe VANEL, commerçant, domicilié à ORLÉANS (Loiret), 197 rue de l'Arrosoir, de Maryline DUBOIS, juriste, domiciliée à Paris 16 (PARIS), 1 rue de Chaillot, et de Karine NOAH, directrice des ressources humaines, domiciliée à MEUNG-SUR-LOIRE (Loiret), 1 allée du Théâtre, témoins majeurs.

Lecture faite, et invités à lire l'acte, les époux et les témoins ont signé avec nous, Robert LEMAIRE, député-maire de Meudon, officier de l'état civil.

FIGURE 12.1 : Modèle d'acte de mariage.

Chaque époux peut avoir deux témoins au plus. En l'absence de témoins, le personnel de l'état civil peut jouer ce rôle.

Quelques cas particuliers

Veufs, divorcés

Il faut également joindre au dossier la pièce justificative de la dissolution du mariage :

- » Pour les veufs, la fiche d'état civil du précédent conjoint ;
- » Pour les divorcés, l'extrait d'acte de naissance ou d'acte de mariage portant mention du divorce.

Étrangers

Les actes produits doivent faire l'objet d'une traduction.

L'étranger doit apporter la preuve qu'il peut se marier (qu'il a l'âge requis, qu'il n'est pas déjà marié...) par la remise d'un certificat de capacité matrimoniale ou d'un certificat de coutume lorsqu'il réclame l'application de sa loi nationale. Il pourra se fournir ce document auprès de son consulat.

Quels sont les frais ?

La cérémonie civile est gratuite en dehors des frais de notaire, d'expéditions d'actes, etc. Il est cependant d'usage que le maire fasse faire une quête pour les œuvres après la cérémonie.

La question du nom

Le changement de nom doit-il être mentionné sur les papiers officiels ? Non, c'est facultatif. Chaque époux, homme ou femme, peut ajouter ou substituer à son propre nom celui de son conjoint.

Il est possible d'ajouter à son nom :

- Pour la femme mariée ou veuve, le nom de son mari ;
- Pour l'homme marié ou veuf, le nom de sa femme ;
- Pour la femme divorcée, le nom de son ex-conjoint si celui-ci est d'accord, et, à défaut d'accord, sur autorisation du juge ;
- Pour toute personne majeure, le nom de celui de ses parents qui ne lui a pas transmis son nom.

Ce nom peut figurer sur tous les documents administratifs dès qu'il a été notifié, mais il doit être distingué du nom patronymique (qui est le nom transmis à la naissance par l'un des parents, généralement le père).

Pour pouvoir utiliser ce deuxième nom, il faut :

- Produire certaines pièces justifiant que l'on peut le porter. Par exemple : extrait d'acte de naissance ou livret de famille s'il s'agit du nom de l'un de ses parents, autorisation écrite de l'ex-mari si l'on désire user de son nom ;
- S'adresser à l'administration qui a délivré le document sur lequel on veut ajouter le deuxième nom.

L'organisation pratique de la cérémonie

Le choix des témoins

Depuis 1792, la loi exige la présence d'au moins un témoin majeur pour chaque époux (deux à quatre témoins au plus). Lors de la cérémonie du mariage, les témoins signent le registre d'état civil.

Les témoins doivent être âgés de 18 ans révolus (C. civ., art. 37). Un mari et sa femme peuvent être témoins ensemble. Le père et la mère de l'un des futurs époux peuvent être témoins du mariage si, en raison de l'âge de leur enfant, ils n'ont plus à donner leur consentement. Les futurs époux doivent indiquer les nom, prénoms, profession et domicile des témoins.

En cas d'absence des témoins relevant du choix des futurs époux, le personnel de la mairie peut faire office de témoins.

Les témoins peuvent être différents pour la cérémonie civile et la cérémonie religieuse.

L'échange des alliances

Il n'existe dans le Code civil aucun texte prévoyant l'obligation pour les époux d'échanger des alliances ou autres symboles de leur union. L'échange des alliances reste cependant un symbole qui manifeste une promesse d'amour ainsi que l'engagement de fidélité (voir chapitre 12).

Les futurs époux, notamment en l'absence de cérémonie religieuse après la célébration civile du mariage, peuvent demander à échanger leurs alliances devant l'officier de l'état civil. Toutefois, rien dans les textes n'encadrant cet usage, l'officier de l'état civil, représentant de l'État, est en droit de refuser.

Délivrance du livret de famille

À l'issue de la célébration du mariage civil, l'officier de l'état civil remet aux époux un livret de famille, qui comporte leur acte de mariage. Il se voit ultérieurement complété par :

- Les extraits d'acte de naissance des enfants issus du mariage et des enfants légitimés par ce mariage ;
- Ceux des enfants adoptés par les deux époux, soit en la forme de l'adoption plénière, soit en la forme de l'adoption simple ;
- Ceux des enfants issus d'un des deux époux et d'un autre parent et qui ont été adoptés par l'autre époux ;
- Les extraits des actes de décès des enfants morts avant leur majorité, les extraits des actes de décès des époux.

Le livret de famille comporte également une information sur le droit de la famille, notamment sur le nom, la filiation, l'autorité parentale et le droit des successions ainsi qu'une information sur les droits et devoirs respectifs des conjoints, leurs obligations et le régime matrimonial.

En cas de divorce, de vol, de destruction ou de perte, il peut être délivré un duplicata.

Pour savoir comment cela se passe à l'étranger, aux États-Unis et en Europe, reportez-vous au chapitre 23.

Devant monsieur le maire

Les fiancés peuvent entrer ensemble dans la salle des mariages, ou chacun peut tenir le bras de ses parents respectifs.

Ils se placent devant les deux fauteuils centraux du premier rang, le marié à droite de sa femme, leurs parents des deux côtés ; la mère du marié à sa droite, le père de la mariée à sa gauche. Les témoins se placent devant les chaises indiquées par le personnel de la mairie.

Tout le monde s'assied, puis se lève à l'arrivée du maire ou de son adjoint.

Le mariage est célébré dans une salle de la mairie généralement réservée à cet effet dont les portes doivent rester ouvertes durant toute la cérémonie, car le mariage est un acte public. Souvent, dans la salle des mariages, est placée la statue de Marianne, qui vient symboliser la République.

L'officier de l'état civil, qui ne peut être que le maire ou l'un de ses adjoints, ceint l'écharpe qui marque sa qualité de représentant de l'État.

Les futurs époux doivent arborer une tenue vestimentaire correcte, qui ne doit pas faire obstruction à l'obligation qu'a l'officier de l'état civil de s'assurer de leur identité et du consentement librement exprimé par chacun d'eux.

Le déroulement du mariage civil

En premier lieu, l'officier de l'état civil donne lecture des passages du Code civil relatifs au mariage (art. 75, al. 3) après s'être assuré de l'identité des futurs conjoints et de leur libre consentement.

- Art. 212 : « Les époux se doivent mutuellement fidélité, secours, assistance. »
- Art. 213 : « Les époux assurent ensemble la direction morale et matérielle de la famille. Ils pourvoient à l'éducation des enfants et préparent leur avenir. »
- Art. 214, al. 1 : « Si les conventions matrimoniales ne règlent pas la contribution des époux aux charges du mariage, ils y contribuent à proportion de leurs facultés respectives. »
- Art. 215 : « Les époux s'obligent mutuellement à une communauté de vie. »
- Cela sous-tend l'idée du devoir de cohabitation. Si, pour des raisons professionnelles, par exemple, les époux sont tenus de posséder deux domiciles distincts, l'intention matrimoniale implique la communauté de vie.
- Art. 371-1 (loi du 4 mars 2002) : « L'autorité parentale est un ensemble de droits et de devoirs ayant pour finalité l'intérêt de l'enfant. Elle appartient aux père et mère jusqu'à la majorité ou l'émancipation de l'enfant pour le protéger dans sa sécurité, sa santé et sa moralité, pour assurer son éducation et permettre son développement, dans le respect dû à sa personne. Les parents associent l'enfant aux décisions qui le concernent, selon son âge et son degré de maturité. »

Ensuite, l'officier de l'état civil interpelle les futurs époux sur le régime matrimonial qu'ils ont choisi (art. 75, al. 4). Il demande aux futurs époux de déclarer s'il a été fait un contrat de mariage et, le cas échéant, la date de ce contrat, ainsi que les nom et lieu de résidence du notaire qui l'a reçu.

Enfin, l'officier de l'état civil reçoit les consentements des futurs époux. Il célèbre l'union, établit et signe l'acte de mariage (art. 75, dernier al.) : « Il recevra de chaque partie, l'une après l'autre, la déclaration qu'elles veulent se prendre pour mari et femme ; il prononcera, au nom de la loi, qu'elles sont unies par le mariage et il en dressera acte sur-le-champ. »

Après que le maire a prononcé ces mots, les époux sont tenus pour mari et femme au regard de la loi.

CHECK LIST CHAPITRE 12 :
LA MAIRIE, LE PASSAGE OBLIGÉ

Vous avez la date, des idées sur le lieu, le budget et le nombre d'invités, c'est parfait ! Mais n'oubliez pas que le mariage est avant tout une cérémonie régie par un certain nombre d'engagements. Le mariage civil est obligatoire pour tout mariage célébré en France.

- ☐ 1. **Je m'adresse à la mairie : celle du domicile du marié ou de la mariée.**
- ☐ 2. **Je fais attention aux conditions possibles du mariage : si vous êtes mineur, divorcé, veuf, si vous ou votre conjoint(e) êtes de nationalité étrangère, si vous êtes militaire, … Les autorités peuvent vous demander de fournir des attestations supplémentaires.**
- ☐ 3. **Le choix des témoins civils : il faut qu'il soit fait très tôt : la mairie vous demandera une photocopie de leur carte d'identité.**
- ☐ 4. **Je n'oublie pas les documents nécessaires pour retirer un dossier complet de mariage : inutile de faire des allers-retours pour rien !**
- ☐ 5. **Le nom de famille : c'est à ce moment-là que se décide le choix du nom de famille.**

Chapitre 13

Une cérémonie religieuse ?

DANS CE CHAPITRE :

» **L'engagement par les liens du mariage : un sacrement**

» **Le mariage catholique : fondements, préparation et déroulement de la cérémonie**

» **Les mariages musulman et juif**

Après la cérémonie civile, le jour même ou quelques temps plus tard, vous pouvez décider de vous marier devant l'Église, selon votre confession et celle de votre conjoint. Non obligatoire, le mariage religieux n'en est pas moins d'une très grande importance. Il s'agit d'un sacrement, indissoluble pour la plupart des religions. Comment cela se passe concrètement, avant, pendant et après, dans le cadre des mariages chrétien, juif et musulman ?

Pour en savoir plus, vous pouvez lire *Le Catholicisme pour les Nuls*, *L'Islam pour les Nuls* et *Le Judaïsme pour les Nuls* chez le même éditeur.

Le mariage catholique

Les fondements

Le mariage est un sacrement que se donnent les époux en présence d'un prêtre. Ils se jurent fidélité, s'engagent à vivre ensemble pour le meilleur et pour le pire et à accueillir les enfants à venir. Le mariage catholique est indissoluble.

L'Église catholique fait une distinction entre le mariage légal et le sacrement du ***mariage***. Le fait d'être légalement marié sur le plan civil n'implique pas que l'on ait reçu obligatoirement le sacrement de mariage. Pour qu'il y ait sacrement, il faut que les mariés s'unissent l'un à l'autre, et envers Dieu, par une alliance sacrée. Le mariage civil n'est reconnu en tant qu'union que par l'État. Il peut être simultanément considéré comme un sacrement, mais ce n'est pas forcément le cas.

Un mariage catholique implique deux personnes baptisées (sauf cas de dispense) dont une des deux au moins est catholique. Leur union n'est pas simplement l'occasion de faire une grande fête. Le mariage catholique est une *vocation*, un appel de Dieu. Ce mot vient du latin ***vocare***, qui signifie « appeler ». Il en va des gens mariés et des célibataires comme des prêtres, des diacres, des religieux et des religieuses, des moines et des moniales qui ont répondu à un appel de Dieu.

Être un bon mari ou une bonne épouse – puis un bon père ou une bonne mère – est tout autant un appel sacré de Dieu que l'appel à entrer au couvent pour devenir clarisse, dominicain ou carmélite. Les couples mariés sont, comme les prêtres, les religieux et religieuses, appelés à devenir saints.

Le mariage étant *à la fois* une vocation et un sacrement, il confère une grâce spéciale qui donne à ceux qui la reçoivent la force et la capacité d'assumer et de remplir les obligations et les responsabilités inhérentes au mariage chrétien. Pour que le sacrement de mariage soit célébré de façon valide, il faut trois éléments. Les futurs époux doivent demander le sacrement de mariage avec l'*intention* que leur union soit :

- **Définitive** : jusqu'à la mort.
- **Fidèle** : pas d'adultère.
- **Féconde** : ouverte à la possibilité d'avoir des enfants.

Le sacrement de mariage doit donner aux futurs époux les grâces nécessaires pour que ces intentions se réalisent. Le mariage catholique n'est pas si compliqué qu'il y paraît au premier abord. Il faut qu'au moins une des deux personnes soit catholique. L'autre peut avoir une autre religion. Au plan administratif, si la personne non catholique a été baptisée dans une autre Église, il faut qu'elle apporte la preuve qu'elle a reçu le baptême. Si la personne non catholique n'a pas été baptisée, ne fait partie d'aucune Église ni d'aucune religion chrétienne, il faut une dispense de l'évêque du diocèse. Cet acte peut être obtenu en passant par le prêtre ou le diacre qui célèbrera la cérémonie.

Comme le sacrement du baptême, de la confirmation et de l'ordre, le sacrement du mariage ne peut avoir lieu qu'une seule fois entre deux personnes, sauf si l'un des conjoints meurt. Dans la pratique, cela signifie qu'un catholique ne peut épouser que quelqu'un qui n'a jamais été marié auparavant ou quelqu'un qui est veuf ou veuve. Que se passe-t-il si quelqu'un veut épouser religieusement une personne qui a déjà été mariée et dont l'époux ou l'épouse est encore vivant ? Dans certains cas, si on peut apporter la preuve de l'invalidité du précédent mariage, il est possible de demander le sacrement de mariage. Il faut alors que le précédent mariage ait été déclaré nul par une procédure de nullité. Dans ce cas, les deux parties contractantes du mariage déclaré nul sont libres de se marier – de façon *valide* cette fois au regard de l'Église. Comment peut-on démontrer qu'un sacrement de mariage n'a pas été donné de façon valide ? Si l'un des deux époux (*a fortiori* les deux) n'a pas eu en se mariant l'*intention* d'entrer dans une union permanente, fidèle et féconde, alors ce défaut d'intention invalide le mariage.

Il faut bien garder à l'esprit que les cas de nullité d'un mariage *ne sont pas* une forme de divorce et n'ont aucun effet sur la légitimité des enfants, qui relève du domaine purement juridique. La nullité d'un mariage *n'entraîne pas* le fait que les enfants issus de cette union soient considérés comme illégitimes. La *nullité* est un constat officiel que le mariage en question n'a jamais été un *sacrement* valide, même si les deux parties y sont entrées en toute bonne foi.

Pour être valide, le sacrement de mariage doit se faire en présence d'un prêtre ou d'un diacre, des futurs époux (chacun étant obligatoirement de sexe différent) et des témoins (qui peuvent être de toute confession, ou même athées).

Le nouveau rituel du mariage publié pour la France en septembre 2005 précise que pour qu'il y ait mariage, il faut trois choses :

(1) le consentement des époux, (2) reçu obligatoirement par le prêtre, (3) et la bénédiction nuptiale donnée par le même prêtre. Il y a un changement par rapport à la discipline antérieure, où le prêtre était témoin obligatoire, certes, mais n'était que témoin. Cela met fin à l'affirmation qui n'a jamais été tout à fait exacte et qui voulait que ce soient les époux qui « se donnent » le sacrement. Car le sacrement ne se « donne » pas. C'est une action du Christ et on « entre » dedans.

Les formalités

Les futurs mariés doivent constituer un dossier soumis à l'approbation de l'évêque du diocèse. Ce dossier doit présenter les pièces suivantes :

- Un extrait d'acte de naissance ;
- Un certificat de baptême à demander à la paroisse où le baptême a eu lieu ;
- Un certificat de mariage civil, remis à la mairie le jour du mariage ;
- La liste des témoins (un ou deux par époux avec leurs nom et adresse) ;
- Un projet de vie rédigé par les deux fiancés, faisant part de leur engagement l'un vers l'autre.

La préparation

Dans la plupart des diocèses, il est demandé aux catholiques qui veulent se marier de rencontrer un prêtre ou un diacre au moins neuf à douze mois avant la date du mariage. En France, dans chaque diocèse, des équipes de laïcs en liaison avec les prêtres de paroisse s'occupent de cette préparation au mariage. Les centres de préparation au mariage (CPM) organisent trois ou quatre sessions pour discuter et faire partager aux jeunes fiancés leur expérience du mariage. Les thèmes abordés sont très vastes, depuis les aspects pratiques ou financiers jusqu'aux aspects psychologiques concernant la vie de couple, et spirituels sur la profondeur du sacrement de mariage, en passant par les problèmes liés à la régulation des naissances.

Pourquoi passer autant de temps à se préparer ? Pourquoi ne pas improviser le mariage ? On s'aime, on se marie, c'est tout simple. Tout simple ? Pas si sûr, car le sacrement de mariage dure toute la vie. L'Église catholique veille à ce que le mariage ne soit pas décidé à la va-vite, sur une impulsion, sans trop réfléchir aux conséquences. On met des années à apprendre un métier, et tout le monde trouve cela normal, mais en ce qui concerne la chose la plus importante dans la vie, qui est de construire et de vivre un amour qui nous satisfasse, on se lance « au pif » ! Si la méthode était bonne, les résultats seraient peut-être plus brillants !

C'est davantage celle de votre vie conjugale future que celle de la cérémonie elle-même. Elle dure environ six mois et est ponctuée par cinq rendez-vous.

- » La première rencontre avec le prêtre ;
- » La rencontre avec un couple marié qui sert de guide ;
- » Une réunion entre plusieurs couples prêts à se marier eux aussi ;
- » Le bilan avec le couple guide ;
- » Et, enfin, la réunion de mise au point avec le prêtre.

Le mariage mixte entre catholique et non baptisé(e) ou de confession différente

Un mariage peut être célébré selon le rite catholique entre catholique et non-baptisé(e), à la condition de demander une dispense pour « disparité de culte » auprès de l'évêché. Le prêtre, ou le diacre qui prépare le mariage avec le couple, vérifie que chacun donne un contenu minimum à son engagement :

- » Une promesse de fidélité totale à l'autre ;
- » Le respect mutuel de la liberté de conscience ;
- » L'accueil des enfants à naître dans le couple ;

» L'engagement du conjoint catholique à faire « tout ce qui dépend de lui » pour assurer le baptême et l'éducation des enfants dans la foi catholique.

Chacun des futurs conjoints consigne ses engagements dans une « déclaration d'intention » signée personnellement.

Quelques conseils pour rédiger votre déclaration d'intention

L'Église demande à chacun de vous de rédiger un document où vous donnerez les raisons de votre mariage à l'église et où vous vous engagerez autour des quatre fondements du mariage chrétien : c'est la déclaration d'intention, que vous remettrez au prêtre qui vous marie.

Vous pourrez d'abord réfléchir seul, et, bien sûr, en compagnie du prêtre, puis écrire quelques mots et en discuter avec lui. Ensuite, vous rédigerez un document chacun de votre côté. Commencez, par exemple, par raconter votre rencontre, ce qu'elle a signifié pour vous.

Vous pourrez alors développer chacun des quatre fondements :

» **Liberté :** expliquez comment vous vous sentez librement engagés dans ce projet de mariage et comment vous allez vivre dans le respect de l'indépendance de chacun.

» **Fidélité :** exprimez la façon dont vous vous engagez à être fidèle à l'autre et ce que la fidélité signifie pour vous.

» **Indissolubilité :** exprimez vos raisons de vous engager pour toujours, sans conditions, en compagnie de Dieu.

» **Fécondité :** exprimez votre désir d'accueillir des enfants et de les élever dans l'amour de Dieu.

Valeur et rôle des témoins

Si les témoins sont là pour attester qu'il y a bien eu mariage religieux par libre consentement entre les époux, leur rôle est davantage amical et fraternel que juridique. Plus tard, ces témoins pourront, au besoin, rappeler leur engagement aux époux et les aider en cas de difficultés.

Il importe donc de choisir les témoins parmi des amis proches en qui on a confiance et avec qui on pourra poursuivre une vraie relation d'amitié, faite d'écoute et de vérité.

Il n'est pas indispensable que ces témoins soient chrétiens. Leur rôle – plus humain que directement religieux – n'est pas le même que les parrains et marraines choisis pour le baptême. Mais un témoin qui partage la même foi peut être une incontestable richesse dans les dialogues futurs. Il faut au moins deux témoins (un pour le marié et un pour la mariée). Durant la célébration, les témoins entourent les mariés au moment de l'échange des consentements. Ils viennent également, en fin de célébration, signer les registres de l'église.

La check-list de votre célébration religieuse

Vous pourrez facilement la modifier à votre guise et en faire rapidement la trame d'un livret pour que tous vos amis puissent mieux suivre votre célébration.

Accueil
Nom de l'animateur des chants :
Noms des enfants pour le cortège :
Nom de la personne chargée de les guider :
Titre de notre chant d'entrée (ou musique) :
Notre mot d'accueil :

La Parole de Dieu
Première lecture :
Dite par :
Psaume :
Dit par :
Acclamation de l'Évangile :
Évangile :
Homélie

Les « oui » qui nous unissent
Nos témoins :
Dialogue avec le prêtre
Invitation à l'échange des consentements
Notre échange de consentements :
Confirmation du mariage
Chant d'action de grâce :
Don mutuel des alliances
Alliances apportées par :
Notre prière d'époux :

Le temps de prière	ou Eucharistie
Notre Père	Prière universelle dite par :
Bénédiction nuptiale :	Refrain de la prière universelle :
Prière universelle dite par :	Procession des offrandes organisée par :
Refrain de la prière universelle :	Prière sur les offrandes

Préface
Chant « Saint est le Seigneur » :
Prière eucharistique
Anamnèse :
Notre Père
Chant de la fraction du pain :
Bénédiction nuptiale :
Titre de notre chant de communion :

La bénédiction finale
Bénédiction finale :
Signature des actes :
Quête faite par :
Musique choisie :
Titre de notre chant d'envoi :

FIGURE 13.1 : La célébration de notre mariage.

Au cours de la cérémonie qui a lieu à l'église, les seules lectures autorisées sont celles tirées de la Bible. Si on veut lire un texte profane ou chanter un chant que l'on aime bien, ce ne peut être qu'avant le début de la célébration ou après, mais jamais pendant son déroulement. Et bien entendu, il est nécessaire d'en parler auparavant au célébrant pour avoir son accord. En dehors de l'église, pendant la réception, par exemple avant le repas ou au moment de porter un toast aux jeunes mariés, on peut très bien lire un texte profane ou d'une autre religion.

Pour éviter tout souci d'organisation prévenez vos lecteurs quelques jours à l'avance et faites leur parvenir les textes. De même pensez à faire un livret avec les chants, prières et textes à l'intention de vos invités pour leur permettre de suivre aisément le déroulement de la cérémonie religieuse.

Comment se déroule la cérémonie ?

En fonction de votre degré d'attachement à la religion et des traditions dans votre famille, vous pouvez opter pour une bénédiction nuptiale ou pour la célébration d'une messe. Si vous choisissez une messe, la cérémonie dure environ une heure, une heure trente, contre une demi-heure ou trois quarts d'heure pour une bénédiction

Le prêtre accueille les personnes présentes, les mariés entrent dans l'église avec les chants, la musique ou les orgues, la prière et la célébration commencent. Puis vient le sacrement du mariage proprement dit : dialogue initial, échange des consentements, bénédiction des alliances, prière des époux, prière universelle, action de grâce et communion, prière, bénédiction nuptiale, bénédiction finale. Enfin, les nouveaux époux signent les registres et le livret religieux leur est remis avant la sortie de l'église avec musique ou chants.

UN MARIAGE EN MUSIQUE

Dans le mariage catholique, pas de cérémonie sans musique ou chants, cela permet de ponctuer chaque étape. Plusieurs choix s'offrent à vous.

Définissez vos priorités : faire chanter la foule, privilégier de la belle musique, ou un peu des deux. Si vos familles et les invités à la cérémonie risquent de ne pas chanter beaucoup, il vaut mieux donner la priorité aux musiciens.

Si vous êtes certains que vos familles et les invités chanteront avec conviction, comptez sur leur participation, mais attention à ne pas faire venir une chorale pour ne lui donner qu'une ou deux pièces polyphoniques de qualité à chanter. Les choristes auraient l'impression d'être venus pour rien. Même chose pour l'organiste : pensez à lui donner quelque possibilité de jouer de belles pièces d'orgue. Un musicien à qui on donne un « espace » pour s'épanouir dans son art donne en retour le meilleur de lui-même. Et inversement !

La plupart des églises sont équipées d'un système de sonorisation, vous permettant de passer un CD de musiques que vous aurez choisi au préalable. Cette solution est celle le plus souvent utilisée par les jeunes mariés, car elle offre la liberté de mettre la musique de son choix. Toutefois, évitez les musiques trop « rock » ou qui pourraient être blasphématoires (si vous choisissez une chanson non française, prenez le temps de la traduire pour en connaître le sens).

En pratique : préparez un CD avec le bon ordre de passage des chansons, si le sacristain ou tout autre personne en charge de la paroisse ne peut pas s'en occuper, désignez un proche à qui incombera la tâche. Remettez-lui un livret de messe en annotant chaque passage de musique (entrée des mariés, bénédiction des alliances, signatures des registres, sorties des mariés, etc.).

Au préalable, si vous utilisez un CD gravé, vérifiez bien que le lecteur de l'église pourra le lire. Si ce n'est pas le cas, préparez tous les CD originaux avec un Post-it sur les boîtes, indiquant pour quel passage ils seront utilisés.

Vérifiez bien aussi la longueur de chaque titre, il serait dommage que la musique s'arrête alors que la mariée est au beau milieu de l'allée.

Si vous préférez une musique plus « présente », vous avez plusieurs solutions :

» **Vous pouvez engager un organiste. Bien souvent, il y en a un titulaire dans chaque paroisse. Demandez à votre prêtre.**

(SUITE)

L'organiste vous donnera un aperçu de son répertoire et, en fonction de la cérémonie, vous choisirez ensemble les pièces qu'il jouera.

» Baroque, romantique ou classique, le chanteur ou la chanteuse lyrique accompagnera avec raffinement votre cérémonie de mariage. Généralement, il/elle peut chanter *a cappella* ou bien en étant accompagné(e) de l'orgue de l'église.

» Vous pouvez opter pour un solo, un duo, un trio ou un quatuor de musique classique : harpe, guitare, violon, flûte, violoncelle, le choix est très large, l'ambiance créée sera digne des plus beaux mariages de contes de fées. Elle enveloppera ce moment précieux de romantisme.

» Certaines églises ont leur propre chorale, composée la plupart du temps de bénévoles passionnés. Si la vôtre n'en a pas, vous pouvez en engager une ou bien prendre un groupe de gospel. De plus en plus plébiscité par les jeunes mariés, le gospel dégage une véritable énergie durant la célébration de mariage. Il n'est pas rare de voir les invités applaudir, chanter et battre des mains durant leurs chants. Toutefois, demandez bien l'autorisation au prêtre de votre paroisse si vous souhaitez recourir à ce genre de prestation.

LA QUÊTE

Il est d'usage d'organiser une quête pour la paroisse et les bonnes œuvres de l'église à la fin de la bénédiction. Deux corbeilles seront présentées à l'assistance par deux enfants, assistés par un adulte en fonction de leur âge.

L'entrée des mariés et du cortège

Moment magique, tant attendu, où les mariés, et en particulier la mariée, font leur apparition. Tout doit être bien orchestré, chacun connaissant parfaitement son rôle.

Au besoin, n'hésitez pas à réunir les intéressés un ou deux jours à l'avance pour répéter.

Pour une bonne mise en scène de ces instants inoubliables, il est nécessaire que les invités soient à l'heure et déjà installés dans l'église avant l'entrée du cortège.

C'est pourquoi la solution souvent adoptée par les mariés est d'arriver en retard, mais, attention, s'il y a une autre célébration après, votre cérémonie risque d'être écourtée et vous pouvez irriter le prêtre !

Forme du cortège

En tête, les jeunes couples du service d'honneur (témoins et frère(s) et sœur(s)), dont les membres se placent de chaque côté de la travée centrale avec les jeunes filles à gauche, les jeunes hommes à droite. Ensuite, le père du marié donnant le bras à la mère de la mariée, puis entre le marié donnant le bras à sa mère et, enfin, une fois tout le monde installé, le marié attend sa fiancée debout devant l'autel et la mariée fait son entrée au bras gauche de son père entourée des enfants d'honneur.

Si l'un des parents est absent, la mariée entre au bras de son parrain, oncle, grand-père ou tout autre personne qui lui est chère de son choix. Même chose pour le marié.

Autel
La mariée, le marié
Témoins de la mariée, témoins du marié
Mère et père de la mariée, mère et père du marié
Grands-parents, parrains et marraines, grands-parents, parrains et marraines
Frères et sœurs, famille, frères et sœurs, famille
Amis, amis

FIGURE 13.3 : Le placement à l'église.

La messe de mariage

LES PHOTOS

Il est normal que l'on veuille conserver une photo en souvenir de son mariage. Mais le mariage n'est pas un « show » de variétés. Il faut donc que les époux s'arrangent pour éviter la horde de copains qui se faufilent partout pour avoir la photo du siècle (que les mariés ne verront probablement jamais). Cela surtout pendant la procession d'entrée des époux où ils encombrent l'allée centrale, et au moment de la remise des anneaux. Le mieux est de choisir un ou deux photographes sérieux et respectueux, qui s'entendront avec le curé pour les prises de vue et seront seuls habilités à entrer dans le chœur de l'église.

Au cours d'une messe de mariage, comme au cours de toute messe, on lit trois passages des Écritures : l'un tiré de l'Ancien Testament, lu par un ami ou un parent, suivi d'un psaume chanté, le deuxième tiré d'une épître du Nouveau Testament (lu par un ami ou un parent), et enfin un extrait d'un Évangile lu par le prêtre ou le diacre. Ensuite, le prêtre ou le diacre fait son homélie et assiste à l'échange des consentements.

Juste avant l'échange des consentements, le prêtre ou le diacre pose au couple trois questions importantes :

1. **Vous allez vous engager l'un envers l'autre. Est-ce librement et sans contrainte ?**
2. **Vous allez vous promettre fidélité. Est-ce pour toute votre vie ?**
3. **Dans le foyer que vous allez fonder, acceptez-vous la responsabilité d'époux et de parents ? (ou bien) Vous engagez-vous à éduquer les enfants selon l'Évangile du Christ et la foi de l'Église ?**

On s'attend alors à ce que les deux fiancés répondent « Oui ! » avec enthousiasme. Le prêtre (ou le diacre) peut ensuite procéder à l'échange des consentements.

La formule du consentement peut être dite par le prêtre (ou le diacre) et répétée par les fiancés ou bien être adressée sous forme de question à laquelle les fiancés répondent chacun à leur tour « Oui, je le veux. » Voici la formulation habituelle :

- Anne-Élise, veux-tu être ma femme ?
- Oui, je le veux. Et toi, Sébastien, veux-tu être mon mari ?
- Oui, je le veux. Anne-Élise, je te reçois comme épouse et je me donne à toi pour t'aimer fidèlement tout au long de notre vie.
- Sébastien, je te reçois comme époux et je me donne à toi pour t'aimer fidèlement tout au long de notre vie.

Une fois les consentements échangés, les futurs époux se passent l'alliance au doigt en disant chacun à leur tour : « Je te donne cette alliance, signe de notre amour et de notre fidélité. »

Le couple devient mari et femme au moment de l'échange des consentements, et non au moment de l'échange des alliances, qui n'ont qu'une valeur de symbole.

Après l'échange des alliances, le nouveau rituel demande que le prêtre prononce la « bénédiction nuptiale » nécessaire pour que le sacrement soit conclu (on dit « soit valide »). Notez qu'elle a été déplacée car on la disait auparavant après le *Notre Père*. Ensuite, les époux récitent une prière qu'ils ont composée (ou choisie) à l'avance, puis on dit la prière universelle, comme à toutes les messes du dimanche. Vient ensuite un chant de la procession des dons et la prière sur les offrandes. C'est un ami ou un parent qui peut apporter le pain et le vin pour la consécration. La messe reprend son cours habituel.

Souvent, après la communion et la prière finale, les nouveaux époux s'avancent vers la statue de Marie où ils déposent un bouquet de fleurs tandis que l'on chante en chœur (avec ou sans chorale) un *Je vous salue Marie* ou un *Ave Maria* en latin. Cette coutume est née du désir des nouveaux mariés de confier leur amour à l'intercession de Marie comme elle le fit le jour des noces de Cana où le vin vint à manquer et où elle incita son fils Jésus à changer l'eau en vin. De même, les nouveaux époux demandent à Marie, la mère de Jésus, d'intercéder pour eux auprès de son fils. Les époux et leurs témoins signent l'acte du mariage sur le registre. Puis ils s'avancent, tout heureux et émus, dans l'allée centrale pour sortir en grande pompe de l'église.

? LE BOUQUET DE LA VIERGE

En Provence, il est d'usage, lors de la cérémonie de mariage, que la mariée offre son bouquet à la Vierge. D'où nous vient cette tradition ?

Lors de la cérémonie religieuse, après l'échange des consentements, les mariés vont offrir le bouquet de la mariée à la Vierge Marie en le déposant à ses pieds sur son autel. C'est aux mariés seulement, ou à la mariée seule, de faire ce geste, qui a pour but de mettre le couple sous la protection de la Sainte Vierge. Généralement, à ce moment-là, on écoute l'*Ave Maria*.

Ce geste permet non seulement de se placer sous la protection de la Sainte Vierge, mais c'est aussi une façon d'attirer la fertilité sur le couple de jeunes mariés, la Vierge représentant symboliquement la fécondité.

Un petit conseil : vous pouvez prévoir pour votre cérémonie deux bouquets de fleurs : un que vous déposerez sur l'autel de la Vierge et un autre que vous garderez avec vous. Cela vous évitera de vous retrouver sans bouquet sur les photos qui suivent la cérémonie religieuse !

Le mariage sans messe

La cérémonie du mariage proprement dite suit à peu près le programme de la première partie de la messe, qui s'appelle la « liturgie de la parole » dans la mesure où on y lit des passages de l'Ancien et du Nouveau Testament, ainsi qu'un psaume et un Évangile. Le prêtre ou le diacre fait une homélie après avoir proclamé l'Évangile. Ensuite, on procède à l'échange des consentements et à la bénédiction nuptiale, puis à l'échange des alliances. Des prières sont dites en l'honneur des nouveaux mariés, puis on récite le *Notre Père*. Vient ensuite la transmission de la *paix du Christ*.

La célébration se termine par une prière finale et la signature du registre des mariages. La seule différence entre les deux types de cérémonies tient à ce que lors d'une messe de mariage, juste après l'échange des consentements, la bénédiction nuptiale et la remise des alliances, la messe reprend son cours normal.

UNE ALLIANCE POUR LA VIE

Après l'échange des consentements, les futurs mariés se passent une alliance au doigt. Cette alliance est un anneau (en or ou en argent, ou même serti de pierres précieuses) dont le nom rappelle l'engagement contracté l'un envers l'autre. En général, les futurs mariés font graver leurs prénoms à l'intérieur de l'alliance (en faisant inscrire par exemple « de Paul à Virginie » et « de Virginie à Paul »). En France, traditionnellement, l'alliance est portée à l'annulaire de la main gauche, qui, selon une légende de l'ancienne Égypte, se trouve placé sur le chemin de la *Vena amoris*, « veine de l'amour », qui mène directement au cœur. En Allemagne, en Autriche et en Suisse, on porte son alliance à la main gauche en période de fiançailles (avant le mariage), et à la main droite après le mariage.

Le pape Jean-Paul II, quand il n'était encore que prêtre de paroisse et portait le nom de Karol Wojtyla, a écrit une très belle pièce de théâtre sur le thème de l'alliance, *La Boutique de l'orfèvre*, qui évoque le destin de trois couples autour de l'alliance forgée pour chacun par un orfèvre inspiré. Cette pièce de théâtre a fait l'objet d'une adaptation au cinéma par le cinéaste britannique Michael Anderson (*The Jeweller's shop*, 1987), avec Burt Lancaster dans le rôle principal.

La sortie de l'église

Sur invitation du prêtre, les invités sortent et se placent en arc de cercle sur le parvis. Les mariés sortent de l'église précédés par leurs enfants d'honneur. Les témoins leur jettent une pluie de pétales de roses, de riz, de confettis... en criant « Vive les mariés ! » Les parents des mariés suivent en couple.

Enfin, après les félicitations et quelques photos, les mariés montent dans leur voiture, suivis par les invités jusqu'au lieu de réception.

Le mariage musulman

La loi locale

Dans la religion musulmane, la manière de célébrer le mariage peut prendre diverses formes selon le contexte. Les conditions minimales concernant le choix du conjoint, le contrat de mariage et la dot (don de biens ou d'argent pour un montant convenu à l'avance versé par le mari à la mariée) sont respectées par tous les musulmans à condition que cela n'entre pas en conflit avec la loi locale. Ainsi, les hommes musulmans ne peuvent pas avoir plusieurs épouses dans les pays où la polygamie est illégale. Au-delà de ce minimum, comme pour d'autres rites de passage, il existe une grande diversité de coutumes et de pratiques en ce qui concerne le choix du conjoint et les cérémonies qui peuvent commencer par la signature du contrat et se conclure par un banquet après la consommation du mariage.

Il est normal pour un musulman de se marier. Le Coran et les hadiths (traditions) recommandent de se marier jeune. L'homme et la femme doivent avoir atteint leur majorité au plan sexuel et l'homme doit avoir les moyens de faire vivre son épouse. En pratique, l'homme se marie idéalement aux alentours de ses 20 ans et sa femme peut avoir le même âge, voire être un peu plus jeune. Il existe encore des mariages précoces. Le mariage ne repose pas *a priori* sur l'amour romantique mais plutôt sur des considérations liées à la parenté, la propriété, la piété du promis ou de la promise, et les bénéfices réciproques que peuvent en tirer les deux familles. Les couples peuvent se réunir en présence d'un tuteur avant de signer le contrat de mariage, mais cette rencontre n'est pas exigée. Si les hommes musulmans peuvent épouser des femmes issues d'autres religions du Livre (c'est-à-dire des chrétiens ou des juifs), les femmes musulmanes, en revanche, doivent épouser un musulman afin de s'assurer que les enfants seront élevés dans la religion musulmane. La loi islamique interdit également d'épouser des parents proches. Dans les pays où les musulmans sont en minorité, les organismes islamiques fournissent des services de rencontres matrimoniales par l'intermédiaire d'Internet. Il existe également dans les magazines pour musulmans des petites annonces matrimoniales.

Formalités juridiques

Le mariage dans l'islam est un contrat juridique, pas un sacrement religieux. Légalement, le mariage repose sur un contrat (*nikah*) qui prévoit ce qui suit :

- Il est signé par le père ou le tuteur de la mariée en présence de deux témoins. Cela a normalement lieu avant la vraie nuit du mariage.
- Le père ou le tuteur de la mariée défend les intérêts de l'épouse dans les négociations en vue du mariage. Des différences existent entre les écoles juridiques pour savoir si le tuteur peut imposer son choix à la mariée mais, dans les pays musulmans aujourd'hui, le père de la mariée ou le tuteur est tenu d'agir dans l'intérêt de la mariée. Les femmes adultes ont davantage leur mot à dire dans le choix du mari que les jeunes femmes. Au XXe siècle, certains États musulmans ont fixé un âge minimal pour le mariage (par exemple, 18 et 16 ans respectivement pour l'homme et la femme) et exigent l'enregistrement du mariage à l'état civil.
- Le cadeau fait par le marié à la mariée est basé sur la sourate IV, 4. Sans cette dot, le mariage peut être non recevable. Le montant du cadeau peut être spécifié dans le contrat. Si normalement il doit être versé avant la consommation du mariage, le contrat peut tenir compte de paiements en acompte. La dot reste la propriété de l'épouse qui peut en faire ce qu'elle veut ; cependant, dans certains cas, il peut être convenu que cet argent servira à acheter le mobilier pour la maison. La dot peut prendre forme d'argent ou de marchandises. La Tradition indique que les cadeaux nuptiaux ne doivent pas être exagérément dispendieux tout en tenant compte des usages et du statut social de la mariée. Elle rapporte également que Mohammed a donné son approbation à des dots aussi simples qu'une paire de sandales ou une poignée de farine dans le cas d'un couple pauvre.

Vive la mariée !

Les traditions musulmanes s'accordent pour dire que Mohammed a recommandé de faire une fête ou un banquet de mariage, bien que cela ne soit pas exigé par une loi de l'islam. C'est une façon de remplir la condition nécessaire qui veut qu'un mariage doit être rendu public. En dehors de cela, les coutumes varient considérablement d'une culture à une autre, mais on y retrouve en général les mêmes aspects festifs de chants, de danses, parfois de récitations de certains passages du Coran. La fête de mariage (pour un ou plusieurs mariages en même temps) peut être liée à la signature du contrat, au rite qui consiste à accompagner la mariée jusqu'à la maison du marié, à la nuit de la consommation du mariage et à un banquet de mariage dans les deux jours qui suivent le mariage. Quelles qu'en soient les modalités, c'est une occasion joyeuse pour les couples, les familles et la communauté tout entière. Au cours des festivités, on observe la séparation naturelle des hommes et des femmes. La lune de miel n'est pas une coutume musulmane traditionnelle et, selon certains, les musulmans vivant dans les pays occidentaux ne devraient pas adopter cette coutume. D'autres, au contraire, constatant que le mariage en terre d'islam combine des exigences liées à la religion avec des coutumes locales, ne trouvent rien à redire à la coutume de la lune de miel.

Une personne invitée à une célébration de mariage est obligée d'accepter l'invitation.

Le mariage : un rite de passage

Dans une certaine mesure pour les hommes, mais beaucoup plus pour les femmes, le mariage constitue un rite de passage dans les sociétés musulmanes traditionnelles. La femme quitte la maison de ses parents pour assumer les tâches dévolues traditionnellement aux femmes : tenir sa maison et faire des enfants.

Dans certains pays, c'est la naissance du premier enfant – bien plus que le mariage ou la circoncision – qui marque la transition à l'âge adulte pour la mère. Comme dans beaucoup de cultures prémodernes, il existe dans certains pays musulmans tout un rituel de restrictions et de purifications spéciales qui marquent la réintégration de la nouvelle mère dans la société (à propos des conditions de purification liées à la perte de sang). Des purifications spéciales peuvent être demandées à la mère. La mère (et l'enfant) peuvent dans certains cas passer par une période de retraite – d'abord en restant dans leur chambre, sans contacts en dehors de la famille immédiate, puis en restant à la maison, avec la possibilité d'avoir davantage de contacts au cours de cette période. Là encore, les détails de cette retraite et de la purification nécessaire après une naissance varient et ne sont pas fixés par des règles.

PRENDRE PLUSIEURS ÉPOUSES

Vous avez probablement entendu dire que les musulmans peuvent prendre jusqu'à quatre épouses. Cependant, excepté dans certaines familles princières traditionnelles, peu d'hommes musulmans ont aujourd'hui plus d'une épouse. Dans les régions d'Afrique où la polygamie était traditionnelle avant l'islam, elle a perduré naturellement avec l'islam.

Mohammed a déclaré que le divorce est la chose la plus dédaignée parmi celle que Dieu néanmoins permet. Il n'y a pas de honte ou d'opprobre à épouser un ou une divorcée, encore que la Tradition recommande de choisir un compagnon (ou une compagne) qui ne soit pas divorcé(e). Dans l'histoire de l'islam, il y a eu des cas d'hommes qui ont abusé de leur droit de divorce. Pour prévenir les cas où certains hommes musulmans abusent de leurs droits en épousant de très jeunes filles, un certain nombre de législations ont été mises en place de nos jours. Les musulmans auraient plutôt tendance à dire qu'aujourd'hui ce sont davantage les Occidentaux qui prennent des épouses successives – l'une après l'autre – et non les musulmans.

LE MARIAGE ET LA FAMILLE

Amour et mariage sont-ils indissociablement liés dans la mentalité musulmane ? Jusqu'à nos jours, la famille musulmane ne conçoit pas que les jeunes promis puissent se fréquenter assidûment avant de rendre publique leur union. L'idée sous-jacente est celle-ci : « Qui veut l'un doit aussi prendre l'autre. » Aussi les relations sexuelles, le mariage et le sexe sont-ils supposés aller de pair dans le monde musulman.

(SUITE)

- **Le mariage, dans l'islam, est un contrat social avec une bénédiction divine (sourate XXV, 54).** Il est fortement recommandé de faire une célébration de mariage, ce qui se produit la plupart du temps. Cependant, la condition religieuse cruciale est le contrat négocié par l'homme et le représentant masculin de la femme, signé en présence de deux témoins au minimum. Dans l'islam, le mariage ne doit pas être contracté en cachette. C'est un événement public (la fête donnée en l'honneur des mariés en fait un acte public). Même si les prémisses du mariage ne reposent pas forcément sur de romantiques émois, l'amour est important dans le mariage. La sourate XXX, 21 dit que le mariage est l'un des signes de la sollicitude de Dieu pour l'humanité et que Dieu « a mis l'amour et la bonté entre » le mari et l'épouse.
- **Il est recommandé de se marier jeune, aux alentours de 20 ans.** Étant donné que l'homme doit pouvoir subvenir aux besoins de sa femme et que le monde moderne exige de longues années d'étude avant de pouvoir exercer un métier à temps plein, la date du mariage est souvent repoussée de plusieurs années.
- **L'islam sanctionne la polygamie.** Certains penseurs musulmans modernistes disent que le Coran privilégie la monogamie mais a néanmoins autorisé la polygamie pour tenir compte des conditions de vie de la première communauté musulmane. Le mari peut avoir jusqu'à quatre épouses, à condition de les traiter à égalité. Cette égalité de traitement concerne le soutien financier des épouses, et non les sentiments. Un musulman qui vit dans un pays où la polygamie est interdite doit se conformer aux lois du pays où il vit. Certains pays musulmans restreignent, voire interdisent la polygamie (la Tunisie, par exemple).
- **Les femmes ne peuvent avoir qu'un seul mari et, de nos jours, la plupart des hommes musulmans n'ont qu'une seule épouse.** Dans certains cas, l'épouse peut mettre dans le contrat de mariage une clause qui interdit au mari de prendre une autre épouse.

Le mariage juif

Dans le judaïsme, la dimension sacrée du mariage est d'une importance extrême. Elle correspond à la pulsion de vie tout comme le deuil se réfère à la pulsion de mort. C'est le fameux couple Éros et Tanatos cher aux psychanalystes. C'est pourquoi, les festivités du mariage et la période de deuil ont la même durée : sept jours.

Aux origines du mariage juif

Le mariage est un acte sacré, mais c'est aussi une institution légale et la loi juive abonde de détails sur les règles relatives au mariage.

Contrairement à un certain nombre de cultures dans lesquelles la femme est considérée comme une propriété transférable du père vers le mari, la loi juive dit clairement qu'hommes et femmes sont égaux en droit pour le choix du conjoint. Même dans le cas du mariage arrangé par un *chadh'en* (marieur), un système qui fut la norme pendant des siècles, et existe encore, l'éventuelle fiancée avait un droit de veto.

Contrairement à ce que l'on pense, ce n'est pas le rabbin qui marie les gens. Le mariage juif est en effet un engagement contractuel et le rabbin a pour fonction de veiller à ce que les rites soient respectés et à ce que l'union soit conforme à la loi juive.

Dans l'Antiquité, il existait trois possibilités légales de contracter mariage.

1. **L'homme pouvait donner à la femme un cadeau de valeur et réciter une déclaration de mariage devant deux témoins hommes sans lien de parenté ni d'intérêt.**

2. **L'homme et la femme pouvaient signer un contrat de mariage (une *ketouba*) devant deux témoins (non intéressés).**

3. **Si deux témoins voyaient un homme et une femme s'isoler, il pouvait y avoir présomption d'acte sexuel assimilé à un acte conjugal.**

Aujourd'hui, dans un mariage juif, ces trois modalités sont présentes : l'homme remet une bague à son épouse puis un contrat de mariage, et enfin, symboliquement, après la cérémonie, les époux se retirent : ils s'isolent un moment avant de recevoir les félicitations des invités.

La préparation de la cérémonie

Les préparatifs du mariage sont marqués par diverses coutumes. Durant l'office de shabbat qui précède le mariage (ou, dans la tradition séfarade, après le mariage), le fiancé (ainsi que la fiancée dans les communautés plus libérales) est appelé à lire la Torah, il reçoit une bénédiction, puis tout le monde l'arrose de graines ou de sucreries. Chez les Ashkénazim, on appelle cela l'*aufruf*, d'un mot allemand qui signifie « appel ».

La veille du mariage, la femme (et parfois l'homme) se rend au *mikveh* (le bain rituel). Tout volume d'eau fraîche peut faire l'affaire, par exemple la mer, un lac ou un fleuve.

Selon certains traditionalistes, les futurs mariés ne doivent pas se voir du tout pendant la semaine qui précède le mariage (ou du moins pas avant le jour « J »). C'est là une des premières conventions que les courants plus libéraux aient décidé d'abandonner.

Le choix de la date de la cérémonie n'est pas toujours simple. Selon un vieil adage, *ein mearvin simcha b'simcha*, c'est-à-dire qu'il ne faut pas célébrer deux fêtes simultanément. C'est pourquoi on ne se marie pas un jour de shabbat, ni pendant un jour de fête. Il faut également éviter les jours de jeûne et de deuil. Selon la loi juive, on doit également éviter de faire coïncider le mariage avec le cycle menstruel (faute de quoi les nouveaux mariés ne pourraient pas consommer le mariage).

UN MARIAGE EN BLANC

Le jour « J », les parents de la *kallah* (fiancée) et du *h'atan* (fiancé, choisi) les accompagnent. Sous le dais nuptial, la fiancée se tient à la droite du fiancé. Cet usage provient du Cantique des cantiques où il est écrit : « Ta princesse se tient à ta droite. » Chez les Juifs très traditionalistes, le futur marié porte une blouse blanche : le *kittel* qui ressemble à un linceul. Il le portera en quatre circonstances : le jour de son mariage, le soir de la Pâque, pendant les offices de Yom Kippour et y sera enseveli le jour de ses funérailles.

L'importance donnée à la relation entre les parents des deux futurs mariés est telle qu'il existe en yiddish un mot pour la désigner : *mah'tunem*. Il signifie que les deux familles sont désormais alliées.

Dans la plupart des mariages juifs, on conserve les huit symboles et rituels essentiels : le dais nuptial (la *h'ouppa*), le vin, les alliances, les sept bénédictions, le verre que l'on casse, le contrat de mariage (la *ketouba*), le *bedeken* (le voile que porte la mariée avant la cérémonie) et le *yih'oud* (lorsque les nouveaux mariés passent quelques minutes ensemble après la cérémonie).

Comme dans d'autres religions, il est de tradition que le marié soit en blanc.

Sous le dais

Souvent, les gens aiment l'idée de se marier dans la « maison de Dieu ». Cependant, le judaïsme enseigne depuis longtemps que Dieu est présent dans toutes les maisons, et même partout ailleurs. Pour se marier, il s'agit non pas de trouver un lieu saint mais plutôt de créer un espace sacré. C'est peut-être la raison pour laquelle le mariage est célébré sous la *h'ouppa*, un dais tendu au-dessus de la tête des deux mariés. En réalité, la *h'ouppa* peut être installée n'importe où. Les Juifs se marient généralement à la synagogue. La cérémonie peut cependant avoir lieu dans une maison. Chez les h'assidim, la coutume voulait que le mariage ait lieu en plein air.

La *h'ouppa*, qui symbolise le nouveau foyer en cours de création, et, selon certains, les tentes qu'utilisaient les Hébreux dans l'Antiquité, peut être aussi simple ou aussi sophistiquée qu'on le souhaite. Souvent, un morceau d'étoffe (un *talith*) monté sur quatre tiges est tenu par des amis au-dessus de la tête des futurs mariés (les choses sont plus faciles lorsque les tiges descendent jusqu'au sol). Certains décorent la *h'ouppa* à l'aide de fleurs ou de broderies, ou utilisent un dais sur pieds.

Une coutume relativement récente consiste à faire construire une *h'ouppa* à partir de différents éléments sur lesquels les amis des futurs mariés ajoutent leurs propres décorations, messages, dessins et couleurs. Ainsi, après la cérémonie, les mariés gardent un souvenir qu'ils peuvent accrocher au mur et qui leur rappelle l'affection que leur portent leurs amis.

Une tradition très ancienne veut que la mariée tourne sept fois autour du marié dès qu'ils sont tous les deux sous la *h'ouppa*. Le nombre sept est un signe de plénitude.

LE VIN RÉJOUIT LE CŒUR DE L'HOMME (ET AUSSI DE LA FEMME)

Presque toutes les fêtes juives comportent une bénédiction avec du vin. Jusqu'au XIe siècle, le mariage juif se célébrait en deux temps : l'*eroussin* (fiançailles), aussi appelé *kidouchin* (sanctification) et le *nissuin* (mariage proprement dit), souvent séparés d'une année. Depuis, ces deux événements ont été réunis en un seul que l'on appelle *kidouchin*, mais dans les mariages juifs traditionnels, on continue de prononcer deux bénédictions et de boire deux fois d'une ou deux coupes de vin sous la *h'ouppa*.

L'échange des anneaux

Dans le judaïsme – sauf chez les libéraux – il n'y a pas d'échange d'anneaux. Le marié donne simplement à la mariée une bague, mais n'importe quel objet pourrait faire l'affaire. En l'acceptant, la fiancée devient l'épouse. En même temps qu'il lui passe la bague au doigt, le mari prononce la formule suivante :

> *Harei aht mekudeshet li, be-tahba'at zoh, kedat Mosheh veYisrael.*

« Avec cette bague, tu m'es consacrée [en tant qu'épouse] selon la tradition de Moïse et d'Israël. »

Chez les libéraux, la mariée donne également une bague au marié et prononce une déclaration.

La bague elle-même a changé avec le temps. Les Juifs traditionalistes s'en tiennent à la règle selon laquelle la bague doit être un simple anneau, sans pierre, sans doute parce que tous les Juifs sont égaux quelle que soit leur situation sociale et financière. L'anneau est aussi le symbole d'une vie heureuse et sans heurts, et bien entendu, le cercle symbolise la perfection et la continuité de la relation.

Les sept bénédictions

Sous le dais nuptial, on récite sept bénédictions appelées *sheva berah'ot*. Elles sont lues ou chantées, généralement par le rabbin ou par le chantre. Certains aiment faire dire les bénédictions par les différents parents et amis. Une vieille tradition veut aussi qu'un *minyan* constitué des amis du couple organise des dîners tous les soirs de la semaine qui suit la cérémonie et que les *sheva berah'ot* soient récitées chaque soir (c'est pourquoi on parle souvent des soirées de *sheva berah'ot*).

Le verre que l'on casse

La coutume qui consiste à casser un verre avec le talon pour clore la cérémonie de mariage est sans doute un des rites juifs les plus connus. Ce rite est en fait un rite de deuil. Il vient rappeler à la communauté la destruction du Temple de Jérusalem. Il a pour origine une noce antique au cours de laquelle les convives étaient particulièrement exubérants. C'est alors que le père du marié, un rabbin, prit une coupe précieuse et la jeta par terre en disant : « Le Temple est détruit, et vous, vous vous éclatez ! » Dès que le verre est brisé, tout le monde crie « Mazel tov ! » et la cérémonie se termine par des chants.

On utilise généralement un verre à vin, mais certains préfèrent le remplacer par une ampoule électrique ou même par une assiette. L'important est que l'objet soit enveloppé dans une étoffe (en général, une serviette de table n'est pas assez grande) afin de ne pas risquer de blesser quelqu'un.

Mis par écrit

Le judaïsme défendait déjà les droits de la femme il y a bien longtemps. Prenons par exemple la *ketouba*, c'est-à-dire le contrat de mariage (au pluriel, *ketoubot*). Jadis, ses clauses étaient négociées bien avant le mariage. Aujourd'hui, les conditions financières du foyer étant régies par la loi civile, la *ketouba* a seulement une valeur religieuse, sauf en Israël. Elle est signée par les témoins soit avant la cérémonie, soit sous le dais nuptial, et elle est lue à haute voix par le rabbin.

La plus ancienne *ketouba* connue date de plus de deux mille ans, et son contenu, sur le fond comme sur la forme, est pratiquement identique à celui de la *ketouba* actuelle des orthodoxes (elle est rédigée en araméen, la langue que parlaient les Juifs vers le début du Ier millénaire).

Si, depuis peu, de plus en plus de Juifs libéraux se sont mis à rédiger eux-mêmes leurs *ketoubot*, généralement en s'attachant davantage aux aspects spirituels et interpersonnels de la relation de couple, la *ketouba* traditionnelle telle qu'elle est utilisée depuis longtemps par les Juifs orthodoxes est de façon évidente un document légal, dénué de tout romantisme, qui précise les obligations financières de chacun des deux conjoints. Et il ne fait aucun doute qu'elle est conçue pour protéger les droits de la femme.

Ainsi, par exemple, la *ketouba* prévoit qu'une certaine somme doit être versée à la femme en cas de décès ou de divorce (en principe, de quoi vivre pendant un an, plus la valeur des biens qu'elle a apportés dans le mariage) et elle oblige l'homme à subvenir aux besoins de sa femme tant que durera leur union. Elle précise même que l'homme doit satisfaire sa femme sexuellement. Au temps où la polygamie était permise, une telle disposition empêchait que les femmes les plus âgées ou les moins désirables soient négligées.

Il y a un millier d'années, on avait commencé à illustrer les *ketoubot*. Cet art qui avait presque disparu a trouvé un nouvel essor depuis les années 1960. Aujourd'hui, on peut facilement acheter dans n'importe quelle boutique spécialisée une reproduction de *ketouba* enluminée. On peut également commander une *ketouba* personnalisée : encadrée, elle décorera agréablement votre maison.

MARIAGE JUIF ET MARIAGE MIXTE

Quand on aborde la question des Juifs qui épousent un conjoint non-juif, certains émettent des petits bruits avec leur langue en prenant un air triste, d'autres prédisent sentencieusement la disparition du peuple juif. Aujourd'hui encore, dans certaines familles orthodoxes, on porte le deuil du fils qui a épousé une non-juive ou de la fille qui a épousé un non-juif.

Depuis une cinquantaine d'années, partout dans le monde, la proportion de Juifs contractant des mariages mixtes est passée de 10 % à un peu plus de 50 %. Toutefois, dans un certain nombre de cas, le conjoint non juif se convertit au judaïsme, ou bien, le couple élève les enfants avec au moins un minimum d'éducation juive.

Tous les courants rabbiniques proscrivent le mariage interconfessionnel. Cependant, quelques rares rabbins, au sein du mouvement réformé, acceptent de célébrer un mariage mixte. Certains d'entre eux acceptent même de participer à un mariage œcuménique, conjointement avec un prêtre.

Des moments privilégiés, avant et après

La coutume veut que les futurs mariés jeûnent le jour de leur mariage. Selon la tradition juive, ce jour est comparable à Yom Kippour, le jour du Pardon : toutes les fautes antérieures sont effacées. Une nouvelle vie commence. C'est pourquoi les nouveaux mariés prennent une collation après la cérémonie au moment où ils s'isolent.

Enfin, la fête qui suit la cérémonie est généralement considérée comme un moment de convivialité : on festoie et on danse. Les sages juifs ont cependant enseigné, depuis longtemps déjà, que cette fête avait un caractère sacré et que chacun avait le devoir de contribuer à offrir aux nouveaux mariés une journée heureuse. C'est pour cela que l'on soulève bien haut les mariés assis sur leurs chaises et que l'on danse autour d'eux en agitant un mouchoir que l'on tient par le coin.

À QUOI VOUS ATTENDRE QUAND VOUS ÊTES ATTENDU

De nos jours, la plupart des mariages juifs ressemblent assez aux mariages chrétiens. Si l'on fait abstraction des différences évidentes, comme les bénédictions en hébreu ou le verre que l'on casse, on retrouve souvent dans les mariages juifs l'influence de la culture environnante et de la mode. Si vous avez l'occasion d'assister à un mariage juif, voici cependant ce qu'il est préférable de savoir :

» **À la fin de la cérémonie, une fois que le marié a cassé le verre, tout le monde crie : « Mazel tov ! » L'expression signifie littéralement « bonne chance » mais sert surtout à féliciter ou à exprimer sa joie.**

» **À l'issue de la cérémonie, on danse, plus particulièrement des danses collectives comme la hora : on se tient par la main et l'on forme une longue file indienne, ou bien un cercle. Si vous ne connaissez pas les pas de danse, ne vous inquiétez pas, tout le monde y parvient très vite.**

» **Dans les mariages orthodoxes, hommes et femmes restent séparés durant la cérémonie, et aussi pendant les réjouissances qui suivent. D'autre part, avant de vous précipiter sur la nourriture, attendez que les prières soient terminées.**

Attention également à ceci : s'il s'agit d'un mariage orthodoxe ou très traditionaliste, hommes et femmes ne doivent pas se toucher, sauf si le lien est extrêmement proche. Quand on vous présente à un rabbin traditionaliste (si vous êtes une femme) ou à son épouse (si vous êtes un homme), sachez que vous ne lui serrerez pas la main. Cette absence de contact physique repose sur un principe de pudeur, et ne doit pas vous sembler offensante.

CHECK LIST CHAPITRE 13 :
UNE CÉRÉMONIE RELIGIEUSE ?

Vous avez décidé de vous marier religieusement : plusieurs démarches sont à respecter.

☐ 1. **Je n'oublie pas la cérémonie civile : celle-ci est obligatoire (voir chapitre 12).**

☐ 2. **Si je souhaite un mariage catholique, je dois constituer un dossier comprenant : un extrait d'acte de naissance, un certificat de baptême, un certificat de mariage civil, la liste des témoins, un projet de vie rédigé par les deux fiancés.**

☐ 3. **Je m'y prends à l'avance : la préparation dure environ six mois et est ponctuée par cinq rendez-vous.**

☐ 4. **Je prépare les textes qui seront lus et je préviens les lecteurs.**

☐ 5. **Si je souhaite un mariage musulman : je n'oublie pas de me renseigner sur la loi locale et sur les formalités juridiques (*nikah*).**

☐ 6. **Si je souhaite un mariage juif : je pense aux huit symboles (le dais nuptial, le vin, les alliances, les sept bénédictions, le verre que l'on casse, le contrat de mariage, le voile de la mariée et le *yih'oud*).**

☐ 7. **Si je souhaite une cérémonie laïque : attention, je vais devoir tout organiser !**

4

La réception : Time to celebrate !

DANS CETTE PARTIE . . .

Les festivités commencent ! Nous entrons maintenant dans le concret… sans doute la partie la plus délicate de l'organisation d'un mariage. La plus chiffrée aussi. Car il faudra sortir la calculatrice et jouer serré pour s'y retrouver entre le traiteur, les services du DJ, le choix du menu… Sans oublier, bien sûr, le budget fleurs !

Pour ceux et celles qui veulent un mariage différent, nous vous aiderons à apporter votre touche personnelle. Nous parlerons aussi du plan de table, vecteur essentiel pour une ambiance réussie, ainsi que des petits cadeaux pour les invités.

Chapitre 14

Qu'est-ce qu'on mange ?

DANS CE CHAPITRE :

- **Comment trouver son traiteur ?**
- **Choisir son style de réception, obtenir un devis efficace, établir un menu**
- **Le déjeuner test**
- **Bien choisir ses vins et le champagne**
- **Le clou du spectacle : la pièce montée !**
- **Le brunch du lendemain**

Une fois votre salle choisie et réservée, et uniquement à ce moment-là, il est temps de sélectionner votre traiteur. En effet, si vous n'avez pas encore choisi votre lieu, sachez que celui pour lequel vous aurez peut-être le coup de cœur peut avoir son propre chef (dans le cas d'un château hôtel, par exemple) ou vous imposer son traiteur et il serait alors impossible de faire venir un prestataire extérieur.

Poste budgétaire le plus important de votre noce (généralement 50 % de votre budget total), le traiteur est un élément déterminant de la réception.

Le cocktail et le dîner sont les moments les plus forts de cette journée et, en ce qui concerne le repas, vos invités, qu'ils soient ou non fins gourmets, seront intraitables. La critique gastronomique est le sujet *number one* des tablées, donc attention à bien choisir votre traiteur et le menu !

Comment trouver le traiteur idéal ?

Faites marcher votre réseau, demandez conseil autour de vous. Les clients satisfaits d'un bon traiteur sont sa meilleure publicité.

Profiter aussi de votre propre expérience. Vous avez adoré le menu de baptême de votre petit-neveu ? Vous avez été enchantés de celui de votre cousine Catherine, ou encore vous avez été émerveillés devant la créativité du traiteur de votre dernier séminaire d'entreprise ? Demandez les adresses !

Si vous n'avez pas de chance de ce côté-là, posez la question au propriétaire du lieu choisi : ils ont bien souvent une liste de traiteurs à vous proposer. L'avantage est qu'ils connaissent bien le site, donc aucun souci de logistique.

Surfez aussi sur Internet, sur les forums de discussions, ouvrez les magazines spécialisés sur le mariage, vous devriez trouver votre bonheur.

Ensuite, faites une check-list de plusieurs prestataires et en avant pour les demandes de devis ! Vous risquez d'être surpris : ceux-ci peuvent aller du simple au double, voire au triple pour certaines grandes maisons parisiennes.

LE CHEF À DOMICILE

Vous organisez un mariage de moins de 40 personnes ? Le chef à domicile est une bonne alternative au service traiteur. Grâce à lui, vous aurez un repas gastronomique digne des plus belles tables. Ce concept arrivé il y a une dizaine d'années en France n'est plus réservé à une richissime clientèle.

La conception des menus est réalisée avec votre collaboration, selon vos désirs, en respectant les saisons. Le chef peut intervenir chez vous, dans la demeure familiale ou bien dans une salle que louerez, mais il devra faire un repérage au préalable pour s'assurer qu'il pourra bien y cuisiner.

En général, il vient avec son matériel de cuisine et, si besoin, vous procurera les maîtres d'hôtel pour le service. En ce qui concerne l'art de la table et le mobilier, vous devrez le louer de votre côté, mais il vous fera une liste afin de ne rien oublier.

(SUITE)

Attention, toutefois, beaucoup de salles interdisent la préparation sur place. Sachez que la plupart des traiteurs ne font que réchauffer leurs plats préparés dans un premier temps dans leur laboratoire, ce qui n'est pas le cas des chefs à domicile, qui cuisinent tout sur le lieu de réception. Assurez-vous donc qu'il n'y a pas d'interdits de cet ordre pour votre salle.

Comment le trouver ? Tout simplement *via* un moteur de recherche, il vous suffira de taper « chef à domicile » pour être dirigé vers leur site internet.

Choisir son style de réception

Le dîner placé, servi à table

Le cocktail se termine, il est temps de passer à table, cette formule est un classique et l'option préférée des couples.

N'oubliez pas de faire un plan de table qui permettra aux invités de se repérer et de s'installer à leur place (voir chapitre 15).

Il est temps alors de déguster un menu qui se compose généralement d'une ou deux entrées, d'un plat chaud, d'un fromage servi à l'assiette et de desserts. L'enchaînement des plats peut être interrompu par des animations ou des discours, ou bien encore par la possibilité de vous dégourdir les jambes sur la piste de danse (voir chapitre 16). Sachez néanmoins que plus il y aura de coupures, plus le dîner sera à rallonge... à utiliser donc avec parcimonie.

Les + : formule la plus simple pour canaliser vos invités.

Les – : un dîner qui s'éternise si un nombre suffisant de maîtres d'hôtel n'a pas été prévu.

Le buffet

Entrées à foison, plats et desserts à profusion, les invités se servent et se resservent et s'installent où ils le souhaitent. Pour un mariage en toute décontraction, les invités butinent de table en table en fonction de leurs affinités.

Les + : convivialité assurée.

Les – : si le buffet n'est pas assez fourni, risque de se retrouver avec plus rien à manger au bout de 20 minutes...

Le repas mixte

Entre repas assis et buffet, cette formule est un bon compromis ; le plat chaud est servi à table, tandis que les entrées et les desserts sont présentés au buffet. Comme pour le dîner placé, n'oubliez pas de faire un plan de table, car il faudra canaliser tout ce petit monde au moment du plat chaud.

Les + : bon alternatif pour les mariés qui ont peur que leurs invités s'ennuient à table.

Les – : difficultés pour servir le plat chaud si les invités sont encore au buffet.

SPÉCIAL PETITS BUDGETS

Vous avez un budget riquiqui ? Cela ne vous oblige en rien à faire l'impasse sur le traiteur, pensez aux supermarchés. Rendez-vous aux rayons traiteur frais, ils pourront vous orientez vers le menu le plus approprié. Mais, attention, ce service est surtout bien pour les buffets froids : salades, viandes froides seront les plus pratiques, car, pour les plats préparés, pensez qu'ils vous faudra les réchauffer, ce qui n'est pas toujours possible car les cuisines ne sont pas toutes équipées de four et de plaques de cuisson.

Conseils pour obtenir un devis efficace

Afin de pouvoir comparer les différentes propositions et partir sur une même base communiquez les informations suivantes :

- Date et adresse de votre mariage ;
- Nombre de personnes au cocktail ;
- Nombre de pièces cocktail par personne désiré ;
- Nombre de personnes au dîner ;
- Style de réception (buffet, repas mixte : buffet et dîner assis, dîner placé) ;
- Nombre d'enfants ;
- Nombre de prestataires.

Mais aussi :

- S'il n'y a pas de matériel sur place, demandez une proposition pour tables et chaises ;
- Si vous ne souhaitez pas vous occuper du vin et du champagne, demandez aussi un devis à part.

Le traiteur vous suggérera différents menus de mariage composés généralement d'une mise en bouche, d'une entrée, d'un plat, de la pièce montée et d'un buffet de desserts.

Dans son devis, quatre postes doivent être définis :

- **L'alimentaire :** le cocktail + le repas ;
- **Le personnel :** nombre de serveurs, nombre d'heures (généralement de la mise en place à minuit) + tarif de l'heure supplémentaire (taxes et charges incluses) ;
- **Les boissons :** eaux minérales, jus de fruits, sodas, café + vins, champagne et alcool si vous ne le fournissez pas ;
- **Le matériel :** étuves pour réchauffer les plats, nappage, art de la table + tables et chaises si le lieu ne les fournit pas.

Quelques jours, voire semaines pour certains, vous voici face à plusieurs propositions. Il va alors falloir les analyser pour trouver le meilleur rapport qualité/prix.

Vous trouverez ci-dessous un petit tableau qui vous servira à faire une première *shortlist* :

TABLEAU 14-1 Tableau récapitulatif des devis des traiteurs consultés

	A	B	C	D	E	F	G
1		PROPOSITION 1		PROPOSITION 2		PROPOSITION 3	
2	**TRAITEUR**	Aux Délices		Aux Saveurs			
3	*Téléphone*	00 00 00 00		00 00 00 00			
4	*Nom du contact*	Mr Délice		Mr Saveur			
5	**Nombre d'invités**	100		100			
6	**TARIF**	Prix unitaire	Prix total	Prix unitaire	Prix total		
7	*Cocktail*	11 €	1 100 €	7 €	700 €		
8	*Repas*	70 €	7 000 €	47 €	4 700 €		
9	*Boissons soft*	1,50 €	150 €	2,00 €	200 €		
10	*Matériel*	4,50 €	450 €	5,00 €	500 €		
11	*Personnel*	*Inclus de 14h jusqu'à minuit*		2 500 €	2 500 €		
12	*Transport*	150 €	150 €	100 €	100 €		
13	**TOTAL**	**8 700 €**		**8 700 €**			
14	**DIVERS**						
15	Heures suppl.	25 € TTC par Heure et serveur		Forfait de 200€ pour 3 serveurs jusqu'à la fin de la réception			
16	Droit de bouchon	NON		3€ par bouteille			
17							

MÉMO : LES QUESTIONS À POSER AU TRAITEUR

- » Faites-vous des dégustations, des menus de mariage test ?
- » Vous déplacez-vous ? Si oui, jusqu'à combien de kilomètres et combien facturez-vous le déplacement ?
- » Quels services proposez-vous (serveurs, couverts, décorations…) ?
- » Est-il possible d'envisager un paiement échelonné ?
- » Pratiquez-vous le droit de bouchon, si oui, quel est son coût ?
- » Combien coûte l'heure supplémentaire ?

QUELQUES CHIFFRES

Le personnel

- Pour un dîner : 1 serveur pour 15/20 invités ;
- Pour un buffet : 1 serveur pour 30 personnes.

Les boissons

- Champagne : 1 bouteille pour 2 pour le cocktail et la soirée ;
- Alcools : 1 bouteille pour 20 personnes ;
- Vin rouge : 1 bouteille pour 3 ;
- Vin blanc : 1 bouteille pour 4.

Le choix du menu

Choisir le menu de son mariage n'est pas forcément chose aisée ; on hésite entre se faire plaisir et faire plaisir au plus grand nombre. Il n'y a pas vraiment de règle, faites ce qui vous semble le plus juste, demandez l'avis autour de vous ainsi qu'à votre traiteur qui sait bien ce qui plaît à la majorité. Toutefois, usez de bon sens et évitez de choisir une langue de bœuf à la sauce piquante, qui risque d'en surprendre plus d'un !

Combien de plats doit-on choisir ?

Avant, il était d'usage de composer le menu de cette manière :

Mise en bouche – Entrée – Plat de poisson – Trou normand – Plat de viande – Fromage – Pièce montée

À la lecture de tout cela, je sens la nausée monter en vous : rassurez-vous, les menus d'aujourd'hui sont beaucoup plus *light* et généralement composés ainsi :

Entrée – Plat de viande ou poisson – Fromage – Pièce montée

Foie gras poêlé aux épices, caramel de beurre salé,
toast croustillant

Filet de veau à la tranche, copeaux de parmesan,
lasagnes de légumes frais et champignons sautés

Moelleux de chèvre et sa mouillette

Pièce montée

Buffet de desserts

✽

Camaïeu de saumon fumé et légumes

Bœuf et figues rôties, petite escalope de foie gras poêlée

Double coulommiers aux noix de pécan, salade d'herbes

Pièce montée

Buffet de desserts

✽

Homard mariné, vinaigrette de crustacés et tartare de mangue

Noisette d'agneau au jus de romarin attelé de légumes tendres

Salade fine aux herbes du potager,
chaource, crémeux de Bourgogne, sainte-maure cendré

Pièce montée

Buffet de desserts

✽

Tarte fine de thon, vinaigrette vierge et salade fine

Pavé de filet de bœuf bordelaise à la confiture de vin aux
légumes primeurs

Salade fine aux herbes du potager,
brie et chèvre frais au nougat de Valençay

Pièce montée

Buffet de desserts

FIGURE 14.1 : Exemples de menus de mariage.

Poisson ou viande ?

Le plus souvent, la viande est mieux appréciée que le poisson. Mais comme nous vous l'avons suggéré plus haut, tout dépend de vos confessions religieuses et de celles de vos convives ; si vous comptez beaucoup de juifs ou de musulmans parmi vos invités, préférez le poisson.

Les viandes le plus souvent proposées sont : le veau, le bœuf et le canard ; quant à l'agneau, certaines personnes n'en apprécient pas du tout l'odeur. Vous pouvez aussi proposer de la volaille : cailles, pintades ; le poulet, un peu trop banal, sera à éviter. On évitera aussi le cheval et l'âne ainsi que le lapin, pour n'indisposer personne.

Devons-nous disposer des menus sur la table ?

Il est d'usage de disposer des menus sur la table, vous pouvez soit les faire imprimer, soit les imprimer vous-même. Pour plus d'économie, nous vous recommandons, si vous l'avez déjà choisi, de le faire imprimer en même temps que vos faire-part.

Vous pouvez bien évidemment les imprimer vous-même avec une simple imprimante jet d'encre. Aujourd'hui, les papeteries regorgent de papiers spéciaux afin de vous faciliter la vie. Vous n'êtes pas obligé d'en imprimer un par personne, vous pouvez en disposer deux par table, ou bien un par couple.

Devons-nous changer les formulations ?

Non, ce n'est absolument pas une obligation, nous aurions même envie de vous répondre : surtout pas. Certains mariés veulent tellement user d'originalité que le menu devient complètement incompréhensible pour les convives. Évitez aussi, par exemple, « La cachette des escargots » pour la salade, c'est peu appétissant ; ainsi que le « Délice des bords de la Garonne en galante compagnie » pour le poisson. Jouez la sobriété et reprenez tels quels les intitulés de votre traiteur.

ATTENTION AUX ALLERGIQUES !

Les allergies alimentaires sont malheureusement de plus en plus fréquentes. Il n'est pas rare de voir parmi les invités d'un mariage certaines personnes concernées. Si vous êtes au courant, pensez à prévoir un repas spécial auprès de votre traiteur, et, comme vous ne connaissez pas forcément les allergies des uns et des autres, demandez bien la composition de chaque accompagnement et indiquez-les sur le menu, par exemple : « Fromage et sa petite salade à l'huile de noix ».

Pour les enfants, demandez bien aux parents s'ils souffrent d'allergie, car ce sont eux les plus touchés ; 5 % à 7 % des enfants de moins de 15 ans souffrent d'allergie alimentaire.

Pour les invités de confessions juive et musulmane

Généralement, lors d'un dîner assis, on évite de servir du porc en plat principal, ce n'est pas vraiment une viande noble. Toutefois, si cela est inévitable, prévoyez du poulet ou du poisson pour vos amis de confession non catholique, ils apprécieront.

Dans la religion juive, sachez qu'on ne mélange jamais au cours d'un même repas de la viande de bœuf ou de veau avec du lait (donc aussi crème et fromage). Nous vous recommandons aussi de prévoir du poisson pour vos convives de cette confession.

Si vous organisez un buffet, où l'on retrouve souvent des rôtis de porc, du jambon blanc et fumé, nous vous invitons à désigner chaque plat par un petit carton, à la manière des brunchs de grands restaurants, afin d'éviter tout risque de mauvaise surprise.

Le déjeuner test

Une fois votre choix porté sur un ou deux traiteurs, il est temps de passer au déjeuner test.

Ne signez pas de contrat tant que vous n'aurez pas fait de dégustation ! Ce qui est bon sur le papier ne le sera peut-être pas pour vos papilles.

Comment cela se passe-t-il ? Vous choisissez parmi le menu les plats à tester, soit vous passez les chercher et vous procédez à la dégustation à la maison, soit le traiteur dispose d'une salle, où vous pourrez venir dîner comme au restaurant.

L'avantage de cette option, c'est que non seulement vous pourrez tester les mets, mais aussi le service. Le traiteur vous présentera aussi une table prototype de votre mariage, avec son art de la table.

Demandez bien le prix de la dégustation, car si celle-ci est offerte si vous passez par leur service, elle peut devenir payante si votre choix se porte sur un autre traiteur.

Les conditions générales de vente se trouvent en annexe à tout devis, lisez-les bien avant signature, elles doivent comporter le montant de l'acompte (généralement 30 %), les conditions d'annulation et le nombre d'invités minimum.

Indiquez au traiteur un nombre inférieur de 20 % au nombre d'invités envisagé. Cela vous évitera de verser des acomptes sur un chiffre surévalué.

MON TRAITEUR EST SUPER MAIS LE MATÉRIEL EST TROP BASIQUE ALORS QUE JE CHERCHE DE L'ORIGINALITÉ…

Demandez-lui s'il est possible de vous louer autre chose. Sachez aussi qu'il existe des loueurs de matériels spécialisés chez qui vous devriez trouver votre bonheur, chaises houssées ou de velours rose poudré, assiettes carrées ou de couleurs, nappes en organdi… Toutes les folies sont possibles !

Le cocktail : adieu pain surprise, bonjour barbe à papa !

Pain surprise, feuilletés, canapés aux œufs de lump sont devenus complètement *out*. Aujourd'hui, si le repas reste classique, le cocktail doit être original, fun et ludique et ça, les traiteurs l'ont bien compris.

Les stands à sushis fleurissent de partout ; on joue aussi le régressif en proposant des stands de barbe à papa, de crêpes, des chariots à pop-corn.

Pas de cocktail sans ses stands culinaires : foie gras poêlé, wok de gambas, cuisine moléculaire ; tout doit enchanter vos yeux et vos papilles !

Combien de pièces par personne ?

Un cocktail dure généralement une heure et demie (au-delà, vos convives vont commencer à s'ennuyer et à avoir mal aux pieds). Pour une heure et demie de cocktail, nous vous recommandons huit à dix pièces par personne ; au-delà, vous risquez de leur couper l'appétit ; moins, vous allez les affamer.

Le champagne : combien de bouteilles faut-il prévoir ?

Champagne ou crémant, prévoyez une bouteille pour trois personnes, cela représente deux verres par personne. Par bouteille, vous pouvez servir entre six et sept flûtes.

N'oubliez pas les jus de fruits, les eaux (pétillantes ou gazeuses), les sodas. Si vous vous mariez en période estivale, normalement, il devrait faire chaud, l'air va assoiffer vos convives ; pensez donc au *soft drink* afin d'éviter qu'ils se jettent sur le champagne pour se désaltérer.

Les alcools forts

On est souvent tenté d'en garnir le bar du cocktail en pensant aux non amateurs de bulles. Toutefois, faites vraiment attention, certains ont la main lourde et se servent allègrement. Le résultat : des invités pompettes dès le début du repas et d'autres qui s'assoupissent. Notre conseil est de les proscrire au cocktail et de les remplacer par quelques bouteilles de vins rouge et blanc pour ceux qui n'aiment pas le champagne.

Pour l'*open bar* de la soirée dansante, vous pouvez éventuellement disposer quelques bouteilles de whisky, gin et vodka (une bouteille de chaque), mais attention, vos invités vont, pour la plupart, rentrer en voiture, donc ne les tentez pas trop. N'hésitez pas à mettre à leur disposition des Alcotest que vous trouverez aisément dans tous les supermarchés, cela leur fera prendre conscience de leur éventuel état d'ébriété. Et n'oubliez pas de mettre en grande quantité des jus de fruits, sodas, eaux minérales et gazeuses ainsi que du café sur l'*open bar*.

Le choix des vins et du champagne

Les vins et le champagne imposent une parfaite rigueur dans leur choix. N'hésitez pas à vous faire conseiller et à déguster avant de faire votre choix définitif.

Avant de vous engager définitivement sur un choix, pensez à apporter votre sélection lors d'un déjeuner test chez le traiteur afin de vérifier que vos vins seront bien en adéquation avec votre menu.

Où les acheter ?

Les cavistes

Spécialiste du vin et vecteur de très bons conseils, le caviste pourra vous sélectionner les vins qui se marieront le mieux avec votre menu (et avec votre budget). La solution parfaite pour ceux qui n'y connaissent rien en vin !

De plus, comme ils pratiquent des tarifs de gros, certains peuvent vous faire des remises de 10 % à 30 % sur les achats en grandes quantités. N'hésitez pas à les interroger.

Les producteurs

Profitez d'un week-end en amoureux pour visiter les caves des producteurs, où vous pourrez déguster des vins d'exception, opter pour des noms prestigieux ou plus modestes.

Vous pouvez emporter les bouteilles à l'issue de la visite ou bien vous les faire livrer plus tard. Toutefois, attention pour les livraisons : essayez d'en négocier la gratuité, car cela peut vous coûter jusqu'à 2 euros par bouteille.

Les grandes surfaces

La plupart des supermarchés font des efforts aujourd'hui pour vous proposer une large gamme de vins et de champagne de qualité.

Les rayons, à la présentation soignée, sont organisés par région ou par couleur ; parfois même des guides sont à votre disposition pour vous aider dans votre sélection.

En septembre, profitez des foires aux vins, vous pourrez y dénicher de très bonnes affaires. Les vendeurs des stands de dégustation sauront vous orienter dans votre choix.

Ne prenez pas les vins exposés en rayon si ceux-ci sont exposés debout et à la chaleur des néons. Demandez plutôt au responsable de rayon d'aller vous chercher des caisses en réserve.

Sur Internet

Vous trouverez de plus en plus de sites internet spécialisés dans la vente de vins et de champagne. Pour tous les goûts et à tous les prix, faites votre sélection tranquillement depuis chez vous et vous serez livré à la maison ou bien sur le lieu de votre choix.

Accords mets et vins

Voici quelques conseils pour accorder au mieux votre vin en fonction du menu choisi.

Que boire en entrée ?

- Foie gras : contrairement aux idées reçues, vous n'êtes pas obligé d'aller sur des vins moelleux (Sauternes). En effet, la majorité des gens en sont vite écœurés. Essayez les blancs secs, plus ronds, comme le Saint-Véran ou des Loupiac, par exemple.
- Poisson/crustacés : nous vous recommandons un vin blanc classique et pas trop gras, comme le Pouilly-Fuissé, le Saint-Véran et le Pouilly-Fumé.

En plat principal ?

- Agneau/canard : étant donné que ce sont des viandes fortes en goût, prenez des vins tanniques, comme un Saint-Estèphe, un médoc, un vin de la vallée du Rhône ou encore un vin du Languedoc-Roussillon.
- Bœuf : c'est facile, tous les vins s'accordent avec le bœuf.
- Veau et volaille : il vaut mieux choisir des vins assez légers et peu tanniques, comme le Pessac-Léognan, des vins de Bourgogne, Savigny, Rully rouge ou encore Sancerre rouge.
- Poisson : les vins blancs tels le Pouilly-Fuissé, le Saint-Véran et le Pouilly-Fumé conviendront parfaitement, toutefois, beaucoup de personnes aiment déguster un vin rouge pour le plat principal, donc n'hésitez pas à en proposer. Notre sélection pour le poisson est la même que pour le veau et la volaille, à savoir le Pessac-Léognan, des vins de Bourgogne, Savigny, Rully rouge ou encore Sancerre rouge.

Au fromage

Pour plus de simplicité, nous vous recommandons de rester sur la même sélection que pour le plat principal.

Pour le dessert

Savez-vous que le champagne ne va pas forcément avec le dessert ? En France, il est d'usage de proposer du champagne en fin de repas avec des douceurs sucrées, mais cela « casse » parfois le goût, surtout avec un champagne brut.

- Gâteau aux fruits : nous vous recommandons un vin moelleux, comme le muscat de Rivesalt.
- Gâteau au chocolat : un vin rouge liquoreux, comme le Banyuls.

Et, enfin, si vous êtes vraiment un inconditionnel du champagne, nous vous recommandons alors de plutôt choisir un champagne rosé.

Pièce montée !

S'il est un moment incontournable de votre soirée, c'est bien l'arrivée de la pièce montée. D'ailleurs, vous allez vite vous en apercevoir : son entrée va créer un attroupement autour du buffet pour tenter de faire la plus belle photo, celle qui regroupe les mariés. Alors, surtout, n'hésitez pas à mettre son arrivée en scène : musique spéciale, scintillants, feu d'artifice feront la joie de tous vos convives ! Si la pièce montée est si importante, c'est qu'elle fait partie d'une grande tradition... tout en étant un moment de superstition !

L'ORIGINE DE LA PIÈCE MONTÉE

La pièce montée date du début du XIXe siècle. Elle est l'œuvre d'un jeune homme, Marie-Antoine Carême, cuisinier et passionné par le métier d'architecte. Il passait ainsi son temps à créer lui-même ses pâtisseries, considérant l'art culinaire comme une branche de l'architecture. C'est ainsi qu'il se vit confier la création de pièces montées, dont il fit des modèles étudiés et considérables, épatant les tables des plus grands.

Les traditions

À l'arrivée de la pièce montée, il est de tradition que la mariée la découpe seule. Le marié peut la rejoindre et poser sa main sur la sienne, mais c'est la mariée qui doit tenir le couteau ! La première part leur revient, surtout à la mariée, sous peine de stérilité, d'après les plus superstitieux. De même, il ne faut pas faire tomber les deux figurines de mariés posées au-dessus de la pièce montée.

Enfin, tout le monde doit manger de la pièce montée, sous peine de porter malheur aux mariés. Alors, pour les accros du régime, inutile de faire la fine bouche, c'est pour la bonne cause !

La composition

La traditionnelle pièce montée est composée de choux (des croquembouches), fourrés de crème et unis par un glaçage de caramel.

Mais les pièces montées évoluent de nos jours afin de présenter de nouvelles formes et aussi de nouvelles compositions. Alors, à vous de choisir la forme originale que vous souhaitez donner à votre pièce montée ! Demandez à votre traiteur ou pâtissier ce qu'il est capable de vous proposer (palais, voiture ou encore calèche...). Sinon, vous pouvez bousculer un peu les traditions et imaginer une pièce montée d'un nouveau genre, sans les coutumiers petits choux, mais à l'américaine : un *wedding cake* de toutes les couleurs au glaçage excentrique, ou encore une pièce montée de macarons.

Surtout, n'oubliez pas d'accompagner la pièce montée, pour vous et vos invités, de la traditionnelle coupe de champagne afin que tout le monde puisse lever le verre à votre santé !

Le brunch du lendemain

Appelé aussi « retour de mariage », il est de plus en plus courant. Les mariés organisent un petit buffet à l'attention d'un comité plus restreint le lendemain du mariage. Cela permet de prolonger les festivités et de passer plus de temps auprès de ceux que l'on aime.

Vous n'êtes pas obligé d'inviter tout le monde, loin de là ; justement, c'est l'occasion de discuter avec les personnes dont on n'a pas vraiment pu profiter la veille. Généralement, on convie la famille proche, les meilleurs amis et ceux qui ont parcouru de nombreux kilomètres pour se rendre à la noce.

Le plus pratique est de l'organiser sur le lieu de la réception si vous avez pu le louer le dimanche aussi. La plupart du temps, les propriétaires de salles proposent un prix attractif pour le lendemain. Vous pouvez ainsi bénéficier du matériel loué.

Pour lui donner une couleur estivale et décontractée, organisez votre retour de mariage à l'extérieur, à l'endroit du cocktail si le temps le permet.

Bien souvent, les traiteurs proposent aussi un forfait « buffet du lendemain », donc n'hésitez pas à demander des devis à votre traiteur. Celui-ci est généralement à moindre coût, car le traiteur dresse un buffet froid et utilise du matériel jetable. À la fin du repas, vous n'avez plus qu'à tout jeter dans des sacs-poubelle.

Il peut néanmoins vous proposer du personnel de service (un ou deux maîtres d'hôtel maximum seront nécessaires) si vous souhaitez vraiment ne vous occuper de rien.

En règle générale, le buffet est composé de salades, de viandes froides, de fromages et de tartes de saison.

Si votre salle ne vous permet pas de rester le lendemain, vous pouvez organiser le brunch dans le jardin d'un membre de la famille, ou imaginer, pourquoi pas, un grand pique-nique dans les bois. Le maître mot étant la convivialité, ne mettez pas les petits plats dans les grands, jouez la simplicité. Même si vos invités ne déjeuneront que d'un simple sandwich et de chips car vous n'avez pas le budget pour passer par un traiteur, ils en seront tout autant ravis.

Vous pouvez aussi organiser un simple barbecue, si vous avez un jardin assez grand pour accueillir tout le monde.

Pensez également à préparer dans la semaine qui précède des tartes et des quiches maison que vous aurez congelées.

Ne partez pas dans des préparations trop sophistiquées au petit matin, le lendemain de votre mariage ! Vous serez bien trop fatigués, surtout si vous avez dansé jusqu'au milieu de la nuit.

CHECK LIST CHAPITRE 14 : *QU'EST-CE QU'ON MANGE ?*

Une belle robe et un beau costume ne nourrissent pas ! Alors, en avant le traiteur !

☐ 1. **Je ne choisis un traiteur qu'une fois la salle réservée : certains lieux en effet ne peuvent être loués qu'avec son propre chef.**

☐ 2. **Je fais le plan de table (voir chapitre 15).**

☐ 3. **Je fais faire plusieurs devis.**

☐ 4. **Je demande des déjeuners de mariage test.**

☐ 5. **Je fais attention aux différentes religions et aux allergies : inutile que je serve de la viande si la moitié de mes invités sont végétariens... Mais je n'oublie pas que je ne pourrais jamais contenter tout le monde.**

☐ 6. **Je vérifie auprès de la salle de réception la possibilité de faire un brunch le lendemain.**

Chapitre 15

Le casse-tête du plan de table et la décoration de la salle

DANS CE CHAPITRE :

- **Un bon plan de table vaut une fête réussie**
- **Les conseils pour gagner du temps le jour J**
- **Quelle décoration prévoir ?**
- **La question du thème et des fleurs**
- **Des cadeaux pour les invités !**

Le plan de table : voilà la bête noire de tous les futurs mariés ! Qui mettre avec qui ? Comment faire tenir nos 12 potes sur une table de 10 ? Que faire des enfants et où mettre grand-mère Martine qui passera certainement sa soirée à se plaindre ? Pas de panique, tout casse-tête a sa solution, il suffit de le prendre par le bon bout !

Une fois le plan de table établi, quelle déco choisir ? Des fleurs, des bougies ? Faut-il suivre un fil rouge ? Ce chapitre regorge d'idées et de conseils pratiques pour embellir votre lieu de réception selon vos goûts et laisser sur les tables de petits cadeaux personnalisés à vos invités !

Le plan de table : le casse-tête !

Incontournable et véritable vecteur d'une fête réussie le plan de table doit être méticuleusement mis en place.

Généralement, on regroupe les invités par tranche d'âge et on les assied en faisant alterner les hommes et les femmes dans la mesure du possible.

Les tables des amis seront placées à côté des sources de bruit et les enfants plutôt à l'opposé afin que leur terrain de jeux ne se confonde pas avec la piste de danse.

On évite aussi les personnes âgées à 30 centimètres des enceintes du DJ, cela va de soi.

D'une manière générale, la table des mariés rassemble les mariés et leurs témoins. Les parents seront séparés pour présider les tables de famille de chaque côté de celle des mariés.

Les amis des mariés se retrouveront à une ou plusieurs tables, souvent ils se connaissent déjà ou alors ce sera l'occasion pour eux de faire plus ample connaissance. Les célibataires seront regroupés avec subtilité.

Les enfants seront ensemble avec éventuellement une babysitter pour la tranquillité des parents ; si vous n'en avez pas, faites en sorte que leur table ne soit pas trop éloignée de celle des parents afin que ces derniers puissent y jeter un œil de temps en temps.

En général, il vaut mieux éviter de séparer les couples, même si l'« étiquette » l'autorise pour des couples mariés depuis plus d'un an. En revanche, on ne sépare jamais un couple de jeunes fiancés.

Devons-nous mélanger nos amis ?

Contrairement aux idées reçues, un mariage n'est pas l'occasion idéale de se faire de nouveaux amis. Est-ce que vous aimeriez, à leur place, vous retrouver avec des inconnus auxquels vous n'avez pas grand-chose à dire plutôt que de partager ce moment avec vos amis habituels avec lesquels vous avez l'habitude de faire la fête et de refaire le monde ? Pour que vos amis lient connaissance, un petit apéritif à la maison après le mariage serait sans doute plus apprécié.

Les enfants : comment les placer ?

Regroupez les enfants, afin que les parents puissent souffler et profiter de leur soirée, et attribuez-leur une table avec si possible une baby-sitter pour les surveiller et les aider pendant le repas.

L'idéal est d'avoir une salle séparée, où ils pourront manger, jouer et même dormir sans être dérangés par la musique du dancefloor.

Pour le dîner, les traiteurs ont tous des menus enfants, généralement le fameux crudité-poulet-frites-mousse au chocolat. De toute façon, les enfants mangeront peu de ce repas, mais grignoteront toute la journée et la soirée. L'idéal serait finalement de prévoir un buffet enfants avec sandwichs pain de mie/jambon, tomates cerises, petits fromages, fruits, mousses au chocolat, et quelques bonbons !

Le jeu des tables musicales

Pour que chacun puisse retrouver sa table, vous devez nommer les tables, et choisir des noms en accord avec votre thème. Pour simplifier les choses, présentez un plan de table à l'entrée de la salle, où chacun trouvera son nom et la table à laquelle il est placé.

À la table d'honneur

Plusieurs possibilités : la table d'honneur peut se distinguer en étant ovale quand les autres sont rondes. Elle sera placée sur l'un des côtés de la salle ou bien en son centre.

Si vous choisissez une table ronde, placez-vous au centre de la réception mais, attention, déterminez bien votre placement à table ; il est stratégique car vous tournerez forcément le dos à une partie de la salle, donc on évite de mettre ses parents derrière !

Quelques idées de configurations possibles

> » Les mariés, les témoins et leurs conjoints, les frères et sœurs ou proches cousins et leurs conjoints.
>
> » Les mariés, les témoins et leurs conjoints, les meilleurs amis.

Tendance : La table duo pour les mariés

De plus en plus fréquemment, les mariés décident de dîner sur une petite table de deux personnes située au cœur de la salle.

Comme ils sont très souvent séparés durant la réception, tour des tables oblige, cela leur permettra de s'organiser un petit tête-à-tête le temps de déguster chaque plat.

À éviter : le placement libre

Le principe : on ne réalise pas de plan de table et vos invités se placent où bon leur semble. Le risque est que des groupes se rassemblent naturellement, laissant peu de chance aux personnes seules et/ou timides de s'imposer à leur table.

Si vous tenez absolument à cette option, attribuez tout de même les places de la table des mariés et prévoyez au moins deux tables supplémentaires.

On ne panique pas !

Un plan de table n'est quasiment jamais respecté à la lettre. Il y a toujours une ou deux personnes qui se désistent à la dernière minute (quand elles ont eu l'obligeance de prévenir) ou bien qui décident le jour J que, oui, finalement elles vont venir. Dans ce cas, le traiteur, la plupart du temps, a compté large et pourra fournir un ou deux repas supplémentaires.

Pour gagner du temps

Préparez bien à l'avance vos marque-places et, si votre plan de table n'est pas encore défini, triez les cartes par ordre alphabétique. Classez-les ensuite par table et ordre de placement, cela vous fera gagner du temps, à vous ou au traiteur au moment de la mise en place.

Faites aussi un plan de la salle avec la disposition des tables. N'hésitez pas non plus à situer sur chaque table la place de l'un des invités et ensuite de placer les gens dans le sens des aiguilles d'une montre.

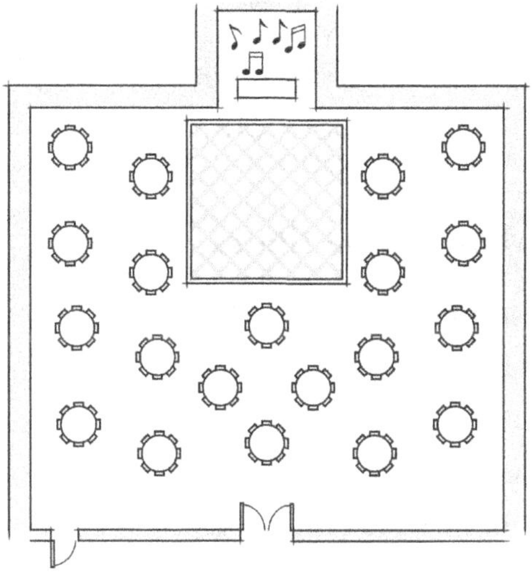

FIGURE 15.1 : Exemple de plan de la salle.

Si vous n'avez pas de traiteur, essayez de récupérer les clés la veille au plus tard et de réquisitionner amis et famille pour la mise en place des tables, des chaises et de la décoration. Cela peut être un moment très sympathique ! N'oubliez pas de remercier tout le monde en improvisant un petit buffet de boissons et une collation pour tous.

Comment décorer la salle ?

Même si vous ne trouvez pas le lieu de vos rêves ne vous mettez pas dans tous vos états et concentrez-vous sur la décoration pour faire de votre salle des fêtes sans cachet un lieu plein de charme.

Un thème ou pas ?

De plus en plus de mariés cherchent absolument un thème pour leur mariage, cela n'est pas une obligation, mais c'est une manière de personnaliser son mariage, de créer un fil conducteur.

Le plus courant, le plus simple est de décliner un thème autour d'une couleur, d'un élément, ou encore d'une passion commune que l'on peut retrouver sur les faire-part, le bouquet de la mariée, le menu ou le centre des tables.

Allez-y tout de même avec finesse pour ne pas tomber dans l'excès ou le ridicule.

Mille et une fleurs

Pour l'église

- Le bouquet de la mariée ;
- Un motif d'autel.

En plus, vous pouvez prévoir :

- Une boutonnière pour le marié et les témoins ;
- De petits bouquets pour les bancs d'église ;
- Le bouquet de la Vierge (voir l'encadré chapitre 13) ;
- Les bouquets pour les demoiselles d'honneur ;
- Les pétales de roses pour la sortie d'église.

Pour la réception

- Des centres de table ;
- Des motifs pour les buffets.

Le centre des tables est normalement constitué d'une composition florale ; votre fleuriste peut vous proposer tout type de composition ; de la plus classique à la plus extravagante.

Généralement, il s'agit d'une composition ronde et basse faite de fleurs piquées ; si vous choisissez quelque chose en hauteur, faites en sorte que les invités puissent bien se voir lorsqu'ils seront assis, et évitez les vases trop fragiles sous une lourde composition au risque de la voir s'effondrer pendant le repas.

FIGURE 15.2 : Décoration des centres de table.

Assurez-vous que votre fleuriste pourra vous livrer les compositions à l'église et sur le lieu de réception. N'hésitez pas à lui demander de vous montrer des photos de compositions déjà réalisées pour d'autres mariages, cela pourra vous donner des idées.

Du changement !

Si vous n'êtes pas du genre classique et souhaitez être créative, ou encore si vous n'avez pas les moyens de passer par un fleuriste, vous pouvez par exemple utiliser des vases avec des fruits immergés, des coupes avec des bougies flottantes, des bougeoirs fleuris ou encore des vases dépareillés avec une seule fleur dedans, vous verrez, cela change tout !

Pour les petits budgets, remplacez les fleurs par une multitude de bougies et photophores que vous trouverez dans les grandes enseignes de décoration pour un prix modique.

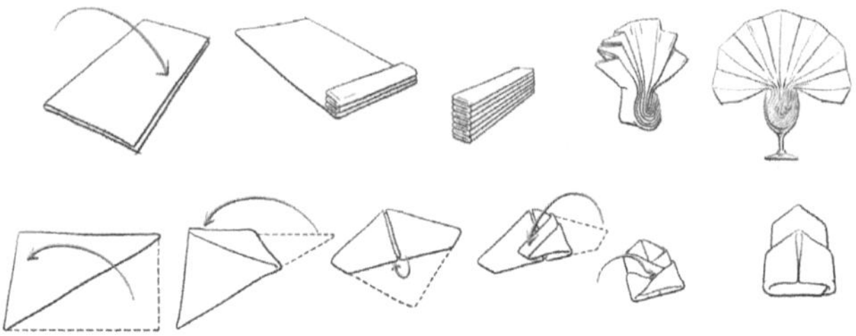

FIGURE 15.3 : Exemples de pliages de serviettes.

Faites attention toutefois à bien accorder les couleurs pour éviter les fautes de goût. Pour les bougies, vérifiez bien auprès du propriétaire du lieu que celles-ci sont autorisées.

Soyez vigilante avec les fleurs trop odorantes ou trop chargées en pollen, ainsi qu'avec les bougies parfumées, parfaites pour l'extérieur mais insupportables si vous en allumez une centaine en même temps. Vous risquez d'écœurer vos invités et de dénaturer le goût des mets.

Tout l'art de la table

En harmonie avec votre thème, la vaisselle donnera une touche raffinée à votre décoration. Aujourd'hui, il est presque possible de tout louer : verres colorés ou en cristal ciselé, assiettes carrées, givrée ou de couleurs, couverts en argent Louis XIV ou ultra modernes...

Nappage en organdi ou damassé, de couleur rouge flamboyant, verre pomme, rose bonbon ou encore parme, vous étonnerez vos convives souvent habitués à la très classique nappe blanche.

Pour les petits budgets : utilisez de l'intissé coloré en chemin de table ou en surnappe : effet bluffant garanti !

Côté mobilier

Prenez un soin particulier aux chaises, l'effet de la plus belle décoration florale tombera à l'eau si vos chaises ne sont pas à la hauteur ou alors harmonisez-les à votre décoration.

Si votre lieu vous propose des chaises rouges, oubliez les fleurs roses ; sachez aussi qu'il existe des housses de chaises pouvant s'adapter sur toutes les formes.

Si vous avez le budget, vous pouvez aussi louer des banquettes pour créer un coin lounge, des bars lumineux ou de couleurs, bref, sachez que tout se loue.

Lumière, s'il vous plaît !

La lumière peut vous transformer n'importe quelle salle lugubre en un lieu cosy. Les PAR 36, plus communément appelés « spots » ou « boîtes ambres » font partie des lumineux standard couramment utilisés. Ils projettent une lumière indirecte sur les murs, dont vous pouvez choisir la couleur grâce à la feuille de gélatine posée dessus. De plus, leur location est peu onéreuse.

Faire appel à un décorateur ?

Si votre budget vous le permet, faites appel à un décorateur qui saura vous créer sur mesure un décor de rêve dans n'importe quelle salle tristounette et austère.

Compositions florales, tenture, décoration à thème et jeux de lumière : flexible, il aura plus de temps à vous consacrer qu'un fleuriste traditionnel. Il s'occupe de tout en gérant différents corps de métier et en prenant soin que tout corresponde à vos attentes.

Autre avantage, c'est lui qui s'occupe de gérer la livraison, de l'installation et du démontage le lendemain, voire la nuit même si votre lieu doit être libéré de tout matériel dès la fin de la réception. Il peut vous fournir tout le matériel, vases, fleurs, éclairage, moquette, jusqu'au plan de table et autre carterie en harmonie avec le thème choisi.

Des cadeaux pour les invités

Il est d'usage d'offrir un petit présent pour remercier vos invités et leur laisser ainsi un souvenir de votre mariage. Souvent placé sur ou à côté de l'assiette, il fera partie de votre décoration de table.

Classique : les dragées

Elles ne sont pas réservées uniquement aux baptêmes, car elles accompagnent traditionnellement tous les moments heureux de la vie. Vous pouvez les offrir en ballotins, en boîtes, en timbales ou encore, plus tendance, dans des boules en plastiques transparentes.

JE LE FAIS MOI-MÊME !

Vous pouvez acheter de petits sachets d'organdi aux couleurs de votre mariage, que vous garnirez à votre guise de dragées, bonbons ou berlingots.

Pour une dizaine de dragées :

Découpez des carrés de 25 centimètres de côté dans le tissu de la couleur de votre choix, tulle, organdi, intissé, coton ou toile de jute. Garnissez-les de dragées et refermez-les par un joli ruban de satin, de raphia ou encore un lien de cuir.

N'hésitez pas à remplacer les dragées par des spécialités sucrées de votre région ou de la région où se déroulera votre mariage ! Sablés, bonbons à la violette ou au miel, pralines, bêtises de Cambrai, nougats, calissons, sucrettes, chocolats fins...

Aussi, si vous n'aimez pas vraiment les dragées et que vous n'avez pas de spécialités locales par lesquelles les remplacer, vous pouvez offrir des sucres d'orge, des berlingots, des macarons, des M&M'S ou encore des bonbons en gélatine.

Des sites internet se sont spécialisés dans la vente de cadeaux pour les invités, comme par exemple des magnets à personnaliser, ludiques et très pratiques !

Quelques idées de cadeaux pour les invités

- **Pas cher et porte-bonheur :** des rubans bracelets sérigraphiés sur satin avec un message porte-bonheur, comme par exemple : « Jour de bonheur » ;
- **Personnalisé :** un CD. Faites partager vos goûts musicaux à vos invités. Préparez une compilation de vos musiques préférées, sans oublier les musiques phares de votre mariage (entrée des mariés, première danse, musique de la pièce montée), qui leur rappellera cette magnifique journée ;
- **Mystérieux :** un billet de loterie. Glissez dans une enveloppe fermée et nominative une carte à gratter : suspense garanti !

Mais aussi :

- Des bougies parfumées ;
- Des bijoux de portables ;
- Des aimants en céramique ;
- Des petits pots avec des graines de plantes ou de fleurs ;
- Des chocolats personnalisés avec vos noms et/ou photo ;
- Une petite fiole avec du sirop de la couleur de votre thème...

POUR DANSER JUSQU'AU BOUT DE LA NUIT !

À l'instar des boîtes de nuit londoniennes, vous pouvez offrir à vos invitées de petites ballerines pour qu'elles puissent danser jusqu'au bout de la nuit ! Si certaines, prévoyantes, auront dans leur sac des chaussures confortables, d'autres s'écrouleront sur leur chaise après trois danses endiablées pour cause de mal aux pieds.

Certains fabricants proposent des ballerines souples à bon prix, entre 5 et 7 euros la paire, vous pouvez en prévoir de plusieurs tailles et de toutes les couleurs dans un grand panier à proximité du bar, pour que chacune puisse prendre ses petits souliers en même temps qu'une coupe de champagne !

Variante aux ballerines : proposez des espadrilles ou des tongs pour que ces messieurs puissent aussi trouver chaussures à leurs pieds.

CHECK LIST CHAPITRE 15 : *LE CASSE-TÊTE DES PLANS DE TABLE ET DE LA DÉCORATION DE LA SALLE*

Il est temps de se pencher sur la superbe salle que vous venez de louer !

☐ 1. **Je regroupe les enfants : ils se feront de nouveaux copains et laisseront leurs parents tranquilles !**

☐ 2. **Je ne mets pas à côté femmes enceintes et personnes âgées.**

☐ 3. **J'essaye d'éviter de séparer les couples.**

☐ 4. **Je n'oublie pas les marque places.**

☐ 5. **Je trouve un petit cadeau pour les invités : dragées, chocolats, rubans, bougies, ... Il y en a pour tous les goûts et toutes les bourses !**

☐ 6. **Je ne me laisse pas abattre par les demandes qui risquent d'affluer : pourrais-tu placer tata Monique à côté de tonton Gabriel ? Et le petit Régis à côté de son grand frère ? Et...**

Chapitre 16

En piste ! Du côté des animations et du dancefloor

DANS CE CHAPITRE :

- » **Comment se dégoter le meilleur DJ ?**
- » **Les questions à lui poser**
- » **Plan B : sans DJ**
- » **Musique, animations, jeux : le déroulement de votre soirée**

Que vous vous mariiez dans un château ou une salle des fêtes, quel que soit le nombre d'invités, 50 ou 300, le style de votre mariage, champêtre ou glamour rock, votre réception doit être festive ! Alors, pour cela vous devez engager un DJ professionnel qui saura créer et maintenir l'ambiance tout au long de la soirée.

L'animation d'un mariage ne s'improvise pas, savoir quelle musique passer à quel moment opportun, intervenir à bon escient pour faire danser, mettre le feu à la salle sont affaires d'expérience et de savoir-faire. De même pour le matériel de sonorisation utilisé. C'est pourquoi nous vous déconseillons vivement de vouloir vous occuper de votre animation de mariage vous-même, de la confier à une bonne volonté de votre assistance ou à un DJ amateur et non déclaré.

Quand, où et comment choisir son DJ ?

Pour un mariage entre mai et septembre, vous devrez réserver votre DJ entre un an et six mois à l'avance. C'est comme tout, les meilleurs sont bookés longtemps à l'avance.

Ne le réservez pas à la dernière minute, le mieux est de choisir quelqu'un que vous avez repéré lors d'un mariage ou d'une soirée, ou bien de faire fonctionner ici encore le bouche-à-oreille (de préférence avec des personnes ayant les mêmes goûts que vous car ce qui paraît ringard à certains peut paraître le must à d'autres).

LES QUESTIONS À POSER AU DJ

- Quelle est votre expérience ?
- Avez-vous une assurance ? (Le lieu de réception peut l'exiger.)
- À quelle heure arriverez-vous le jour J ? (Habituellement, on prévoit 2 heures d'installation, beaucoup plus s'il y a beaucoup de jeux de lumière.)
- Est-ce qu'il y a une heure de fin, si oui quel est le prix de l'heure supplémentaire ?
- Quelle est votre tenue vestimentaire ?
- Combien de CD ou de MP3 aurez-vous le jour J ? (Aurez-vous la possibilité de contrôler sa discothèque pour être sûr qu'il y aura bien la musique que vous désirez ?)

Si vous prévoyez des discours ou des animations, prévenez à l'avance le DJ de l'organisation de la soirée ; donnez-lui l'horaire du début et de la fin du cocktail, l'heure du passage à table, le moment de la première danse et l'heure de la pièce montée.

Une fois que vous l'avez sélectionné et avant de signer le contrat, prenez le temps d'assister à une de ses prestations.

Soumettez-lui votre vision de votre animation de mariage, le déroulement prévu, les différentes tranches d'âge représentées, les styles musicaux que vous affectionnez et ceux que vous détestez, les animations prévues, après s'être entendu sur les aspects techniques de la prestation :

» Le lieu et éventuels frais de déplacement ;

» Le nombre de repas à prévoir (pour le DJ et son assistant s'il y en a un) ;

» Les horaires et éventuelles heures supplémentaires.

Si certaines musiques sont incontournables pour vous, signalez-le lui et, si vous voulez vraiment être prévoyant, apportez vos propres CD ou lecteur MP3.

Tout bon DJ habitué aux animations de mariage devrait vous écouter d'une oreille attentive et vous faire des propositions pour vous conforter dans votre choix et valider techniquement vos attentes.

Enfin, afin de réserver définitivement votre DJ, vous signerez un contrat de prestation reprenant les points essentiels de votre accord. À cette occasion, vous verserez un acompte de 30 % à 50 % à solder le jour J.

Quelques semaines avant votre mariage, reprenez contact avec votre DJ afin de régler avec lui les détails de votre soirée :

» Une liste de titres que vous souhaitez impérativement écouter ainsi que les styles de chansons que vous ne souhaitez absolument pas entendre ;

» Le timing de votre soirée ;

» Les événements importants (ouverture du bal, arrivée de la pièce montée, etc.) et les différentes musiques que vous avez choisies pour les accompagner ;

» Les « surprises » envisagées et le matériel éventuel à prévoir pour leur réussite ;

» Le type d'animation micro que votre DJ devra adopter : discret ou bavard ?

Vous réglerez également avec lui les derniers problèmes logistiques : table, électricité, heure d'installation, personne à joindre en cas de problème ; etc.

Plan B

La playlist sur ordinateur

Votre budget est limité, vous décidez d'utiliser une playlist et votre ordinateur pour l'animation de la soirée, cela peut effectivement être un moyen de faire des économies.

Toutefois, il faudra impérativement louer un ampli et des enceintes (comptez quatre enceintes par ampli). Ne négligez pas la qualité et la puissance des enceintes : le son peut être vite saturé et devenir insupportable.

Si votre playlist est essentiellement composée de MP3 téléchargés sur le Net, faites attention, ce format est la version compressée d'un CD et peut perdre en qualité. Ce qui vous semble bon sur votre ordinateur peut être épouvantable poussé à 90 décibels.

Les avantages

Vous économisez effectivement le coût d'un DJ ; vérifiez toutefois que la location du matériel ne vous reviendra pas aussi cher, car ce n'est pas avec votre PC et deux enceintes de salon que vous allez pouvoir enflammer le dancefloor.

Pensez aussi logistique : serez-vous livré ou devrez-vous aller chercher le matériel ? Comment installer les éclairages ? Car une piste de danse sans éclairage jouera sur l'ambiance de la soirée.

Inconvénients

S'il est possible de laisser tourner tout cela seul pendant le cocktail et le dîner, cela se complique toutefois pour la soirée dansante : imaginez que vous ayez prévu quatre titres de zouk et qu'au bout du deuxième, la piste de danse se vide... Prévoyez tout de même quelqu'un pour rester près des manettes afin de pouvoir rectifier le tir et changer la programmation.

Le déroulement de votre soirée de mariage

Musique, avec ou sans DJ, animations diverses, surprises et jeux vont rythmer votre soirée de mariage. Il est important de les prévoir un minimum à l'avance, non seulement pour respecter un bon timing, mais aussi pour assurer une bonne ambiance depuis le cocktail jusqu'à la fin de la nuit.

Le cocktail

Côté musique

Durant le cocktail distrayez vos invités avec un peu de musique. Celle-ci doit être feutrée, vos invités ayant certainement beaucoup de choses à se raconter, elle ne doit pas couvrir leurs conversations. Le style musical ne doit être ni trop dansant ni soporifique.

Si vous souhaitez un orchestre, un petit groupe de jazz ou un petit orchestre fait souvent l'unanimité. De plus en plus plébiscité par les jeunes mariés, l'animation musicale *live* est très tendance. En adéquation avec votre thème ou bien totalement décalé, vous avez une multitude de choix.

Sachez que même l'incontournable orchestre de jazz offre de nombreux choix de musique, comme par exemple :

- La bossa-nova ;
- Le jazz Nouvelle-Orléans ;
- Le jazz manouche ;
- Le jazz fusion ;
- Le jazz be-bop.

Mais plein d'autres possibilités s'offrent à vous en fonction du style de votre mariage :

- Pour une réception classique et raffinée, vous pouvez opter pour la musique classique avec un harpiste, un violoncelliste, un duo ou un trio de musique de chambre.
- Vous souhaitez faire danser les gens dès le cocktail sur une musique actuelle ? Tous sur le dancefloor grâce à des groupes de Rn'B, funk, rock'n roll ou encore disco !
- Vous souhaitez organiser un cocktail bien « frenchy » ? Ou vous voulez faire un clin d'œil à votre région de naissance ? Vous avez le choix entre la musique bretonne, la chanson parisienne, les tambourinaires provençaux, la banda du Pays basque.
- Pour un mariage festif, multiculturel et haut en couleur, engagez un groupe de musique d'ailleurs : musique d'Irlande, des Antilles, du Brésil, musique gipsy ou orientale...

Renseignez-vous ! Des artistes de tous horizons vous enchanteront grâce à leur talent !

Côté animations

Voici quelques idées d'animations que vous pouvez prévoir pour le cocktail si vous ne souhaitez pas vous contentez de musique :

- **Faites venir un sculpteur sur glace :** à partir d'un bloc de glace, le sculpteur peut créer toutes vos envies ! Choisissez la forme que vous voulez, vos invités pourront admirer le travail de ce magicien à partir du bloc de glace jusqu'à la finition parfaite. Ensuite, la sculpture servira à décorer votre buffet de desserts.
- **Organisez des jeux forains :** vous pouvez mettre sur pied de petits stands de jeux forains faciles à réaliser : chamboule-tout, fléchettes, pêche à la ligne, ainsi que des animations avec un cracheur de feu, un jongleur, un équilibriste, un échassier, un silhouettiste, un caricaturiste ou encore une diseuse de bonne aventure.
- **Créez l'animation autour du bar :** la tendance est à la mise en place de thématiques autour du bar. Par exemple : un bar à cocktails avec ou sans alcool avec shakers, mixeurs, pailles colorées et un barman jongleur ;

un bar à vin animé par un sommelier qui pourra initier vos invités à l'art de la dégustation ; un bar à bulles avec différentes sortes de champagne...

» **Invitez des danseuses :** accompagnées ou non de musiciens, elles peuvent intervenir au milieu du cocktail, pendant le repas ou encore au cours de la soirée dansante. Il en existe pour tous les goûts : danseuses orientales, brésiliennes, indiennes, danseuses de flamenco ou encore de disco, de hip-hop...

Entre cocktail et repas : le discours de mariage

Passage presque obligé de tout jeune couple de mariés et de leur famille proche, le discours peut être un petit moment stressant à passer. Après tout, on n'a pas tous les jours l'habitude de s'exprimer en public devant une assistance de 100 personnes, voire plus. Voici quelques conseils pour passer ce cap en toute sérénité.

À qui revient le rôle de faire un discours ?

En règle générale, aux futurs mariés, ou plus communément au marié et aux papas. Eh oui, les discours sont plutôt une affaire d'homme ! Mais, attention, cela n'est absolument pas une règle ; si vous sentez que votre maman ou votre belle-mère aimerait aussi dire quelques mots, invitez-les à prendre la parole ! En revanche, si vous avez un oncle réputé pour ses discours souvent axés en dessous de la ceinture, ne le laissez pas s'approcher du micro !

À quoi servent les discours ?

Ils vous permettent de remercier votre famille et vos amis de leur présence, de leur soutien au quotidien ou encore de l'aide apportée lors de l'organisation de votre mariage.

Pour vos proches, il s'agit bien souvent d'un témoignage de leur affection et de leur amour. Le discours du papa de la mariée est toujours très émouvant ; il permet souvent aussi de souhaiter la bienvenue dans la famille au jeune marié.

À quel moment ?

Pour les jeunes mariés, le meilleur moment est au début du dîner, pour souhaiter la bienvenue et remercier les convives de leur présence. Pour la famille et/ou les témoins, le discours peut se situer entre l'entrée et le plat principal, en tout cas avant l'arrivée de la pièce montée. Sachez que le plus tôt est le mieux : autant être frais pour parler et écouter !

En revanche, les discours en plein milieu de la soirée dansante sont à proscrire. Vous risquez de faire retomber l'ambiance et, surtout, vous n'arriverez pas à capter l'intérêt des invités.

Quelques conseils pour un discours réussi

L'équation d'un discours gagnant est simple : court, simple, avec un trait d'humour, et le tout avec sobriété.

On laisse de côté les histoires drôles douteuses au sujet de la nuit de noces, on évite aussi de parler des ex ou de la vie dissolue que vous meniez avant de vous rencontrer. Bref, vous pouvez être drôle, mais surtout romantique !

Pour la durée, à vous de choisir, mais sachez qu'au-delà de 5 minutes, la majorité de votre assistance va décrocher.

Pour faire face au trac, prenez soin de répéter votre discours plusieurs fois avant le moment fatidique où tout le monde aura les yeux braqués sur vous. Parlez clairement bien près du micro. Employez un ton convivial et parlez à haute et intelligible voix. Un ton monocorde à voix basse, c'est la sieste assurée pour votre auditoire. Tenez-les éveillés ! Et, surtout, n'oubliez pas de sourire.

Les pères et les témoins doivent s'adresser, eux, directement aux mariés et se tourner de temps en temps vers le public pour capter son attention.

Enfin, n'oubliez pas, le jour J, d'apporter une copie de votre discours, même si vous le connaissez par cœur : vous risquez de perdre vos moyens face à l'assemblée. Surtout, préparez-le à l'avance, ne pensez pas que vous aurez le temps de le faire le jour du mariage !

Un dernier conseil : buvez modérément pour garder toutes vos facultés.

Pendant le repas

Côté musique

Le brouhaha de vos convives risquerait de couvrir la musique et *vice versa*. Privilégiez une musique d'ambiance qui flottera tout au long du dîner plutôt qu'un orchestre.

Côté animations

Si vous avez prévu des animations ou interventions particulières, celles-ci devront avoir lieu durant le repas et principalement entre les plats, car, après, pas question d'interrompre la soirée dansante au risque de casser l'ambiance. Dans la mesure du possible, chaque animation devra être prévue avec votre DJ et préparée.

Si vous prévoyez un jeu, celui-ci devra être de bon goût et ne jamais faire rire l'assistance aux dépens d'un participant qui pourrait être vexé.

Souvent, les témoins ou amis préparent des diaporamas avec les instants forts de la vie des mariés. Même si, officiellement, vous n'êtes pas au courant de cette surprise, demandez au DJ de prévoir un projecteur.

Pensez que l'arrivée de la pièce montée peut constituer à elle seule un véritable spectacle où tout doit être parfaitement synchronisé. Néanmoins, pour que le succès soit garanti, cette animation nécessite une parfaite coordination entre le traiteur et le DJ.

Amusez les enfants

Occuper les enfants permet tout d'abord aux parents d'être tranquilles et de profiter de leur soirée, mais cela vous épargnera aussi les essaims d'enfants déchaînés courant partout, passant entre les jambes des serveurs ou voulant absolument s'essayer aux platines du DJ ou encore les sauts désespérés devant l'objectif du photographe… à chaque photo !

Une excellente façon d'occuper les enfants (si votre budget le permet) est de faire appel à un animateur pour la durée du repas. Il saura les amuser en organisant toutes sortes de jeux.

FÉERIQUE !

Vous en avez rêvé… Un feu d'artifice rien que pour vous ! Loin des pétards du 14 Juillet, vous pouvez offrir à vos invités VOTRE feu d'artifice ! Même pour les plus blasés, le spectacle est toujours captivant. Pour un moment vraiment inoubliable, certaines sociétés peuvent vous créer sur mesure un spectacle à partir de la musique de votre choix.

La soirée dansante

C'est seulement à la fin du repas que peut commencer la véritable soirée dansante.

L'ambiance de votre soirée dansante est particulièrement importante. En effet, cette soirée restera le dernier souvenir qu'auront vos invités de votre mariage.

Une soirée réussie dépend de différents facteurs :

- » La qualité du son ;
- » La qualité des éclairages ;
- » La programmation musicale et les enchaînements.

Surtout, ne vous imposez pas tangos, valses et guinguettes si cela ne vous correspond pas !

L'ouverture du bal

La coutume veut que la jeune mariée ouvre le bal avec son père, mais, de plus en plus, les jeunes couples ouvrent le bal ensemble.

Si vous voulez respecter la tradition, entraînez-vous ! Si vous ne maîtrisez pas la valse, cela ne sert à rien d'improviser, à moins de prendre des cours de danse de salon ; il vous suffira peut-être de trois cours pour être capable de valser sans vous ridiculiser.

Si vous optez pour un slow ou une musique plus actuelle, pensez surtout à déchiffrer la signification des paroles, cela serait dommage de vous rendre compte plus tard que votre chanson raconte en fait une histoire qui se termine mal.

LA PREMIÈRE DANSE : QUEL TITRE CHOISIR ?

Si vous souhaitez respecter la tradition, la valse s'impose.

Voici trois grands classiques :

- *Le beau Danube bleu* et *La valse de l'empereur* de Johann Strauss II ;
- La *Valse n° 2* de Dimitri Chostakovitch ;
- *La valse d'Amélie* de Yann Tiersen, une valse un peu plus actuelle avec un petit côté rétro.

Si vous ne savez pas danser la valse, vous pouvez opter pour un slow avec ses titres glamours et intemporels :

- *My Baby Just Cares for Me* par Nina Simone ;
- *All of Me* et *Stranger in the Night* par Frank Sinatra ;
- *What a Wonderful World* par Louis Armstrong.

Ou encore, si les danses lentes ne sont pas pour vous, et que vous souhaitez enflammer le dancefloor avec une chorégraphie, vous pouvez vous inspirer des films :

- *Grease* : *You're the One that I Want* ;
- *Pulp Fiction* : *You Never Can Cell, Pumkin & Honey* ;
- *La Fièvre du samedi soir* : *Staying Alive.*

Si vous souhaitez que votre danse signe l'ouverture du bal, demandez au DJ de ne surtout pas passer de musique entraînante avant. Sinon, vos invités les plus dégourdis n'hésiteront pas à se jeter sur la piste pour se défouler.

Veillez aussi, au moment crucial, à ce que vous et votre fiancé soyez bien là, assurez le timing avec le DJ, il serait dommage que l'un de vous soit à l'extérieur à ce moment à refaire le monde avec un cousin pas vu depuis dix ans…

EXEMPLE DE LISTE À FOURNIR AU DJ

Les temps forts :

	Titre du morceau	Artiste
Entrée des mariés	....	....
Arrivée de la pièce montée	....	....
Découpe de la pièce montée	....	....
Ouverture du bal	....	....
Jingle*	....	....

* Le jingle est une sorte de fil rouge de la soirée, il peut être utilisé pour signaler les différentes interventions, discours, surprises, etc.

LA NUIT DE NOCES

Après avoir fait la fête jusqu'au petit matin, place à la (courte) nuit de votre vie !

Prévoyez, pour votre nuit de noces, un endroit spécial, sur le lieu même de la réception ou bien dans un hôtel pas trop éloigné de celui-ci.

Privilégiez le romantisme, sans forcément mettre des mille et des cents dans une suite nuptiale. Essayez d'éviter la tente au fond du jardin de votre grand-mère ou le dortoir dans la chambre d'hôtes à partager avec 30 autres personnes. Il y a très certainement de très belles chambres d'hôtes, pas obligatoirement hors de prix, que vous pouvez agrémenter d'un joli bouquet de fleurs, de pétales de roses sur le lit et d'une bougie parfumée. De petits riens qui feront toute la différence !

(SUITE)

Madame, faites-vous toute jolie pour votre première nuit de femme mariée. Même si vous êtes lessivée, prenez le temps de prendre une bonne douche chaude afin de détendre vos muscles, et pourquoi pas la prendre à deux...

Mais, surtout, ne vous sentez pas frustrée si votre jolie nuisette ne sert qu'à vous pelotonner amoureusement à côté de votre marié tout neuf qui ronfle déjà. Sachez que 80 % des mariés ne « consomment pas » le soir de leur nuit de noces, alors ne soyez pas déçue, vous aurez bien tout votre temps après et surtout lors de votre lune de miel pour en profiter !

On évite de rentrer à la maison dévastée par le départ précipité du matin, rien de tel pour avoir le moral en berne. À ce sujet, vous pouvez demander à une âme charitable de venir ranger un peu, histoire que la maison soit présentable lorsque vous y reviendrez.

SPÉCIAL PETITE VALISE DE LA MARIÉE

- **Affaires de toilette ;**
- **Démaquillant et coton, surtout n'oubliez pas de vous démaquiller au risque de ressembler à un panda le lendemain matin !**
- **Brosse à cheveux, shampoing démêlant et sèche-cheveux si le coiffeur y a été un peu trop fort sur le gel ou la laque ;**
- **Aspirine ;**
- **Une jolie tenue pour la nuit ;**
- **Votre tenue du lendemain ;**
- **Des pansements pour les ampoules !**

CHECK LIST CHAPITRE 16 :
EN PISTE ! DU CÔTÉ DES ANIMATIONS ET DU DANCEFLOOR

En avant la musique !

☐ 1. **Je me marie entre mai et septembre : je réserve mon DJ entre six mois et un an à l'avance.**

☐ 2. **Je prépare un planning pour le DJ : avec les animations prévues, l'heure de début et de fin du cocktail, l'heure de la première danse, le timing de la soirée, le type d'animation…**

☐ 3. **Je lui fais une liste des musiques/chansons incontournables.**

☐ 4. **Je prévois des animations : sculpture de glace, danseurs, orchestre, …**

☐ 5. **Je prépare quelques mots de remerciements que j'adresserai en début de soirée (plus prudent qu'en fin de soirée !!).**

☐ 6. **Je prévois un projecteur.**

5

Cadeaux et souvenirs

DANS CETTE PARTIE . . .

Ce grand jour vous laissera son lot de souvenirs, comme les photos et vidéos, les petits messages laissés par vos invités, sur le livre d'or ou autres. Il s'agit aussi de prévoir les supports, de choisir le photographe professionnel qui saura immortaliser votre mariage sur papier glacé, de définir quel type de photos vous souhaitez...

Qui dit mariage dit cadeaux. Oui, mais cadeaux que vous aurez pris soin de mettre sur votre liste de mariage. Allez, au boulot ! Et ne pensez pas vous simplifier la tâche en optant pour le voyage de noces en guise de cadeau unique, il vous faudra tout de même l'organiser, cette lune de miel...

Et, surtout, il vous faudra remercier tout ce beau monde !

Chapitre 17

La liste de mariage

DANS CE CHAPITRE :

» **Établir sa liste de mariage : dans quel camp êtes-vous ? Fainéants ou courageux ?**

» **Où ouvrir sa liste de mariage ?**

» **Que mettre sur cette fameuse liste dont vous avez tant rêvé ?**

Des cadeaux, des cadeaux, encore des cadeaux... Soyons honnêtes, vous salivez à l'idée d'établir votre liste de mariage ! Assiettes design, couverts en argent massif, verres à vin, linge de maison 100 % soie, voyage de rêve aux Bahamas... Tout est permis. Quel bonheur !

Désolée de vous décevoir et de vous faire redescendre deux secondes de votre petit nuage, mais cette étape du mariage est l'une des plus laborieuses. Surtout si vous avez décidé de faire partie des bons élèves. Car, quand il s'agit de liste de mariage, deux catégories de futurs mariés s'opposent très clairement : les fainéants et les courageux.

Liste de mariage : êtes-vous plutôt fainéant ou courageux ?

Vous ne savez pas encore où vous situez ? Une petite description de ces deux catégories vous aidera à y voir plus clair :

Les fainéants : ils optent pour la facilité, le rapide, l'efficace

Trop occupés entre les préparatifs du mariage et leurs impératifs professionnels, ils ne trouvent pas le temps de traîner au rayon déco et linge de maison des grands magasins ou de fouiner des heures sur le Net. Leur filon : « monter » une liste de mariage fictive. Traduction : une fois le prestataire choisi (Galeries Lafayette, Printemps, Bon Marché…), ils vont signer pour la liste de mariage type généralement proposée (service de table, verrerie, linge de maison, bibelot, service à café, salière, etc.). Celle-ci est très complète. Les invités choisiront parmi une centaine d'articles. Les mariés utiliseront ensuite cette somme comme bon leur semble.

L'avantage ?

À six mois du mariage, on n'a pas toujours le temps ni l'énergie d'établir sa liste dans les moindres détails. Cette solution permet de choisir ensuite calmement et à tête reposée.

L'inconvénient ?

Le choix des invités n'est pas vraiment respecté. La vieille tante Ursule pense vous avoir offert une jolie timbale en argent alors que son don sera en fait une participation à votre voyage de noces…

Les courageux : ils établissent consciencieusement leur liste eux-mêmes

Scrupuleux, armés d'une patience d'ange, ils prennent le temps (la petite affaire peut durer plusieurs dizaines d'heures tout de même) de choisir chaque élément de la liste un par un. Tout est pensé, tout est calculé.

L'avantage ?

Ce qui est fait n'est plus à faire. Ils prennent le taureau par les cornes une bonne fois pour toutes. Pourquoi pas ?

L'inconvénient ?

À six mois du mariage, il n'est pas toujours facile de trouver le temps nécessaire pour établir une liste complète. De plus, noyée dans le stress des préparatifs, cette étape du mariage se transforme souvent en cauchemar. Gare donc aux prises de tête entre futurs époux ! Il serait dommage de compromettre le mariage au rayon petit électroménager…

Bilan des courses : alors ? Savez-vous enfin de quel bord vous êtes ?

Que vous fassiez partie du groupe des fainéants ou des courageux, une chose est sûre : cette liste doit être ouverte six mois avant le mariage. Les invités auront ainsi tout le temps pour participer.

LISTE DE MARIAGE EN LIGNE

Certains grands magasins proposent désormais de constituer votre liste chez vous, tranquillement installés dans votre canapé. Le principe : vous consultez en ligne le catalogue de toutes les références du magasin. Simple, rapide et efficace… une bonne alternative à la « fainéante attitude ». Renseignez-vous auprès des prestataires.

Les questions incontournables de la parfaite *wishlist*

Ou comment choisir un prestataire. Vous avez bien entendu l'option « grands magasins ». C'est la plus courante et jusqu'à il y a seulement une dizaine d'années, la seule. Vous devez donc vous déplacer à l'espace mariage. Là, une conseillère vous guidera dans vos choix selon vos besoins. L'inconvénient de cette option : les rayons et l'accumulation de produits donnent vite le tournis et on finit par tourner en rond au rayon art de la table comme une âme en peine. Bref, une fois vos choix arrêtés, la conseillère ouvre votre liste. Celle-ci sera consultable par quiconque voudra y déposer une participation.

L'autre possibilité est bien sûr le Net. Celui-ci a d'ailleurs tout chamboulé dans l'organisation de la liste de mariage. Le principe est simple : vous ouvrez votre liste sur un site de liste de mariage bien achalandé. Cette dernière sera ensuite consultable uniquement sur le Net. Parmi les sites les plus réputés : 1001 listes (voir chapitre 29). Pionnière, cette enseigne propose des produits provenant de plus de 400 boutiques françaises et étrangères. Une telle offre ouvre de sacrés horizons aux jeunes mariés.

Même si Internet se révèle être assez efficace, n'oubliez pas que votre grand-mère ainsi que quelques-unes de ses bonnes amies voudront participer à cette liste. L'informatique et elles... ça fait deux. Internet risque de les freiner dans leur élan. Pensez-y.

Certains mariés ouvrent deux listes : une, traditionnelle, dans un grand magasin connu du plus grand nombre. Une autre, plus originale, sur le net pour la geek génération. Quelques autres sites : `www.millemercismariage.com` ; `www.printempsadeux.com`.

Comment établir sa liste ?

Grande question. Que mettre sur cette liste ?

Traditionnellement, la liste de mariage est là pour aider les jeunes mariés à s'installer. Elle comporte, donc, de l'argenterie, un joli service de table, de la verrerie... Seulement voilà, aujourd'hui, nombreux sont les couples qui emménagent ensemble avant de se marier. Les besoins ne sont donc plus les mêmes. Vous êtes alors les seuls à pouvoir répondre à cette question. Linge de maison, ameublement, couverts... Tout dépend de vos besoins, de vos envies.

Gardez tout de même en tête que les cadeaux que vous recevez pour votre mariage sont censés s'inscrire dans le temps. Optez pour des choses de qualité qui résisteront au poids des années.

De plus en plus de jeunes mariés mettent leur voyage de noces sur leur liste. Pourquoi pas ?

Les invités intéressés donnent donc une participation.

Le montant moyen d'un cadeau de mariage est de 100 euros. Cependant, tous vos invités n'auront pas les mêmes moyens, pensez à mettre des articles à tous les prix. La plus petite étiquette affiche généralement 10 euros. Les plus importantes peuvent s'envoler jusqu'à 150 voire même 300 euros !

Le bon *timing* ?

Vous devez théoriquement ouvrir votre liste six mois avant le mariage afin de laisser tout le temps qu'il faut aux invités pour participer. Pour être honnête, rares sont les futurs mariés qui respectent ce timing. Essayez tout de même de la déposer quatre mois avant le grand jour.

Vous êtes en retard ? Votre liste n'est pas finalisée ? Pas de panique, quel que soit le prestataire que vous choisissez, vous avez la possibilité de modifier cette liste à volonté, même la veille du mariage si cela vous chante !

Voilà pour les principales interrogations. Une question reste cependant en suspens : comment avertir les invités que votre liste est à tel ou tel endroit ? Certains osent l'indiquer sur leur faire-part... Cette pratique reste cependant un peu cavalière. Un peu de délicatesse et de finesse ! Ce qui fonctionne ? Le téléphone arabe. Contentez-vous de divulguer cette information à vos amis proches et à votre famille. Le bouche-à-oreille fera le reste.

D'autre part, pensez à réactualiser votre liste régulièrement. Vous constatez que tous les articles dont le montant tourne autour de 70 euros sont partis ? Veillez à en remettre le plus rapidement sur votre liste afin que vos invités ne se retrouvent pas « piégés » et contraints de dépasser leur budget.

Merci, merci !

Qui dit cadeaux dit remerciements, bien sûr. Il va de soi que vous devez remercier chacun des donneurs. Attention ! pas question de décrocher son téléphone ou d'envoyer un vulgaire e-mail ou texto. Les remerciements se font en bonne et due forme, c'est-à-dire par courrier.

Pour chaque cadeau, vous adresserez des remerciements écrits à la main et personnalisés, s'il vous plaît. C'est la moindre des choses. Sachez également qu'il est de bon ton de remercier dans le mois qui suit la réception du cadeau (sur les remerciements, reportez-vous au chapitre 20).

La bonne idée : rédiger ses petits mots de remerciement dans les airs, lors des vols aller-retour de votre voyage de noces.

PETITE HISTOIRE DE LA LISTE DE MARIAGE

La liste de mariage revient de loin. De très loin. Dès le Moyen Âge, chaque invité déposait un cadeau à l'attention des mariés quelques jours avant les festivités. Le jour J, les cadeaux étaient exposés à l'assemblée.

La vraie liste de mariage, telle que nous l'entendons aujourd'hui, a fait son apparition dans les années 1950. C'était alors une pratique très courante dans les pays anglo-saxons. Elle a su rapidement s'imposer dans l'Hexagone. Les mariés y voyaient enfin l'occasion d'échapper aux cadeaux « placard » : les cadeaux inutiles qui terminent immanquablement enfermés dans le noir.

CHECK LIST CHAPITRE 17 : *LA LISTE DE MARIAGE*

Le mariage, c'est bien ; les cadeaux aussi ! Et une liste de mariage est le bon plan pour éviter le service en porcelaine de mamie Yvette...

- ☐ 1. **J'ouvre ma liste six mois avant le mariage : ça fera gagner du temps à tout le monde.**
- ☐ 2. **Je fais attention au montant des différents objets de ma liste de mariage : tous mes invités n'ont pas le même budget.**
- ☐ 3. **Je choisis soigneusement les cadeaux : ok, ce service à huîtres est tout bonnement splendide, mais bon...**
- ☐ 4. **Je prépare des cartes de remerciements que j'enverrai dans le mois suivant la réception du cadeau.**

Chapitre 18

Pour la postérité : photos et vidéos

DANS CE CHAPITRE :

- **Comment sélectionner votre photographe ?**
- **Encore une question de planning !**
- **Préparer son rendez-vous**
- **En complément : la vidéo**
- **Le livre d'or : le *must* des souvenirs**

Souvent la dernière roue du carrosse, le photographe est choisi en dernier, ce qui est une grosse erreur. En effet, dites-vous qu'une fois les festivités terminées, la robe rangée, les cadeaux déballés, les cartes de remerciements envoyées, les photos seront les seuls souvenirs qui vous resteront de cette merveilleuse journée ; en quelques mots : projetez-vous dans 20 ans, les photos, cela fait partie de la transmission du souvenir familial.

Sélectionnez votre photographe avec autant de soin que votre robe de mariée, et réservez-le rapidement.

Attention aux photographes amateurs, même de bonne volonté, car aujourd'hui, avec le numérique, n'importe qui s'improvise photographe, mais en toute sincérité rien ne remplacera le savoir-faire d'un professionnel. Vous seriez tellement déçus de vous retrouver avec de mauvaises photos !

Comment choisir son photographe ?

Comme toujours, le bouche-à-oreille, les PagesJaunes, les magazines spécialisés, les salons, les sites consacrés au mariage, les recherches internet seront vos meilleurs alliés.

Aujourd'hui, avec tous les moyens technologiques mis à votre disposition, il est facile de créer un blog ou un site internet, où vous pouvez visionner les books des photographes.

Toutefois, soyez attentifs aux agences, studios qui font travailler plusieurs photographes, n'oubliez pas que le book proposé aux clients est le condensé du meilleur de plusieurs photographes. Demandez à voir le travail du photographe qui sera présent le jour J et à le rencontrer.

Le *feeling* est très important, vous devez vous sentir en totale harmonie avec votre photographe afin de vous laisser transporter dans son univers.

Le photographe professionnel sait s'adapter à n'importe quelle situation tout en étant à la fois proche et discret, se fondre avec empathie dans le milieu dans lequel il évolue tout en gardant sa personnalité ; son objectif : sublimer les beaux moments, les instants de vie du mariage, aussi bien les petits instants que les grands événements

Question planning

Un certain nombre de photographes vont vous proposer (voire imposer) de faire les photos le matin même. Pensez à ce que cela implique : se faire coiffer à 7 heures, maquiller à 9 heures et donc se lever à 6 heures, serez-vous toujours aussi fraîche à 18 heures ? Après, tout est question de choix, surtout faites comme vous le souhaitez.

Le meilleur moment pour les photos de couple se situe entre la fin de la cérémonie et le cocktail. Ouvrez les festivités en invitant vos convives à boire une coupe de champagne et éclipsez-vous quelque temps avec votre photographe. L'avantage, c'est qu'ainsi vous garderez tout le côté glamour de la découverte de la mariée au marié au début de la cérémonie. Émotion garantie !

Photoreportage vs photos classiques

Il existe différentes approches :

- **La photographie académique :** photo classique de pose, c'est le photographe qui oriente le mariage et vous demandera des poses.
- **La photographie reportage :** il n'intervient jamais sur les poses ou le déroulement du mariage, il photographie en fonction de ce qu'il voit ou de ce qu'il ressent.

De nos jours, la tendance est plutôt à la photoreportage, hormis les quelques clichés incontournables avec vos parents, grands-parents et famille proche, le photographe saisira plutôt l'intimité de vos préparatifs et les invités sur le vif.

Quel budget ?

En faisant un rapide tour des différents photographes, vous verrez que tous les budgets vous seront proposés, attention toutefois aux photographes du dimanche : il est facile aujourd'hui avec un site internet et le statut d'autoentrepreneur de passer pour un professionnel à un prix minime !

Souvenez-vous : plus votre demande est exigeante, plus vous devrez faire appel à de grands professionnels.

Différentes formules

Selon les photographes, vous aurez le choix entre différentes formules, dont le prix sera bien sûr en conséquence du travail fourni, du talent du photographe et selon si vous disposerez ou non des fichiers de vos photos. Il vous indiquera aussi son temps de présence.

Les premiers forfaits vont de la cérémonie jusqu'à la fin du cocktail, mais vous pouvez aussi opter pour la formule présence dès les préparatifs jusqu'à la première danse.

LES QUESTIONS À POSER À VOTRE PHOTOGRAPHE

- » Quel est votre regard de photographe (photos posées ou reportage) ?
- » Peut-on consulter votre book ?
- » Quels sont vos tarifs ?
- » Quand prenez-vous les photos de couple ?
- » Est-ce que vous aurez un assistant ? (Pour les mariages de plus de 200 personnes, ce n'est pas obligatoire, mais il sera difficile pour votre photographe de travailler seul.)
- » Combien de temps resterez-vous ? (Préparatifs, cérémonie, cocktail, dîner, soirée ? bien regarder ses différents forfaits ; souvent la soirée n'est pas comprise.)
- » Connaissez-vous les différents lieux où vous devez vous rendre ? (Maison, mairie, lieu de réception ? S'il ne connaît pas les sites, donnez-lui les adresses exactes pour ne pas risquer qu'il se perde, ou qu'il se rende à la mauvaise église.)
- » Les fichiers nous seront-ils remis après la réception ?
- » Proposez-vous des photos collées dans un album ou bien des livres photos ?
- » Avez-vous un site web où consulter les photos après le mariage ?

La liste rouge

Rien de plus déprimant, après le mariage, de se rendre compte que vous n'avez aucune photo de vous avec votre cousine adorée ou tout autre personne chère à votre cœur.

Le meilleur moyen de ne pas connaître ce genre de déconvenue est de rédiger à l'attention de votre photographe une liste des personnes avec qui vous souhaitez absolument être pris en photo.

Généralement, cette liste est composée de la famille, parents, frères et sœurs, grands-parents, des témoins, des parrains/marraines, mais, effectivement, cela ne suffit pas.

N'oubliez pas que ce qui vous paraît évident à vous ne l'est pas pour votre photographe, d'où l'intérêt de cette liste, mais il faut absolument dédier une personne proche et qui connaît chaque personne afin d'orienter votre photographe vers la prise de tel ou tel cliché. Par exemple, votre sœur ou votre témoin pourra, durant la séance photo, aller chercher au fur et à mesure les convives inscrits sur la liste. Ce petit conseil vous permettra de découvrir avec joie les clichés de toutes ces personnes qui vous sont chères et ainsi leur envoyer la photo en guise de souvenir.

Cheeeeese ! La photo de groupe

Même si la photo de groupe avec tous les convives du mariage debout sur une tribune est un peu *out*, les photos de micro-groupes sont encore très appréciées. Maintenant, c'est au photographe de les mettre en scène afin de faire de ce moment un instant fun, ludique et joyeux. Par exemple, tous vos amis garçons peuvent porter la mariée tandis que toutes vos amies filles porteront, elles, le marié : cliché sympathique plein de rires !

Ne pas oublier les moments pleins de tendresse en posant avec les aînés de la famille, grands-parents, grands-oncles, et parfois arrière-grands-parents, ils seront fous de joie lorsque vous leur remettrez les clichés !

Vous pouvez aussi commander au photographe LA fameuse photo de groupe, mais au lieu de les faire poser de manière statique et figée, celui-ci peut leur demander de sauter en l'air tous en même temps ou bien encore de courir vers lui : fou rire garanti !

Toutes ces photos seront prises durant le cocktail, évitez de les faire sur le parvis de l'église ou de la mairie ; à ce stade, les invités commenceront à avoir faim ou soif et seront moins enclins à écouter les directives du photographe.

Il faut que celui-ci soit réactif afin de ne pas prendre 50 prises pour une photo de groupe, deux essais maximum seront tolérés par vos invités. Donc, à vous de choisir le bon photographe ; il faut qu'en une demi-heure, toutes les photos de votre liste soient dans la boîte, ensuite, il passera d'invité en invité durant le cocktail afin de faire des clichés dans un style photoreportage.

Le coin photo

Le coin photo est une option, mais il est en général très apprécié afin de n'oublier personne. Il est très souvent utilisé au États-Unis.

À la manière des grands événements musicaux ou des premières de cinéma, vous pouvez décorer un endroit, de préférence dans l'entrée de la salle, à l'aide d'un joli rideau en toile de fond, de fleurs ou encore d'un poster géant.

Avant le passage à table, le photographe se positionnera devant et vous pouvez, au choix, lui faire prendre chaque invité en solo, chaque couple seul ou bien en compagnie des mariés.

En vogue : les appareils jetables sur les tables

En plus de la prestation du photographe, vous pouvez mettre à disposition des convives des appareils photo jetables sur les tables, mais, attention, après trois coupes de champagne, vos invités vous réservent de belles surprises ! Surtout, n'oubliez pas de les prévoir avec flash.

Ne faites développer dans un premier temps que les planches contacts, vous pourrez ainsi sélectionner les meilleurs clichés et éviter de dépenser une fortune à développer les 15 photos identiques prises par la maman de petit Louis, trop mignon dans sa tenue de cortège...

Ça tourne !

En complément des photos, pour vous souvenir en mouvement du grand jour, vous pouvez opter pour une vidéo de mariage, cela vous permettra non seulement de vous remémorer les meilleurs instants du jour J, mais aussi de voir tout ce que vous avez pu manquer.

Tout comme pour dénicher le bon photographe, vous utiliserez les mêmes réseaux pour mettre en place votre vidéo. Mais sachez que, souvent, les photographes travaillent avec un caméraman ayant la même vision que lui du reportage de mariage. Normalement, vous pouvez apprécier son travail grâce au Net ou par le biais d'une vidéo qu'il vous aura fournie.

QUELQUES CONSEILS

» Attention à choisir un vrai professionnel si vous souhaitez un résultat à la hauteur de vos attentes, votre oncle René fait peut-être de magnifiques vidéos de vacances, mais un mariage, c'est totalement différent.

» Choisissez bien vos musiques, le caméraman doit vous faire un montage sonorisé, alors prenez le temps de bien sélectionner l'accompagnement sonore de votre vidéo.

» Évitez les effets spéciaux pour les transitions, les flous artistiques, les ralentis : un film sobre vieillira mieux et sera de meilleur goût.

» Le must : deux réalisateurs. Forcément plus onéreux, mais le rendu est sans commune mesure.

Notre livre d'or

Vous aurez beaucoup de plaisir à le lire le lendemain de votre mariage et à le relire pendant les longues soirées d'hiver au coin du feu !

Classique : un joli cahier

Achetez un joli cahier que vous disposerez dans un lieu accessible pendant le cocktail (n'oubliez pas les stylos !) et faites-le circuler de table en table pendant le dîner pour être sûr qu'un maximum de personnes y laisseront un petit message.

Créatif : les petites cartes

Préparez sur un guéridon des cartes et enveloppes de toutes les couleurs. À côté, disposez un large vase. Vos invités écriront un petit mot qu'ils glisseront dans une enveloppe et mettront l'enveloppe dans le vase.

Si vous n'avez pas fait de liste de mariage, cela sera une manière plus élégante de remplacer l'urne en carton recouverte de papier cadeau.

Après la réception, collez les enveloppes côté face dans un joli livre. Vous pourrez ainsi à loisir lire et relire tous les témoignages d'affection qu'on vous aura laissés.

Plus original : un livre d'or en images

Chargez vos témoins de photographier tous vos invités avec un Polaroïd pendant le cocktail : n'épargnez personne, vous pouvez prendre les couples pour éviter d'user trop de recharges. Avant le dîner, disposez sur chaque table de petits livrets ou de grandes cartes type bristol et mettez à la disposition des invités Scotch double face et feutres : ils pourront coller sur ces cartes leur photo accompagnée d'un petit mot. Ainsi, vous pourrez relier tous les livrets ensemble et vous offrir ainsi un joli livre d'or, original et très fun !

High-tech : le confessionnal

À la manière des émissions de téléréalité, installez un confessionnal dans un coin tranquille de la salle de réception : un pied, un Caméscope, une chaise et le tour est joué : vos invités pourront enregistrer des messages intimes ou délirants !

Pour éviter les ratés et les nuisances sonores, branchez le Caméscope sur secteur, loin d'un lieu de passage. Pour les têtes de linotte, écrivez sur une petite affichette : « N'oubliez pas d'appuyer sur stop ! » Enfin, pensez aux cassettes supplémentaires et aux batteries.

CHECK LIST CHAPITRE 18 :
POUR LA POSTÉRITÉ : PHOTOS ET VIDÉOS

Attention ! On ne plaisante plus ! Les photos et les vidéos, c'est ce qui va rester, ce que vous pourrez montrer à vos enfants et petits enfants. Ce n'est donc pas ici que vous pouvez lésiner sur les moyens, bien au contraire !

☐ 1. **Je consulte les books des photographes, et je fais attention aux agences qui font travailler plusieurs personnes.**

☐ 2. **Je rencontre le photographe : il faut que le feeling passe bien et qu'il comprenne mes attentes.**

☐ 3. **Je choisis également le photographe en fonction du planning proposé : si je suis d'un naturel stressé il ne sera peut-être pas évident de me faire faire les photos le matin même du mariage.**

☐ 4. **Je prépare un carnet d'adresses : ce serait bête qu'il se perde entre l'église et la salle de réception !**

☐ 5. **Je rédige une liste des gens avec qui je veux absolument être pris en photo : la cousine Audrey, le grand-père Régis, ...**

☐ 6. **Je pense aux appareils photos jetables : une sur chaque table.**

☐ 7. **Je n'oublie pas le livre d'or.**

☐ 8. **Je pense à l'urne pour les petits mots ou les dons des invités.**

Chapitre 19

Le voyage de noces

DANS CE CHAPITRE :

- **Enfin le moment tant attendu de la lune de miel !**
- **Quand ? Comment ? Avec quoi partir ?**
- **Tous les conseils et les bonnes idées pour l'organisation**

C'est un peu la cerise sur le gâteau. Un repos entre amoureux bien mérité et une douce manière de commencer cette nouvelle vie à deux. Généralement, on part en voyage de noces dans la foulée du mariage, certains mariés décollent même pendant la nuit de noces !

C'est quasi un passage obligé. Bien qu'il n'y ait aucune obligation, 90 % des jeunes mariés s'offrent une lune de miel. Pourquoi résister ? Avant de vous lancer, voici des réponses aux questions les plus fréquemment posées sur le voyage de noces.

QUELQUES PETITS CONSEILS POUR ÉVITER LE WEDDING BLUES

Comment passer du rôle de princesse à celui de Mme Tout-le-Monde sans déprimer ?

Il se peut que quelques jours après les festivités, vous vous sentiez un peu triste, voire complètement déprimée : c'est tout à fait normal !

Vous venez de passer entre six mois et un an à préparer ce mariage, qui ne dure finalement qu'une journée. La plupart d'entre vous n'auront qu'une envie : revenir en arrière et recommencer à zéro.

- **Organisez un buffet froid le lendemain, cela vous permettra déjà de jouer les prolongations avec famille et amis proches (voir chapitre 14).**

(SUITE)

- Partez en voyage de noces rapidement, ou bien, si cela est impossible, prenez au moins quelques jours de vacances et réservez dans un hôtel de charme pour changer du quotidien. Revenir au bureau tout de suite après le mariage peut sembler bien rude…
- On évite de rester seule chez soi à ruminer, il faut s'occuper ! Commencez déjà par écrire vos cartes de remerciements, ensuite récoltez les photos prises par vos invités et faites-vous un bel album en attendant celui du photographe. Et pourquoi pas vous initier au *scrapbooking* afin de le personnaliser au maximum ?
- Prévoyez des sorties, allez chez des amis ou organisez des dîners à la maison, vous pourrez ainsi reparler ensemble de cette superbe fête, et surtout vous vous sentirez entourée !
- Il est peut-être temps de changer de coiffure, surtout si vous avez consacré ces six derniers mois à laisser pousser vos cheveux. Rafraîchissez tout cela, et pourquoi pas changer de couleur ?
- Faites des projets : bébé, nouvelle maison, nouvelle voiture ou encore nouveau job ; après tout, le mariage n'est qu'une étape dans votre vie de couple, le meilleur reste à venir !

Le voyage d'une vie en question

Qui l'organise ?

On dit souvent que cette tâche incombe au marié. À lui de tout organiser, de choisir la destination, les hôtels, de définir le parcours une fois sur place, de réserver des chauffeurs ou des locations de véhicules si nécessaire… Bref, il fait tout de A à Z, bien souvent avec la complicité d'une conseillère dans une agence de voyage.

Il dévoilera la destination mystère à sa bien-aimée le plus tard possible. Le but étant bien sûr de la surprendre… agréablement.

Et c'est là que les choses se corsent... Car les souhaits de monsieur ne correspondent pas toujours à ceux de madame... Il a prévu un merveilleux voyage aux Maldives avec initiation à la plongée sous-marine alors que vous êtes claustrophobe... dommage. Afin d'éviter ce genre de déconvenues qui peuvent gâcher les réjouissances, nombreux sont les jeunes couples qui préparent leur voyage de noces main dans la main.

Combien de temps dure-t-il ?

Généralement, il dure une semaine. Mais pour les destinations lointaines (dix heures d'avion ou plus) on part souvent 12 jours, histoire d'avoir une semaine pleine sur place. Mais, une fois encore, il n'y a pas de règle : si vous avez le temps et l'argent pour vous offrir un voyage de trois semaines, libre à vous. C'est aussi valable dans le sens inverse : vous ne pouvez pas vous permettre de partir une semaine en vacances ? Optez pour la solution « long week-end » (un RTT + le week-end) et faites-vous plaisir avec une hôtellerie de luxe, par exemple.

Combien coûte-t-il ?

Impossible de donner le coût moyen du voyage de noces. Destination, catégorie d'hôtel, durée du voyage, extras sur place... sont autant de critères qui auront une incidence sur le coût final du voyage. Son coût dépend finalement de l'argent que vous voudrez bien y consacrer.

Qui le paie ?

Grande question. Dans la plupart des cas, ce sont les mariés qui s'offrent leur voyage de noces. Si un membre de la famille insiste pour le prendre en charge, il sera bien sûr le bienvenu. Il est de plus en plus fréquent que le voyage apparaisse sur la liste de mariage des mariés. Les invités peuvent ainsi apporter une participation.

Par où commencer ?

Le voyage de noces n'est pas à prendre à la légère. C'est LE voyage de votre vie. Il représente un nouveau départ, il scelle votre union. Il doit être parfait. Il doit être inoubliable. Il doit être magique. Le message est clair : pas question de le rater. Pour le réussir, il vous faudra de la patience, de l'organisation, des idées et un bon nombre de systèmes D.

Pas de panique, restez pragmatique et suivez le guide !

Étape n° 1 : Anticiper

Eh oui, une fois de plus, la meilleure façon de bien préparer son voyage est d'anticiper, soit y penser plusieurs mois à l'avance. Vous aurez ainsi le temps de passer en revue toutes les destinations, de vous renseigner sur les hôtels proposés et de peaufiner le programme une fois sur place. Il serait vraiment dommage de bâcler cette partie, qui est un peu le bouquet final de votre mariage.

Étape n° 2 : Parler

Communiquer entre futurs mariés sera la meilleure solution pour se mettre d'accord sur le type de voyage de noces désiré. Car, sachez-le, mille et une possibilités s'offrent à vous. C'est le moment de se poser les bonnes questions : avez-vous envie de soleil et de farniente ? d'aventure ? de vieilles pierres ? de sensations fortes ? de luxe ? Voulez-vous un voyage tout tracé, bien balisé ou, au contraire, préférez-vous partir à l'aventure sans savoir de quoi sera fait demain ? Toutes ces questions définiront le type de voyage qui vous comblera. Prenez donc le temps de communiquer, d'échanger, et de rêver aussi, car la lune de miel peut être l'occasion de s'offrir le voyage de ses rêves, celui que vous ne referez pas de sitôt.

Étape n° 3 : Compter

Eh oui, compter le nombre d'euros dont vous disposez pour ce voyage sera INDISPENSABLE. C'est triste à dire, mais votre budget aura une incidence directe sur votre voyage de noces. Quand vous saurez de combien vous disposez, vous y verrez déjà beaucoup plus clair. Certaines destinations s'annuleront d'elles-mêmes.

Étape n° 4 : Consulter...

Pas un psy (ça, c'est pour plus tard), mais une agence de voyage. Elle vous sera d'une grande aide. Les conseillères connaissent tout ça comme leur poche. En fonction de vos envies, elle vous guidera vers telle ou telle destination. Selon votre budget, elle vous aiguillera sur tel ou tel hôtel. Elle pourra aussi définir avec vous un parcours itinérant sur place avec chauffeur ou location de voiture. Sincèrement, l'agence de voyage vous fera gagner un temps fou.

Vous avez retenu une destination et un hôtel en particulier ? N'hésitez pas à consulter les avis des internautes sur des forums spécialisés type `www.e-voyageur.com` ou `www.voyageforum.com`.

La check-list avant de partir

- **Le passeport :** pensez à vérifier les dates d'expiration. Ce serait dommage de rester bloqué à l'aéroport.
- **Les vaccins :** certaines destinations nécessitent des vaccinations avant le départ. Vous pouvez vous en assurer auprès de votre agence ou sur le site `www.vaccinations-voyages.com`. Ce portail vous indiquera toutes les démarches santé à faire en fonction de votre destination.
- **La situation politique :** avant de booker votre voyage, vérifiez sur `www.diplomatie.gouv.fr` s'il n'y a pas de risques sur place liés à une situation politique critique.
- **Rapatriement :** vérifiez bien si votre agence de voyage a prévu une assurance rapatriement en cas de gros soucis.

LUNE DE MIEL : QU'EST-CE QUE JE GLISSE DANS MA VALISE ?

Un conseil : anticipez également votre valise car, dans l'euphorie du mariage, vous n'aurez pas toute votre tête. Voici quelques indispensables à glisser dedans sans réfléchir :

» Une **photocopie de vos passeports respectifs,** on ne sait jamais, en cas de perte ou de vol, ça pourra servir.

» Une **trousse de survie :** où que vous partiez, glissez dans votre trousse à pharmacie des pansements, une lotion antimoustiques, des pansements gastriques, une boîte de paracétamol, un thermomètre, un tube de Biafine, mouchoir en papier, un savon.

» Des **produits solaires :** qui dit *honey moon* dit souvent destination sous le soleil des tropiques. Attention donc aux rayons du soleil qui peuvent être très méchants ! Armez-vous de bonnes protections.

» Des **sous-vêtements affriolants :** vous ne partez pas en retraite mais dans un endroit paradisiaque au bras de votre tout nouveau mari, ça vaut bien un petit effort, non ?

» Un **maillot de bain :** même si vous ne partez pas au bord de la mer, votre hôtel aura sans doute une piscine. Un petit plongeon est toujours le bienvenu.

» Un **appareil photo :** pensez à immortaliser ces moments de joie.

» Une **paire de chaussures confortable :** il se peut que vous crapahutiez, prévoyez une paire de chaussures, type petites baskets, dans laquelle vous vous sentirez bien.

» Un **adaptateur :** dans certains pays vous aurez besoin d'un adaptateur électrique. Vous pouvez aussi prévoir de l'acheter à l'aéroport.

» Des **lunettes de soleil.**

» Un **chapeau, une casquette, ou un fichu...** bref, quelque chose pour protéger votre tête des rayons du soleil.

» Un **vêtement de pluie...** on ne sait jamais.

Où que vous alliez, n'oubliez pas de mentionner chaque fois que vous êtes en lune de miel, vous bénéficierez d'un petit traitement de faveur : certains hôtels offrent un repas ou une bouteille de champagne, par exemple. Il est toujours sympathique de se faire bichonner et très rare... C'est donc le moment d'en profiter !

Le coin des affaires

Vous ne disposez pas d'un budget mirobolant ? Pas question de se lamenter et de tirer un trait sur les joies du voyage de noces. Il existe quelques combines qui vous permettront de partir à moindre coût.

Partez en basse saison

Qui dit basse saison, dit prix plus abordables car hôtels à moitié vides. Les bonnes affaires sont là ! Patientez donc un petit peu et partez dans les mois dits « creux ».

Vérifiez les offres promotionnelles sur le Net

Le voyage dégriffé, ça existe ! Faites un petit tour sur le Net sur des sites comme Promovacances ou Lastminute : ils proposent souvent des voyages à moins 50 %. À vous, les Maldives, les Seychelles et l'île Maurice ! Un bémol tout de même : souvent, les vols s'effectuent en charter et les horaires ne sont pas toujours très pratiques.

Dealez directement avec les hôtels

Ce n'est un secret pour personne, les agences de voyages se prennent une bonne commission sur chaque voyage vendu, et puis... il faut bien payer leur prestation. Pourquoi ne pas vous y prendre tout seul comme un grand ? Pour ce faire, après avoir choisi la destination, achetez des vols secs, sur `www.ebookers.fr` par exemple (comparez les prix sur `www.opodo.fr`). Ensuite, contactez vous-même les hôtels et demandez-leur directement leurs meilleures offres. Vous pourrez économiser jusqu'à 1 000 euros. Ça vaut le coup de se donner un peu de mal, non ?

Vous avez décidé de réserver votre voyage de noces tout seul, sans passer par une agence ? Filez sur `www.quandpartir.com` : ce site vous donnera les meilleures destinations possibles en fonction de votre mois de départ. Envie de partir au soleil en mai ? Quelques clics suffisent pour obtenir la liste de tous les pays correspondant à vos désirs. Ce site est la garantie d'un voyage sans pluie ! Il propose aussi un service comparateur de prix qui permet de s'envoler au meilleur tarif.

Voyager différemment

Le voyage de noces peut être l'occasion de voyager différemment. Apporter son soutien aux autres, partager des moments forts avec des tribus retirées, se frotter aux autochtones, participer à la reforestation d'un terrain en souffrance... En bref, apporter du sens à votre voyage est aujourd'hui possible.

Le voyage de noces écolo

Vous êtes écolo dans l'âme. L'état de la planète a toujours été une de vos préoccupations, aujourd'hui encore plus qu'hier. Votre plus grand désir ? Voyager dans le respect de l'autre et de la Terre. Ce type de voyage de noces porte un nom : le voyage vert. Plusieurs solutions s'offrent à vous pour voyager vert.

» **Douce France :** pas question de pourrir votre bilan carbone avec un déplacement en avion. La solution ? Rester en France. Notre beau pays est petit, certes, mais présente un panel hallucinant de paysages. La douceur du Languedoc-Roussillon, les embruns de la côte basque, les reliefs des Alpes... Vous avez l'embarras du choix. Pour vous aider à planifier tout ça, pianotez sur `www.voyage-france.com`.

» **Le train :** pourquoi ne pas redécouvrir les joies de voyager à l'ancienne, c'est-à-dire en train ? Ce type de locomotion fait un grand retour en force. Il prône une nouvelle façon de voyager : celle de prendre son temps, de contempler les paysages qui défilent, de faire des étapes. Pour trouver les voyages qui vous correspondent, faites un petit tour sur www.voyages-sncf.com. Si vous voulez de l'ultra luxe, direction le site de la mythique compagnie www.orient-express.com. Partez découvrir le Machu Picchu à bord du PeruRail ou embarquez sur le Royal Scotsman pour un circuit à travers les plus beaux sites du Royaume-Uni. Du calme, du luxe, du beau... Parfait pour un voyage de noces.

» **Les agences spécialisées :** certaines agences sont spécialisées dans le voyage écolo. Leur truc ? Organiser le voyage de vos rêves toujours dans une même logique : celle de respecter la planète et ceux qui l'occupent. Pour ce faire, ces agences ont pris soin de sélectionner des établissements écoresponsables, c'est-à-dire construits et conçus selon des règles écologiques (architecture bioclimatique, préservation de la biodiversité, basse consommation énergétique...). Ces établissements d'un nouveau genre portent le nom d'Ecolodge ou Eco Hotel. Pour des tas d'idées de destinations « vertes », faites un tour sur www.voyagespourlaplanete.com et bouquinez *Eco chic : le guide du voyage chic et écologique* (Les éditions du Pacifique, 2010).

Le voyage de noces participatif

Également appelé voyage éthique, ce type de séjour signifie que vous allez mettre la main à la patte. C'est un voyage solidaire, en somme. L'idée ? Vous allez apporter votre soutien à des peuples qui en ont besoin. Construction d'un puits ou d'une école, aide à la reforestation... Ce voyage peut prendre plusieurs formes en fonction des réels besoins sur place. Bien souvent, un pourcentage du prix global du voyage est reversé au village qui vous reçoit. Cet argent permettra d'acheter des médicaments ou autres fournitures. Voici quelques agences qui proposent des voyages solidaires : www.laroutedessens.org ; www.tourismesolidaire.org ; www.voyageons-autrement.com.

LE TOP 5 DES DESTINATIONS LES PLUS PRISÉES

Vous êtes à court d'idées ? Voici les destinations les plus courues pour les voyages de noces. Vous trouverez peut-être l'inspiration.

L'île Maurice : cette île nichée dans l'océan Indien, reste LA valeur sûre. Ses plages de sable fin, son eau transparente et ses hôtels de luxe garantissent un séjour réussi pour tous ceux qui veulent se reposer et prendre le soleil. Côté activité, il y a de quoi faire : on y plonge, on y joue au golf (l'île compte deux beaux parcours), on y pêche et... on y bouquine les doigts de pieds en éventail sur sa serviette.

Les Maldives : le soleil, le farniente et l'eau turquoise restent incontestablement les principaux critères de sélection des jeunes mariés. Les Maldives et leurs beaux lagons s'imposent donc naturellement. Une fois sur place, vous pourrez enfiler masque et tuba et partir admirer les fonds marins. Ils sont époustouflants... et heureusement qu'ils sont là, car les activités ne se bousculent pas au portillon. Les îles, microscopiques, se visitent généralement en 30 minutes montre en main. Partir avec une cargaison de livres et des heures de sommeil à rattraper !

Les Seychelles : ses rochers polis et ses cocotiers font toujours autant rêver... surtout les jeunes mariés. 50 % du territoire est classé réserve naturelle. Les amoureux de Dame Nature seront donc servis. Attention, les Seychelles restent une destination onéreuse. Les hôtels y sont généralement luxueux et la vie sur place coûte assez chère.

Bali : cette île est un véritable havre de paix au milieu de l'océan Indien. C'est la combinaison parfaite entre visites culturelles (l'île est remplie de temples hindouistes) et farniente sur des plages paradisiaques. La bonne idée ? Découvrir cette île en scooter, se perdre dans les rizières, visiter les villages, admirer un volcan... Bali est une île bourrée de charmes qui se mérite. Il faut compter 18 heures de voyage, voire plus selon les escales.

L'Italie : c'est un peu classique, voire un brin cliché, mais l'Italie, avec sa *dolce vita*, reste une destination très appréciée des jeunes mariés. Son romantisme sans doute. Ou alors sa cuisine. Ou peut-être sa beauté. Certainement tout ça à la fois. Florence, Vérone, Rome et Venise font partie des villes les plus visitées. Les amoureux terminent généralement leur séjour par quelques jours de farniente sur les belles plages de la côte méditerranéenne.

LE TOP 5 DES DESTINATIONS BRANCHÉES

Certaines destinations se font peu à peu une place au soleil. En quelques années à peine, elles ont su séduire bon nombre de jeunes mariés. Tour de piste.

Miami : les États-Unis gagnent des points dans le cœur des jeunes « noceurs » ! Parmi les villes les plus prisées, Miami arrive en pôle position. Cette ville bourrée d'énergie est le parfait compromis entre farniente et vie culturelle trépidante. Miami ne dort jamais. Visite des Keys, repos sur les grandes plages, sorties dans des restaurants et boîtes ultra tendance, le tout saupoudré de séances shopping… Un voyage de noces pour jeunes mariés énergiques.

Madagascar : malgré un taux de pauvreté qui fait froid dans le dos, cette île se hisse petit à petit au rang des plus grands. Il faut dire qu'elle présente des atouts touristiques non négligeables : paysages à couper le souffle, authenticité, plages de sable fin, randonnées, plongées… le tout avec un accueil chaleureux. Parmi les endroits incontournables : l'allée des Baobabs à Morondava, Sainte-Marie et ses baleines, Nosy Be et son eau turquoise… Un bémol : si vous êtes à la recherche d'un grand luxe, évitez cette île. Elle est encore à l'état quasi sauvage, l'hôtellerie y est donc assez simple et basique. Pas de grand complexe avec plusieurs piscines et espace spa.

Botswana : tous ceux qui l'ont fait le crient haut et fort : un safari privé au Botswana reste à jamais gravé dans la mémoire. Plus authentique et moins prisé que le Kenya, le Botswana reste, certes, une destination chère, mais elle vous garantit un spectacle inoubliable. Vous explorerez en long, en large et en travers le delta de l'Okavango. Vous y croiserez lions, léopards, buffles, hippopotames… le tout dans des couleurs d'or. Magique. Un bémol : ce type de safari n'étant pas de tout repos, il est de bon ton de prévoir une extension de voyage de quelques nuits sur une plage paradisiaque du Mozambique.

Cancùn : le Mexique marque également des points, notamment auprès des « noceurs-clubbers ». La vie nocturne y est… trépidante. Boîtes de nuit, bars, restaurants… Vous aurez l'embarras du choix. La bonne nouvelle ? Vous pourrez vous reposer toute la journée sur ses plages de sable fin.

Les Cyclades : ces fameuses îles grecques ont tout pour plaire. Les jeunes mariés l'ont bien compris. Les maisons plus blanches que blanches, les moulins à vent, une cuisine savoureuse, des centaines de petites ruelles…

(SUITE)

Tout ça est charmant et terriblement pittoresque. Idéal pour un jeune couple en quête de paix et de romantisme. Cet archipel compte 56 îles. Santorin fait partie des incontournables. Ensuite, à vous de faire votre choix selon vos attentes, certaines îles étant plus sauvages que d'autres.

ELLES SONT PASSÉES PAR LA CASE « VOYAGE DE NOCES » ET VOUS LIVRENT LEURS BONS CONSEILS… PRENEZ DES NOTES !

« Si vous pouvez, partez le lendemain ou le surlendemain du mariage. Le voyage de noces est le parfait anti-wedding blues. Pas de place pour les larmes ou la nostalgie ! »

Laure, 32 ans

« Ne surtout pas charger le programme des réjouissances une fois sur place. Vous serez exténués après le mariage et cette longue année de préparatifs. Pas de visite à 5 heures du matin ou de treks successifs. Le voyage de noces doit être synonyme de repos du guerrier. »

Aude, 35 ans

« Penser à glisser dans sa valise une petite robe un peu plus habillée que les autres. Au cours de votre voyage, vous vous offrirez certain ement un petit dîner romantique. »

Marion, 27 ans

CHECK LIST CHAPITRE 19 : *LE VOYAGE DE NOCES*

Le mariage est fini, mais un autre beau moment reste à venir : voyage, voyage !

- ☐ 1. **Je prépare le voyage de noces plusieurs mois à l'avance.**
- ☐ 2. **Je prévois un budget.**
- ☐ 3. **Je me renseigne en agence de voyages : des conseillers sont là pour me guider vers telle ou telle destination à laquelle je n'aurais pas pensé.**
- ☐ 4. **Je consulte les avis des internautes sur les hôtels sans pour autant me noyer sous les commentaires : on peut ainsi éviter de mauvaises surprises.**
- ☐ 5. **Je vérifie la date du passeport/de la carte d'identité : pour ne pas rester bloqué à la sécurité.**
- ☐ 6. **Je me renseigne sur les vaccins à faire.**
- ☐ 7. **Je vérifie la situation politique du pays dans lequel je vais.**
- ☐ 8. **J'anticipe ma valise si je pars dans les jours qui suivent le mariage.**

Chapitre 20

Merci, merci ! Les remerciements

DANS CE CHAPITRE :

- » **Après les cadeaux, les remerciements**
- » **Quand et comment les envoyer ?**
- » **Des modèles de cartes de remerciements pour vous inspirer**

Vous avez été gâtés ? Maintenant, il est temps de remercier vos convives pour leurs délicates attentions, que ce soit pour leur présence, leurs cadeaux ou leurs fleurs.

Grâce au tableur ci-dessous, vous savez d'un seul coup d'œil qui a offert quoi.

TABLEAU 20-1 Tableau récapitulatif des cadeaux reçus.

Nom/Prénom	Adresse	Cocktail	Diner	Table N°	Faire part envoyé	Réponse	Cadeau reçu	Carte de remerciements

Vous pourrez ainsi personnaliser votre carte en citant le cadeau reçu.

Quand les envoyer ?

Vous avez deux options, soit vous les envoyez au fur et à mesure que vous recevez vos avis de cadeaux, soit vous les envoyez après le mariage, vous pouvez ainsi remercier aussi les gens pour leur présence.

Vous pouvez utiliser :

- Une simple carte et écrire entièrement à la main votre message de remerciements ;
- Une carte avec un texte prédéfini que vous aurez fait imprimer en même temps que vos faire-part (voir chapitre 2) mais, attention, écrivez toujours un petit mot à la main afin de personnaliser chaque envoi ;
- Les cartes de remerciements avec photo fournie par votre photographe officiel, ou encore fabriquées de vos propres mains en insérant vous-même une photo que vous aurez fait développer en multiples exemplaires ;
- Une carte postale lors de votre voyage de noces si celui-ci vous a été offert en cadeau de mariage. Mais, attention, s'il a lieu plus de deux mois après le mariage, vous vous devez d'envoyer un petit mot avant sous peine de paraître très impolis.

Stéphanie et Bernard
Vous remercient de vous être associés à leur bonheur
Et ont été sensibles à votre délicate attention

--

Grâce à votre générosité,
Nous venons de passer une semaine inoubliable en (lieu du voyage de noces).
Merci encore pour votre gentillesse,
Stéphanie et Bernard

--

Ces quelques fleurs nous ont fait un immense plaisir.
Merci de votre gentillesse.
Stéphanie et Bernard

--

Quel plaisir de recevoir ces...
Vous nous avez gâtés.
Merci de tout cœur.
Stéphanie et Bernard

FIGURE 20.1 : Exemples de cartes de remerciements.

CHECK LIST CHAPITRE 20 : *MERCI, MERCI !*

Votre mariage était merveilleux, les cadeaux somptueux. Il est temps maintenant de rendre la monnaie de la pièce (en partie du moins) : place aux remerciements !

☐ 1. **Je prépare des cartes de remerciements.**

☐ 2. **Je les personnalise en rajoutant un petit mot à la main.**

6

Se marier autrement

DANS CETTE PARTIE . . .

Vous voulez un mariage « différent » ? Mariage laïque, plus original et perso ; mariage à l'étranger, un brin exotique… Cette partie vous propose des solutions pour sortir des sentiers battus !

Et si vous preniez tout simplement un *wedding planner* qui organisera de main de maître le mariage de vos rêves ?

Chapitre 21

Le mariage laïque : une cérémonie originale

DANS CE CHAPITRE :

» **Une cérémonie originale à découvrir**

» **Au travail ! Une cérémonie à « construire » soi-même**

Cette cérémonie est de plus en plus utilisée pour cause de mariage mixte ou remariage ou encore tout simplement parce qu'on n'a pas forcément envie de se marier religieusement juste pour « faire joli ».

Sans passer devant monsieur le curé, vous pourrez vivre une cérémonie plus personnalisée que le seul passage à la mairie, souvent rapide et impersonnel.

Cette cérémonie uniquement symbolique et non officielle peut aussi venir en complément d'un PACS ou encore renouveler vos vœux.

Le contenu ?

Vous pouvez y citer tous les ingrédients romantiques, poétiques ou philosophiques que vous souhaitez, car l'avantage de cette cérémonie est de faire tout ce que vous voulez.

Les moments les plus touchants sont les textes écrits pour vous ou choisis par les gens que vous aimez.

L'ÉLOGE DU MARIAGE

Donc ce sera par un clair jour d'été ;
Le grand soleil, complice de ma joie,
Fera, parmi le satin et la soie,
Plus belle encore votre chère beauté ;

Le ciel tout bleu, comme une haute tente,
Frissonnera somptueux à longs plis
Sur nos deux fronts heureux qu'auront pâlis
L'émotion du bonheur et l'attente ;

Et quand le soir viendra, l'air sera doux
Qui se jouera, caressant, dans vos voiles,
Et les regards paisibles des étoiles
Bienveillamment souriront aux époux.

Verlaine, *La Bonne Chanson*

Le maître de cérémonie

Il vous faut un maître de cérémonie pour coordonner la célébration. Vous pouvez choisir quelqu'un de votre famille ou bien un proche qui assurera le tempo et les transitions. Toutefois, n'imposez pas ce rôle à une personne timide, car il n'est pas évident à tenir ; choisissez quelqu'un qui aime s'exprimer en public.

L'organisation

Elle va vous demander plus de travail qu'une cérémonie religieuse car elle n'est pas préformatée, et ce n'est pas parce que la célébration est libre qu'elle doit être totalement désorganisée. Il faut un fil conducteur, un cheminement, comme par exemple une entrée des mariés, un mot de bienvenue, des textes ponctués par des musiques que vous aimez, l'échange des consentements, etc.

Le lieu

L'endroit de prédilection pour ce type de cérémonie est l'extérieur ; pour plus de simplicité et des raisons financières, vous pouvez utiliser les jardins ou le parc de votre lieu de réception, ou encore le jardin de vos parents s'ils en ont un. Si votre budget le permet, vous pouvez louer un lieu pour l'occasion. Toutefois, pensez bien à un plan B en cas de pluie.

La décoration

Vous pouvez aussi bien la faire sobre ou bien jouer le jeu à fond : allée de moquette blanche sur la pelouse, chaises blanches avec un petit bouquet de fleurs en début de rangée, arche de fleurs, table ou pupitre...

Pensez à rédiger et imprimer un petit livret de cérémonie. Enfin, n'oubliez pas le micro afin que tout le monde vous entende bien, ainsi que la sono pour passer de la musique.

CHECK LIST CHAPITRE 21 :
LE MARIAGE LAÏQUE : UNE CÉRÉMONIE ORIGINALE

Vous souhaitez un mariage vraiment unique, que vous pourrez concevoir de bout en bout avec votre aimé(e) ? Le mariage laïque est fait pour vous.

☐ 1. **Pour éviter un mariage qui parte dans tous les sens, j'établis un planning précis : la lecture de maman, suivie par le chant de tonton et pour finir l'échange des consentements.**

☐ 2. **Je choisis un maître de cérémonie qui sera chargé de diriger la célébration.**

Chapitre 22

Se marier à l'étranger

DANS CE CHAPITRE :

- **Un mariage à l'autre bout du monde ?**
- **Les conseils et formalités**
- **Les pour et les contre**
- **Aux États-Unis et en Europe**
- **Et si on se mariait à Las Vegas ?**

Vous avez décidé de vous dire « oui » à l'autre bout du monde, parce que vous y résidez ou tout simplement par désir d'« autre chose », ou encore par envie d'un mariage intimiste. Quelle idée originale ! Mais attention, un passeport biométrique tout neuf et tout l'amour du monde ne suffisent pas.

Voici quelques conseils et la marche à suivre avant de vous envoler à l'autre bout du monde !

Des papiers, des papiers, encore des papiers

Étape n° 1 : Renseignez-vous

Il n'est pas toujours possible de se marier dans certains pays si l'un des deux conjoints n'y réside pas. Avant de faire votre valise, il est donc nécessaire de contacter l'ambassade ou le consulat sur place.

Si vous souhaitez que votre mariage soit reconnu par les autorités françaises, et donc validé, il est indispensable de faire publier les bans (art. 63 du Code civil) et de remplir les conditions de mariage prévues par l'article 170 du même code.

Étape n° 2 : Réunissez les papiers

Au moins deux mois avant la date prévue du mariage : faites parvenir à l'ambassade ou au consulat de France du pays où vous souhaitez vous marier votre dossier administratif. Après consultation de ce dernier, ils feront publier les bans dans votre commune de résidence et dans l'ambassade ou consulat choisis. Vous obtiendrez aussi le certificat de publication et de non-opposition au mariage ainsi que le tout nouveau certificat de capacité à mariage. Munis de ces documents, vous pourrez enfin vous unir devant les autorités locales !

LE CERTIFICAT DE CAPACITÉ À MARIAGE

Depuis le 1er mars 2007, les Français souhaitant se marier à l'étranger doivent obtenir un certificat de capacité à mariage. Il sera délivré par les officiers de l'ambassade ou du consulat, qui peuvent parfois demander une entrevue aux futurs époux. Tenez-vous prêts. Pour en savoir plus sur cette nouvelle loi : `http://www.diplomatie.gouv.fr/`

Votre dossier doit comprendre : une fiche de renseignements du consulat, une copie des actes de naissance de moins de trois mois, un justificatif de nationalité française, un certificat de résidence, une copie du contrat de mariage si vous avez choisi d'en contracter un (voir chapitre 4) et la copie du jugement de divorce si c'est le cas.

Certains pays peuvent exiger davantage de documents. Les autorités françaises sauront vous renseigner.

Pour info : depuis le mois d'octobre 2007, le certificat médical prénuptial n'est plus obligatoire.

Étape n° 3 : Faites valider votre mariage

Avant-dernière étape : après la célébration de votre union par les autorités locales, vous devrez faire un petit tour par la case ambassade ou consulat afin de demander la transcription de l'acte de votre mariage sur l'état civil français. Sans ce passage, votre union ne sera pas validée par les autorités françaises. Ne faites pas l'impasse !

Pour info : il est parfois demandé une copie certifiée conforme de l'acte de mariage local traduit par un professionnel assermenté... Une traduction à vos frais, bien entendu !

Entre 40 jours à trois mois plus tard, vous recevrez votre joli livret de famille ainsi que des copies certifiées conformes de votre acte de mariage. Ouf ! Ça y est, vous êtes officiellement mariés !

Pour le suivi de la procédure de validation, vous pourrez contacter le **Service central de l'état civil du ministère des Affaires étrangères** basé à Nantes au : 0 826 08 06 04.

Pour ou contre se marier à l'étranger ?

Les pour

- C'est une bonne idée pour les mariages intimistes.
- C'est une initiative originale.
- On peut faire d'une pierre deux coups en restant sur place pour profiter de sa lune de miel après la cérémonie.

Les contre

- Les formalités peuvent être plus longues.
- Tous vos proches ne pourront pas forcément faire le déplacement et pourraient vous en vouloir un peu.

» Les préparatifs peuvent représenter un coût supplémentaire : plusieurs allers-retours nécessaires pour mettre tout en place, logements...

Le mariage en Europe

L'institution du mariage n'a pas le même profil juridique dans tous les pays européens. Liée à la tenue des registres d'état civil, l'habilitation légale à célébrer la cérémonie a constitué après la Révolution un enjeu entre l'Église et l'État dans leur lutte pour obtenir la maîtrise de l'état des personnes. Sur cette base, deux traditions distinctes se sont développées : l'une privilégie une cérémonie civile obligatoire, l'autre ne lui confère qu'un caractère facultatif. Comment la reconnaissance juridique des unions entre personnes de même sexe se situe-t-elle par rapport à ces deux traditions ? L'une la favorise-t-elle plus que l'autre ?

Les traditions juridiques du mariage en Europe

II n'existe pas à proprement parler de pays européen où le mariage religieux soit la norme. D'un point de vue juridique, le mariage civil constitue en effet toujours le principe, puisqu'il sert même à définir la portée civile du mariage religieux, lorsqu'il est possible de célébrer uniquement ce dernier. La prépondérance légale du mariage civil a pour corollaire la possibilité générale de divorcer dans tous les pays européens, à l'exception de Malte. Même un Italien valablement marié par un prêtre catholique peut ainsi obtenir le divorce devant les tribunaux, avant de se remarier civilement.

Le mariage religieux a cependant valeur légale dans certains pays, alors que la cérémonie religieuse ne peut, dans les autres, se substituer valablement à la cérémonie civile. Les pays européens se rangent ainsi en deux grandes catégories : ou bien le mariage civil y est l'unique mariage reconnu par la loi ou bien c'est une option possible pour les futurs époux. Seule la Grèce ne connaissait que le mariage religieux avant 1982, mais elle a introduit le mariage civil depuis cette date.

Dans les pays où le mariage civil n'est qu'optionnel, le mariage religieux est réputé produire les mêmes effets juridiques qu'un mariage civil. La cérémonie religieuse n'est pas forcément suivie ou précédée d'une cérémonie civile (par exemple au Danemark, en Grèce, en Finlande, en Italie, en Norvège ou en Suède).

Dans les pays où le mariage civil est obligatoire, il peut naturellement être redoublé par un mariage religieux. Mais le mariage religieux doit alors être obligatoirement précédé par le mariage civil, sous peine d'amende ou d'emprisonnement à l'encontre du ministre du Culte qui contreviendrait à la règle (en France, selon l'article 433-21 du Code pénal).

Aux États-Unis

Le mariage californien et dans les autres États, à quelques détails près, se fait en trois temps :

- L'obtention de la *license* ;
- La célébration proprement dite ;
- L'enregistrement du certificat de mariage.

Il suffit d'aller chercher une « *marriage license* » au *county building*. Si vous avez plus de 18 ans, vous aurez tout de suite votre licence. Vous devrez remplir un formulaire. Vous présentez une pièce d'identité avec photo (votre passeport peut suffire). Si vous avez déjà été marié(e), présentez les preuves de votre divorce. Votre situation légale par rapport à l'immigration n'a pas d'importance.

En Californie, vous pouvez épouser votre cousin, même germain, alors que c'est formellement interdit et considéré comme un inceste au Nevada.

Une variante du mariage normal, s'appelle le « mariage confidentiel ». Comme son nom l'indique, rien ne sera publié sur les *publics records*.

Ce mariage doit obligatoirement être célébré dans le comté de délivrance de la licence. Cette forme de mariage a été créée il y a bien longtemps pour permettre aux couples vivants « dans le péché » de régulariser leur situation sans que personne ne le sache. C'est aussi une forme utilisée par les célébrités qui ne veulent pas que leur mariage soit divulgué, mais c'est plutôt rare car généralement ils ne dédaignent pas la publicité de ce genre d'événement !

14 États, comme le Texas, l'Ohio, l'Iowa obéissent à la *common law marriage*, qui institue qu'il suffit de vivre ensemble, de déclarer, sans ambiguïté, que l'on est mariés, de porter le même nom et de faire des déclarations d'impôts communes pour être considérés comme mariés. Si, ensuite, vous déménagez dans un État comme la Californie, celui-ci, bien que ne pratiquant pas la *common law*, reconnaîtra ce mariage comme valide. Pour rompre ce mariage, il faudra un vrai divorce et non pas une simple séparation.

Sauf pour les mariages confidentiels, il n'est pas nécessaire de demander une licence dans le comté du domicile des futurs époux ou de la célébration du mariage. Par exemple, vous pouvez résider à Los Angeles, obtenir une licence à San Francisco et vous marier à Santa-Barbara.

Les futurs époux doivent se présenter tous les deux en personne, munis d'une pièce d'identité comportant une photographie (un passeport français suffira), et remplir un formulaire à usage multiple, qui constitue à la fois la demande de licence, la licence proprement dite et, après célébration du mariage et enregistrement, le certificat de mariage lui-même.

Si l'un des futurs conjoints indique qu'il ou elle est divorcé(e), la preuve de ce divorce (sous la forme d'une copie certifiée du jugement de divorce traduit en anglais) pourra être demandée. À Las Vegas, par exemple, une déclaration suffit.

Il n'est pas nécessaire que les époux soient citoyens des États-Unis ou résidents permanents.

La demande de licence requiert les informations suivantes : nom, date de naissance, État de naissance ou pays, adresse, informations concernant les éventuels mariages précédents, niveau d'éducation, nom des parents et leur État ou pays de naissance. Ces renseignements devront être fournis sous serment. La licence est en général remise immédiatement aux futurs conjoints.

Le *county clerk* (greffier) doit aussi leur remettre une brochure concernant les défauts génétiques et le sida. Jusqu'au 1er janvier 1995, il était obligatoire que les futurs époux fournissent un certificat médical prouvant qu'ils avaient été testés, entre autres, pour la syphilis. Depuis 1995, toutefois, ce certificat n'est plus nécessaire.

La licence n'est valable que pendant une période de 90 jours suivant sa délivrance. Si le mariage n'est pas célébré dans ce délai, une nouvelle licence devra être demandée. Il n'y a pas de délai minimum entre la délivrance de la licence et la célébration du mariage. Toutefois, il est prudent de la demander à l'avance pour éviter des problèmes de dernière minute si le *county clerk*, pour une raison quelconque, décidait de refuser la licence.

Le mariage à Las Vegas réduit encore ces formalités.

SE MARIER À LAS VEGAS

Las Vegas, est la seule ville qui vous propose un vrai mariage sans trop de formalités administratives à gérer. Vous pouvez y organiser la cérémonie de vos rêves, de la plus simple à la plus originale.

Chaque année, plus de 100 000 couples se passent la bague au doigt à Las Vegas. Le 14 février, jour de la Saint-Valentin, est la date la plus souvent choisie, suivie par le réveillon du 31 décembre.

Des couples mythiques, comme Elvis et Priscilla Presley, Frank Sinatra et Mia Farrow, Jane Fonda et Roger Vadim, Paul Newman et Joanne Woodward y ont prononcé leurs vœux éternels.

Si vous avez plus de 18 ans, la seule obligation est d'acquérir une licence de mariage auprès du *Clark county marriage license bureau*.

Peu de pièces à fournir, pas de délai d'attente ni de publication des bans ; il est très simple de se marier à Las Vegas !

Avant la cérémonie civile ou religieuse, il suffit de se procurer une licence de mariage, ou *marriage license* auprès du *county courthouse* de Las Vegas.

(SUITE)

Un passeport ou une carte d'identité et, le cas échéant, le jugement d'un précédent divorce sont les uniques pièces exigées (la traduction de ces documents en anglais n'est pas obligatoire). Comptez également 55 dollars américains (environ 40 euros) à payer en cash.

Une fois la *marriage license* en main, tout officier d'état civil américain ou tout autre personne (représentant d'une confession religieuse) autorisée par l'État du Nevada à célébrer un mariage pourra unir le couple, dès le jour même. La liste de ces personnes habilitées est disponible au *county courthouse*.

Après la cérémonie, les époux reçoivent un certificat de mariage, ou *marriage certificate*, signé par l'officiant (officier d'état civil ou ministre du Culte), pour la modique somme de 4 dollars (moins de 3 euros).

Attention, cependant, les formalités ne sont pas terminées ! Ce mariage n'est valide que s'il est enregistré par les autorités administratives locales du comté de Clark, qui vous délivreront un *certified abstract of marriage*. Ce document, à se procurer auprès du *Clark county recorder*, coûte 10 dollars (environ 7 euros). C'est le seul acte légal enregistré par l'état civil américain qui permette la transcription dans les registres de l'état civil consulaire français.

Les adresses :

County Court House

201 Clark Avenue

Las Vegas NV 89155-1603

`www.co.clark.nv.us/clerk/Marriage_Information.htm`

Ouvert au public de 8 heures à minuit en semaine, 24 heures sur 24 les week-ends et jours fériés.

Clark County Recorder - Marriage Bureau

201 Clark Avenue

Las Vegas, NV 89155-1603

Tél. : +1 702 671-0600
+1 702 671-0600

`www.co.clark.nv.us/recorder/recindex.html`

FAITES VALIDER VOTRE MARIAGE DANS VOTRE PAYS DE RÉSIDENCE

Lors de votre mariage civil au *Clark county marriage license bureau*, demandez une copie de votre certificat de mariage. Si nécessaire, et pour une redevance supplémentaire, cette copie peut être certifiée et accompagnée d'une apostille internationale. Ces documents peuvent être commandés par la suite sur leur site internet (`www.voyage-magazine.com/hotels/hotels-nevada.asp`).

Afin que le mariage soit reconnu en France, les jeunes mariés devront remettre ou envoyer en recommandé les documents suivants au Consulat de France de Los Angeles :

- **Le *certified abstract of marriage*, et éventuellement le certificat religieux ;**
- **Un extrait de naissance pour chacun des époux ;**
- **Le cas échéant, une copie du jugement de divorce (inutile si le divorce est mentionné sur l'acte de naissance) ;**
- **Le nom du ou des témoins (si les noms sont illisibles sur l'acte de mariage) ;**
- **La photocopie de la carte nationale d'identité.**

Le consulat se charge de l'enregistrement du mariage en France. Comptez un mois pour obtenir le livret de famille en retour, accompagné de deux photocopies certifiées conformes à la transcription de l'acte de mariage.

Plus simple : la cérémonie symbolique

Si vous ne souhaitez pas vous lancer dans la paperasserie administrative, une solution beaucoup plus simple s'offre à vous : le mariage symbolique ou traditionnel ! Mariez-vous tranquillement à la mairie et offrez-vous un mariage de rêve lors de votre lune de miel (voir chapitre 19).

Le tourisme nuptial a de beaux jours devant lui, vers toutes les destinations de rêve ; les professionnels du tourisme l'ont bien compris et offrent des packages intéressants pour ceux qui veulent se marier les pieds dans l'eau sur fond de coucher de soleil idyllique.

Renseignez-vous auprès des agences de voyages, des hôtels ou des *wedding planners* (voir chapitre 23) sur place, ils sauront organiser pour vous un mariage clé en main.

Quelques idées de destinations

- Marrakech : à trois heures de vol de Paris, offrez-vous une cérémonie des mille et une nuits dans une villa de luxe dans la Palmeraie, un riad de charme dans la Médina, ou encore un bivouac dans le désert…
- Mariage les pieds dans l'eau aux Caraïbes, en Polynésie française ou sur l'île Maurice.

CHECK LIST CHAPITRE 22 : *SE MARIER À L'ÉTRANGER*

Voici une bonne idée en perspective ! Mais cela signifie aussi un certain nombre de démarches à effectuer.

☐ 1. **Je me renseigne dans les ambassades ou les consulats sur les démarches à accomplir.**

☐ 2. **Je réunis tous les papiers nécessaires au moins deux mois avant la date du mariage (dont le certificat de capacité à mariage).**

☐ 3. **Je n'oublie pas :**

- une fiche de renseignements du consulat,

- une copie des actes de naissance de moins de trois mois,

- un justificatif de nationalité française,

- un certificat de résidence,

- une copie du contrat de mariage et du jugement de divorce si vous êtes concernés.

Chapitre 23

Mon *wedding planner*

DANS CE CHAPITRE :

- **Faire appel à un *wedding planner* ?**
- **Un nouveau métier tendance et très pratique !**
- **Le rôle du *wedding planner***

Aujourd'hui, prendre un *wedding planner* pour organiser son mariage est très tendance et, surtout, vous n'avez pas 300 heures devant vous à consacrer à votre mariage ! Vous pouvez alors faire comme 80 % des Américains : engager un *wedding planner*, ou organisateur de mariages ! (Voir page 62.)

Pourquoi ?

Il y a plusieurs raisons de passer par un *wedding planner* :

- Vous manquez de temps ;
- Vous avez envie d'originalité ;
- Vous souhaitez trouver les bons prestataires ;
- Vous voulez une épaule sur laquelle vous reposer durant les préparatifs jusqu'au jour J inclus.

Comment choisir son *wedding planner* ?

Faites bien attention, ce métier est nouveau en France, il ne demande aucune qualification ni formation obligatoire pour s'installer. Si bien que n'importe qui peut exercer ce métier du jour au lendemain.

C'est un nouveau métier en vogue, sachez qu'il doit s'ouvrir dix agences par mois, et autant mettent la clé sous la porte.

Comment cela se passe ?

Tout d'abord, prenez rendez-vous avec plusieurs *wedding planners*. Pour les trouver, consultez les magazines consacrés au mariage, cherchez sur le Net ou faites marcher le bouche-à-oreille. Mirabilis est l'une des premières agences en France : `www.mirabilis.fr`.

Un premier rendez-vous

Le premier rendez-vous doit être gratuit et ne doit en rien vous lier avec le *wedding planner* : comme avec tout prestataire, ne signez rien au premier contact, prenez le temps de réfléchir.

La première rencontre dure en général de 30 minutes à deux heures ; vous exposez vos souhaits à votre interlocuteur, vous commencez à parler, à matérialiser par la pensée votre mariage.

Suivre son instinct

Le *wedding planner* vous écoute, vous pose des questions pertinentes sur vous, vos attentes et vos goûts. Ensuite, il doit vous présenter son agence, un book de ses réalisations ou bien de ses différents prestataires. Son book vous permettra de vous faire une idée précise du style de mariage qu'il a l'habitude d'organiser et de vérifier que cela vous correspond bien.

À fuir : un organisateur qui utilise des photos de banques d'images ou « volées » sur d'autres sites internet tout en soutenant qu'il s'agit de ses propres réalisations. Rien ne vaut l'honnêteté, qui d'ailleurs ne vous empêchera pas d'avoir envie de passer par ses services même s'il est débutant.

En résumé : suivez votre instinct. Il faut que, dès le début, vous vous sentiez en confiance avec lui. Après tout, vous allez vous fréquenter un bon moment, alors autant le faire avec quelqu'un qui soit sympathique en plus d'être professionnel.

Établir un contrat

Lors d'un premier rendez-vous, l'organisateur va vous présenter son entreprise et ses réalisations, parfois grâce à un book, puis il va définir avec vous vos besoins. Après ce rendez-vous, il vous communiquera un premier devis. Si celui-ci vous satisfait, un contrat sera établi entre l'organisateur et les futurs mariés. Généralement, ces premiers contacts ont lieu un an avant la date prévue du mariage. Cependant, la plupart des organisateurs sont capables de mettre sur pied un mariage en quelques mois ou en quelques semaines seulement.

NOUS AVONS PRIS UNE *WEDDING PLANNER*

« Lorsque nous avons décidé de nous marier, après la phase d'excitation est venue celle où l'on se pose des milliers de questions : comment fait-on ? Par où commencer ? Comment faire pour ne rien oublier ?...

Dans un premier temps, nous avons acheté un livre sur le mariage et avons pris conscience de l'ampleur des choses auxquelles il faut penser, et surtout les petits détails à côté desquels il ne faut surtout pas passer... Nous avons donc décidé de faire appel à une *wedding planner* pour nous aider dans l'organisation de cette journée, dont on se souviendra toute sa vie et que l'on veut parfaite, jusque dans les moindres détails.

Nous avons tous les deux des jobs très prenants et des semaines très chargées, c'est pourquoi faire appel à une *wedding planner* nous a semblé la bonne solution pour gérer notre stress, car elle travaille déjà en collaboration avec des prestataires, ce qui facile la tâche ; elle nous les a donc présentés et nous a proposé différentes options (nappage, menus, vins, vaisselle, fleurs, mobilier, faire-part...)... Il ne nous restait plus qu'à choisir !! Elle travaille avec des prestataires haut de gamme, et nous étions rassurés car ils avaient déjà fait leurs preuves ; nous pensons notamment au photographe, qui a fait un travail remarquable et si différent de ses confrères.

Le premier rendez-vous s'est très bien déroulé, et une relation de confiance s'est immédiatement installée entre nous.

(SUITE)

Le *wedding planner* est un professionnel qui a une grande expérience dans les mariages, et elle nous a proposé des choses auxquelles aucun manuel ne pense, des petits « plus » qui font toute la différence, comme par exemple l'animation d'un Photomaton qui a amusé l'ensemble de nos invités et qui a marqué par son originalité. » (Stéphanie et Bernard)

Le rôle du *wedding planner*

Avant

- Estimation du budget ;
- Conseils pour la définition du thème du mariage ;
- Recherche d'une salle et sa décoration ;
- Proposition du modèle de faire-part, et son impression ;
- Aide au choix des prestations suivantes : robe et costume des mariés (voire des demoiselles d'honneur), traiteur, coiffeuse et maquilleuse pour la future mariée, animation musicale, *live* ou DJ, photographe et vidéaste ;
- Aide au choix des cadeaux pour les invités (voir chapitre 15).

Pendant

- Coordination des prestataires, logistique du mariage ;
- Gestion des imprévus ou situations de crise ;
- Relations avec le traiteur et avec les autres prestataires ;
- Logistique du jour du mariage.

Pour la majorité des étapes, l'organisateur va faire appel à des sous-traitants (par exemple une coiffeuse), et pour d'autres il peut lui-même proposer ses services, par exemple en ce qui concerne la décoration. Il dispose généralement d'un carnet d'adresses de professionnels avec qui il a des accords de service et parfois des tarifs négociés.

Organisation de la réception : le planning

Décontractez-vous, votre *wedding planner* s'occupe de tout !

Étape n° 1 : La recherche du lieu

L'organisateur va vous proposer des lieux correspondant à votre budget, mais aussi à vos différents critères : nombre d'invités, animations prévues, avec ou sans hébergement sur place, etc. En règle générale, une visite des lieux que vous aurez sélectionnés sera prévue afin de vous aider dans votre choix final.

Le lieu choisi déterminera les autres éléments de l'organisation de votre mariage, comme la restauration : certains lieux, tels les hôtels ou les restaurants, s'occupent eux-mêmes de cette partie, tandis que les châteaux ou bastides vous demanderont de faire appel à un traiteur extérieur. Attention, certains lieux imposent des prestataires qu'ils jugent seuls capables de respecter le niveau de qualité voulu par l'établissement (voir chapitre 1).

Étape n° 2 : Le choix des prestataires

Une fois le lieu déterminé, l'organisateur de mariage vous présentera des menus de traiteurs ou alors les menus proposés par le lieu de réception. Il organisera ensuite une dégustation.

Six mois avant le mariage, l'organisateur va vous soumettre différentes solutions pour l'animation, la décoration, le photographe, la location de voitures, etc. Il ne faut pas hésiter à lui demander s'il est possible de rencontrer ces prestataires. En effet, il est toujours préférable de voir si le DJ ou groupe proposé correspond à vos attentes et de discuter directement avec eux de vos goûts musicaux et de l'ambiance que vous souhaitez donner à votre mariage.

L'ESSENTIEL : DÉLÉGUEZ !

Si vous avez décidé de ne pas prendre de *wedding planner*, déléguez un maximum de choses pour le jour J :

Visite des salles : si vous vous mariez loin de chez vous, dans la région de vos parents, par exemple, et si vous avez confiance en leurs goûts, préparez une liste de lieux à visiter et confiez-leur la visite. En amont, vous aurez bien vérifié par téléphone auprès du propriétaire des lieux que la salle est conforme à vos attentes (capacité, plan B en cas de pluie ou encore chambre pour coucher les bébés... voir chapitre 1). Vous n'aurez alors plus qu'à visiter la présélection de vos parents, cela vous évitera de nombreux allers-retours chronophages.

Recherche des prestataires : demandez conseil au lieu de réception, ils ont bien souvent une liste de prestataires à disposition des mariés, traiteur, DJ, louer de matériel, ou parfois tout simplement des baby-sitters. Ces prestataires ont l'habitude de travailler sur les lieux, ils en seront d'autant plus efficaces.

Fleurs de la réception : les traiteurs proposent souvent de fournir eux-mêmes la décoration florale, à savoir centres de table et décoration de buffet ; n'hésitez pas à les solliciter et à demander à voir des photos de leurs réalisations.

Art de la table et mobiliers : si ceux-ci ne sont pas fournis par le lieu de réception, laissez au traiteur le soin de le gérer, il saura exactement le nombre de couverts à commander, ainsi aucun risque de se retrouver avec une petite fourchette manquante !

L'organisateur pourra vous conseiller des prestataires, avec qui parfois il a des tarifs négociés, pour vos robe de mariée, costume, alliances, liste de mariage, voyage de noces... Il est également là pour répondre à vos questions concernant l'étiquette, les traditions et coutumes.

Étape n° 3 : La gestion du jour J

Le jour du mariage, votre *wedding planner* assure la coordination des prestations réservées, s'occupe de vos invités et du bon déroulement du mariage. C'est lui, par exemple, qui va informer le traiteur qu'un discours a été prévu par les témoins et donc de ne pas envoyer le plat chaud à ce moment-là.

Certains organisateurs demandent un supplément d'honoraires pour s'occuper de la coordination du jour J.

Combien ça coûte ?

Il y a autant de tarifs que d'agences, et plus elles sont jeunes moins elles sont chères. Le prix pour une organisation de A à Z va de 1 500 à 8 000 euros pour les agences pratiquant un forfait fixe. D'autres préféreront prélever un pourcentage du chiffre d'affaires qu'ils auront à gérer, généralement de l'ordre de 10 % à 15 %.

Avant de signer le contrat avec votre organisateur, demandez s'il y a un acompte à verser en dehors de ses honoraires. Si on vous demande 50 % de votre budget total à un an de votre mariage, méfiez-vous ! car rien n'empêchera l'agence de mettre la clé sous la porte, et avec elle disparaîtront vos économies.

CHECK LIST CHAPITRE 23 : *MON WEDDING PLANNER*

Vous manquez de temps ? Vous avez envie d'un mariage qui vous ressemble mais vous ne savez pas par où commencer ? Faites appel à un wedding planner !

☐ 1. **Je fais jouer la concurrence ! Je contacte plusieurs wedding planner.**

☐ 2. **Je fais mon choix au feeling.**

☐ 3. **Je détermine les tâches du wedding planner et celles que je souhaite conserver.**

☐ 4. **Je fais attention à l'acompte que l'on va me demander de verser.**

7

La Partie des Dix

DANS CETTE PARTIE . . .

Vous trouverez dans cette dernière partie tous les « outils » pratiques pour ne pas vous noyer dans les préparatifs : les dix conseils d'une pro, *wedding planner* de son métier, le rétroplanning des dix derniers mois indispensable !

Chapitre 24

Les dix conseils d'une *wedding planner*

DANS CE CHAPITRE :

- **Comment s'en sortir côté organisation ?**
- **Les conseils et bons plans d'une pro**
- **Les pièges à éviter !**

Déléguer, confier des rôles

À moins d'être les rois de l'événementiel, vous ne pouvez pas porter seuls et à bout de bras toute l'organisation de cette journée. Après tout, ce n'est pas tous les jours que l'on organise une réception pour une centaine de convives, et ce n'est pas rien !

Alors, apprenez à déléguer : tout d'abord auprès de vos prestataires, chacun doit savoir ce qu'il a à faire et à quel moment. Traiteur, fleuriste, DJ : préparez-leur un petit planning, ils vous seront d'une grande aide.

Déchargez-vous aussi auprès de la famille et des témoins : par exemple, confiez à vos frère(s) et sœur(s) la remise des livrets de messe, à votre cousin la tâche de passer les bonnes musiques au bon moment à l'église, à votre petite-cousine la distribution des pétales de roses pour la sortie des mariés.

Faites une check-list, cela sera peut-être un peu laborieux à réaliser, mais une fois fait, vous allez voir que tout se déroulera comme vous le souhaitiez.

Surveiller le budget

Attention à votre budget ! Même les familles les plus aisées ont leurs limites, alors, si votre budget est serré, attention à ne pas le dépasser dans l'euphorie des préparatifs. Posez-vous les bonnes questions : ai-je besoin de ce champagne de renom alors que celui de ce petit producteur est aussi bon et trois fois moins cher ? Devons-nous obligatoirement servir deux plats ? Poisson et viande, ne serait-ce pas trop ? Ces compositions florales sont magnifiques, mais n'aurais-je pas un résultat aussi joli en utilisant les splendides fleurs du jardin de grand-mère ?

Si vous avez des solutions moins onéreuses sous les yeux, pourquoi ne pas y recourir ?

Utilisez un tableur et notez chaque estimatif de dépense. Demandez un devis pour chaque prestation et étudiez-les. Bien sûr que vous pouvez vous faire plaisir, mais ce n'est pas une raison pour vous endetter sur dix ans. Après tout, ce n'est que le début d'une vie à deux, plein de projets sont à venir, ne l'oubliez pas.

Attention aux mélanges d'alcool

Un mariage est aussi l'occasion de lever son verre à la santé des mariés, vous allez passer du temps à choisir les meilleurs accords mets/vin qui éveilleront les papilles de vos convives. Vous serez attentifs à ce que personne ne manque de rien, surtout dans les verres. Mais, attention, pensez au retour de vos invités : la plupart devront reprendre le volant et la limite est fixée à 0,5 g, soit une coupe de champagne et deux verres de vin. Pour éviter les abus, faites attention aux mélanges ! Souvent, les mariés prévoient un *open bar* avec des alcools forts (whisky, vodka, gin), tout cela mélangé aux vins et au champagne, c'est une très mauvaise idée...

Il vaut mieux prévoir moins de champagne, mais alimenter le bar en café, thé, jus de fruits et eaux gazeuses bien fraîches. Vos invités en seront ravis !

Faire un bon plan de table

Le moment du dîner est l'étape clé d'un mariage, et c'est là que vous allez passer plus de temps. Prenez donc le temps de faire un bon plan de table. Souvent, on pense qu'un mariage est un moment idéal pour faire de nouvelles connaissances. Oui, mais non. Pensez à vos convives, mettez-vous à leur place, est-ce judicieux de dissoudre toute une bande d'amis qui, assurément, mettront de l'ambiance pendant le repas, afin de les mélanger avec vos cousins qu'ils ne reverront certainement jamais ? Faut-il séparer les couples au risque que votre amie Caroline passe sa soirée à vérifier que son fiancé ne regarde pas trop dans le décolleté de votre cousine Julia ? Est-ce une si bonne idée de placer à trois tables différentes vos copains de promo qui passeront leur soirée à aller de table en table prendre des nouvelles des uns et des autres en laissant votre oncle Norbert et votre tante Mireille seuls et abandonnés ? Non. Alors, placez vos convives par affinités, ils ne s'en porteront que mieux, ils mettront de l'ambiance en parlant à bâtons rompus, ce qui leur fera sûrement oublier un service un peu lent si c'est le cas.

Comment ne pas devenir une bridezilla ?

Une *bridezilla* est une future mariée qui se transforme en dragon à l'approche de son mariage, tout le monde en prend pour son grade ! Prestataire, fiancé, famille. Même si cela est fréquent en partie à cause du stress qui monte, essayez de prendre sur vous pour ne pas vous mettre tout le monde à dos. Voici quelques conseils pour ne pas devenir une bridezilla :

» Juin n'est pas votre mois à vous toute seule, ne détestez pas votre cousine ou votre collègue de travail car elle aussi a eu la fâcheuse idée de choisir ce mois pour son mariage. Sachez que chaque année 70 000 couples se marient en juin ;

» Ne bassinez pas vos amis sur le coût de votre mariage au risque qu'ils se sentent coupables de venir ;

» On n'insulte pas son fiancé parce qu'il est incapable de se décider sur les différents blancs de votre faire-part ;

» On ne s'adresse pas non plus en hurlant à sa mère, sa sœur, sa meilleure amie sous prétexte qu'elles ne répondent pas au garde à vous à chacune de vos requêtes ;

» On n'étrangle pas la couturière parce qu'à J moins trois semaines, vous ne rentrez plus dans votre robe. Non, elle ne s'est pas trompée, vous avez simplement grossi. Allez, hop hop hop ! un petit régime !

» Le jour J, on fiche la paix au traiteur, au photographe, au DJ, et si vous en avez un, ne hurlez pas après votre *wedding planner*. Si vous avez tout bien validé avec eux auparavant, ce n'est pas la peine de leur poser 30 fois la même question. Si vraiment vous n'avez pas confiance, mettez votre témoin à contribution mais, vous, pro-fi-tez !

Éviter les repas trop longs

Cauchemar de nombreux mariés et invités : un repas à rallonge qui n'en finit pas. Comment l'éviter ? Tout d'abord, validez bien auprès de votre traiteur qu'il y a suffisamment de serveurs par nombre de convives. Il faut compter un serveur pour deux tables, soit un serveur pour 20 personnes. Ne rognez pas ce poste, car il est très important. D'autre part, faites bien un tour des lieux avec votre traiteur avant le jour J pour qu'il repère bien les offices. Il peut arriver que l'office traiteur se trouve au sous-sol, et dans ce cas, il peut installer un office d'appoint près de la salle pour éviter de perdre du temps à monter et descendre les escaliers.

Évitez les entrées chaudes, cela fera gagner un temps précieux au traiteur.

Et, enfin, si des discours ou animations sont prévus, faites en sorte que ceux-ci ne durent pas trop longtemps, car cela va entraîner du retard irrattrapable pendant le dîner.

Choisir un bon photographe

Il faut choisir votre photographe avec autant de soin que la robe de mariée. Il est le véritable garant de la pérennité de vos souvenirs. Souvent dernière roue du carrosse, le photographe est choisi en dernier alors que le budget est déjà bien en berne.

Ne lésinez pas sur sa qualité, prenez le temps de bien le sélectionner, regardez son book avec attention. Il faut que ses photos correspondent à ce que vous souhaitez conserver comme souvenirs, méfiez-vous des amateurs qui pratiquent des prix discount afin d'appâter les clients. Choisissez un véritable professionnel.

Bonne musique, bonne ambiance

Moment attendu avec beaucoup d'impatience, surtout après un dîner assis, la soirée dansante marque le début des festivités. N'hésitez pas à faire des playlists que vous communiquerez à votre DJ, n'oubliez pas de sélectionner les morceaux des moments phares, comme l'ouverture du bal, l'arrivée de la pièce montée. Prenez le temps de bien discuter avec votre DJ, exposez-lui vos attentes, s'il doit animer la soirée au micro ou bien au contraire se taire, parlez bien de vos goûts musicaux, les morceaux que vous aimez et aussi ceux que vous ne voulez absolument pas écouter et enfin évitez, si vous le pouvez, de vous occuper vous-même de la musique en créant une playlist diffusée sur votre PC.

Attention aux animations, briefer les témoins

Souvent préparées avec toute leur amitié et tout leur amour, les animations organisées par vos témoins peuvent être un grand moment de rire ou... un flop total.

Sans leur demander de vous dévoiler la surprise, donnez leur juste un timing à ne pas dépasser, 5-7 minutes maximum, sinon les autres invités vont commencer à s'ennuyer, et le dîner va prendre du retard et traîner en longueur. Cela va de soi, mais vous pouvez leur rappeler de rester dans le bon goût et de ne pas parler de vos ex.

S'ils organisent des jeux, demandez-leur de ne pas insister auprès de ceux qui détestent ça pour qu'ils y participent.

Prévoir un plan B en cas de pluie

À moins de prévoir son mariage en automne ou en hiver, on l'imagine toujours avec un grand et beau soleil. Après tout, c'est pour cette raison que vous avez décidé de l'organiser pendant les beaux jours ! Oui, mais vous le savez pertinemment, la météo est bien capricieuse et ce n'est pas parce que c'est votre mariage que cela va se calmer. Alors, prévoyez toujours un plan B en cas de pluie, même dans le Sud et au mois d'août. N'organisez rien et surtout pas un dîner sans un toit pour vous protéger. Ayez bien cela en tête lorsque vous vous mettrez en quête du lieu idéal, pensez au cocktail et au dîner, que ce soit une salle de repli ou une tente, anticipez !

Chapitre 25

Rétroplanning des dix derniers mois

DANS CE CHAPITRE :

- **Le rétroplanning du mariage : le bon réflexe pour être sûr d'une organisation parfaite**
- **Dans quel ordre faire les choses ? Combien de temps avant le jour J ?**
- **Votre mémo indispensable pour ne rien oublier !**

La date a été arrêtée, le lieu a été réservé, le budget décidé, la liste des invités effectuée, vous avez encore dix mois devant vous pour tout réaliser.

J – 10 mois

- Réunir toutes les adresses nécessaires pour l'envoi des faire-part ;
- Choisir les témoins et demander leur confirmation ;

J – 9 mois

- Choisir la date et l'heure de la cérémonie civile ;
- Choisir la robe de la mariée ;
- Choisir l'étole coordonnée à la robe ;
- Choisir les gants ;
- Choisir le chapeau ou le voile ;
- Acheter le jupon si besoin avec la robe.

J – 8 mois

- » Choisir le traiteur ;
- » Définir le menu ;
- » Prévoir un menu pour les enfants ;
- » Prévoir la location des tentes et des éclairages dans le cas d'un mariage en extérieur.

J – 7 mois

- » Choisir le DJ ou l'orchestre pour la soirée dansante ;
- » Établir un contrat avec le DJ ou l'orchestre ;
- » Choisir le photographe et/ou le caméraman ;
- » Choisir le lieu où seront prises les photos ;
- » Établir un contrat avec le photographe et/ou le caméraman ;
- » Choisir le thème du mariage ;
- » Prendre de bonnes habitudes alimentaires.

J – 6 mois

- » Choisir le fleuriste ;
- » Établir un contrat avec le fleuriste ;
- » Définir le bouquet de la mariée ;
- » Choisir les bouquets des enfants d'honneur ;
- » Définir la coiffure de la mariée ;
- » Définir le style des centres de tables ;
- » Définir la décoration de l'église ;
- » Choisir le bouquet à la Vierge ;

- Prévoir les tenues pour les enfants d'honneur et prévenir les parents ;
- Réserver les hôtels pour les invités (si nécessaire) ;
- Choisir le type d'écriture du faire-part ;
- Choisir le texte du faire-part et du menu ;
- Réaliser ou commander les faire-part et cartons d'invitation.

J – 5 mois

- Choisir la décoration extérieure du lieu de réception (si nécessaire) ;
- Choisir les musiques pour la soirée dansante ;
- Coordonner le déroulement musical de la soirée ;
- Contracter une assurance « dommages » ;
- Contracter une assurance « annulation » ;
- Acheter les chaussures (mariée et marié).

J – 4 mois

- Déposer la liste de mariage ;
- Choisir le costume du marié ;
- Choisir la chemise ;
- Choisir le gilet ;
- Acheter les chaussettes coordonnées au costume ;
- Acheter les boutons de manchette ;
- Faire un essayage de la coiffure choisie ;
- Faire un essayage du maquillage choisi ;
- Choisir l'hôtel pour la nuit de noces ;
- Réserver la chambre de la nuit de noces ;

- Choisir la destination du voyage de noces ;
- Vérifier les passeports et vaccinations ;
- Réserver le voyage de noces.

J – 3 mois

- Rassembler les divers papiers pour le dossier religieux ;
- Préparer la cérémonie religieuse ;
- Choisir les chants et textes à lire à la cérémonie religieuse ;
- Préparer le livret de messe ;
- Choisir les personnes qui vont lire les textes et les leur fournir en avance.

J – 2 mois

- Commander les dragées ;
- Réaliser ou acheter les sachets et le panier pour les dragées ;
- Rassembler les divers papiers pour le dossier de la mairie ;
- Passer la visite médicale prénuptiale ;
- Contacter le notaire pour établir un contrat de mariage ;
- Acheter les sous-vêtements pour la journée et la nuit de noces ;
- Acheter les bijoux ;
- Acheter les décorations pour les cheveux en fonction de la coiffure choisie ;
- Acheter la jarretière ;
- Acheter la cravate, le nœud papillon ou la lavallière ;
- Choisir la pochette de veste ;

- Envoyer les faire-part et cartons d'invitations ;
- Acheter les timbres pour les faire-part ;
- Choisir la voiture des mariés ;
- Acheter les alliances ;
- Faire graver les alliances ;
- Prévoir le sac pour la nuit de noces ;
- Aller chercher les billets pour le voyage ;
- Organiser le voyage.

J – 1 mois

- Réaliser ou acheter les cadeaux pour les témoins ;
- Acheter les timbres pour les remerciements ;
- Acheter les boissons si elles ne sont pas comprises dans le forfait du traiteur ;
- Préparer le plan de table ;
- Acheter le livre d'or ;
- Commander le bouquet de la mariée ;
- Récupérer les alliances ;
- Confirmer les réservations d'hôtels ;
- Acheter le coussin pour les alliances ;
- Acheter un parapluie pour les mariés (on ne sait jamais !) ;
- Acheter un stylo pour la signature à la mairie et à l'église ;
- Réaliser l'urne.

J – 20 jours

- Réaliser les plans (où se trouvent la mairie et la salle de réception ?) ;
- Réaliser les livrets des invités ;

- Envoyer les livrets des invités ;
- Repérer le parking pour les invités à la mairie ;
- Repérer le parking pour les invités à l'église ;
- Rédiger le déroulement de la cérémonie religieuse ;
- Imprimer les livrets de messe ;
- Prévoir la sortie de la mairie (pétales, confettis, riz, bulles de savon...) ;
- Prévoir la sortie de l'église (pétales, confettis, riz, bulles de savon...) ;
- Imprimer les menus ;
- Imprimer les marque-places ;
- Imprimer les noms de tables.

J – 7 jours

- Prévoir l'argent pour l'enveloppe de l'officiant ;
- Préparer les valises pour le voyage de noces ;
- Fournir un plan de table au traiteur ;
- Acheter les décorations des voitures de la suite ;
- Aller chez l'esthéticienne (épilation).

La veille

- Rappeler aux témoins de prendre leur carte d'identité ;
- Nettoyer la voiture de la mariée ;
- Faire la manucure ;
- Préparer la robe, les chaussures, les accessoires, le costume ;
- Laver les cheveux pour faciliter la coiffure le jour J ;
- Se calmer et profiter de la soirée.

Jour J

- Prendre le livre d'or, le stylo et les dragées ;
- Mettre les alliances dans le costume du futur marié ;
- Prendre le discours de remerciements ;
- Se faire maquiller et coiffer ;
- Prendre le bouquet de la mariée et du cortège ;
- Passer à toutes les tables et remercier les invités ;
- PROFITER ! ! !

INDEX

N

O

P

Q

R

S

T

Imprimé en France par EPAC Technologies
N° d'impression : 4550414303520
Dépôt légal : septembre 2016